U0633718

丝绸之路经济带与新疆发展丛书

新疆草地农业发展模式研究

张彦虎◎著

中国社会科学出版社

图书在版编目（CIP）数据

新疆草地农业发展模式研究／张彦虎著 . —北京：中国社会科学出版社，2016. 11
（丝绸之路经济带与新疆发展丛书）
ISBN 978-7-5161-9479-9

Ⅰ.①新…　Ⅱ.①张…　Ⅲ.①草地—农业发展—发展模式—研究—新疆
Ⅳ.①F323. 212

中国版本图书馆 CIP 数据核字（2016）第 308877 号

出　版　人　赵剑英
责任编辑　王　茵
特约编辑　王　称
责任校对　胡新芳
责任印制　王　超

出　　　版　中国社会科学出版社
社　　　址　北京鼓楼西大街甲 158 号
邮　　　编　100720
网　　　址　http://www.csspw.cn
发　行　部　010-84083685
门　市　部　010-84029450
经　　　销　新华书店及其他书店

印刷装订　三河市君旺印务有限公司
版　　　次　2016 年 11 月第 1 版
印　　　次　2016 年 11 月第 1 次印刷

开　　　本　710×1000　1/16
印　　　张　16
插　　　页　2
字　　　数　238 千字
定　　　价　59. 00 元

丝绸之路经济带与新疆发展丛书
编委会

主　任：何慧星

主　编：夏文斌

委　员（按姓氏笔画顺序）：

于逢春　　万朝林　　王小平　　王希隆　　王瀚林

厉　声　　冯　杰　　刘仲康　　李　肖　　李万明

张彦虎　　杨兴全　　赵忠秀　　荣新江　　廖肇羽

总　序

夏文斌

　　人类社会进入 21 世纪，新的问题、新的挑战纷至沓来。在这样一个重要节点，作为有着五千年文明历史的大国，以前所未有的智慧和力量，展现在世界大舞台上。特别是在世界经济总体低迷，局部地区冲突不断的情况下，如何保持世界经济政治的总体平衡，如何维护世界的和平发展，如何扩大交流交融，造就全世界人民的总福祉，世界在观察和探索着，更在关注着中国的一举一动。毫无疑问，中国的发展规模和巨大成就，已经实实在在地影响着世界的整体发展，离开中国的任何一项世界性的大决策、大举措，都可能要被打上问号。现如今，中国的发展离不开世界，世界的发展更离不开中国。

　　在全球化的背景下，中国何去何从，这是一个有责任的大国必须首先考虑的。如何从当今世界发展的新走向出发，从当今中国改革开放的新需求出发，研究制定出利国利天下的新战略，这是对当今中国领导层的一个新考题。于是，我们看到中国不负世界期待，提出了令世界都高度关注并普遍认同的"一带一路"战略。对于西部新疆而言，如何发挥丝绸之路经济带核心作用，更好地发挥新疆区域优势、产能优势、历史文化优势和相关政策优势，在国家战略中，写好向西开放的新文章，打开向西开放的新通道，为丝绸之路经济带发挥更大的作用，所有这些，都需要我们学术界认真研究探讨。为此，我们组织编写了《丝绸之路经济带与新疆发展丛书》，其目的也正是要服务于国家战略，发挥跨学科的优势，从理论和实践互动的角度，深入调研，扩大学术交流，将丝绸之路经济带背景下需要特别关注的问题提出来，并加以解决。实践在发展，为实践服务并引领新实践前进的理论一刻也不能停滞。这套丛书力求做到：

一是从国家需求出发，深入研讨丝绸之路经济带的战略问题。"凡事预则立，不预则废。"丝绸之路经济带的提出，是面对世界和中国新发展而提出的一个大手笔战略，这要求我们的学术理论研究必须站在世界发展的最前沿，必须站在历史新发展的高度，做到回顾历史，历历在目；关注现实，底气十足；面向未来，见微知著。要加强理论上的顶层设计，从世界与中国的一些重大理论和实际问题出发，才能够从根本和目标上为丝绸之路经济带提供重要的理论和实践指南，才能真正为解决新疆战略发展问题提供智库作用。"不谋全局者不能谋一域，不谋万世者不足谋一时"。中华民族从来就是一个有眼光有历史感的民族。此时此刻，我们不由得想到二千多年前，我们的先人们为了经济文化的交往，历尽千辛万苦，开启了一条贯通中西的丝绸之路，这是历史之路，交流之路，文明之路。历史的烟云已慢慢散去，我们仿佛看到一代代中国人，登高望远，负重前行。今天，历史的接力棒交到了我们这一代人手中，我们也充分相信，我们这一代中国人一定能站在历史的制高点，站在巨人的肩膀上，将世界和中国的发展蓝图描绘得更加丰富多彩。

二是发挥跨学科优势，全方位拓展丝绸之路经济带的研究。当今世界现代化的一个重要特质就是系统化、立体化、整体化。也就是说，任何一项大工程都必须整合各种资源和要素，构建一个复杂的系统创造终端。"一带一路"战略提出要做到"五通"，即政策沟通、设施联通、贸易畅通、资金融通、民心相通。而要做到这五通，就需要我们政策部门、金融部门、建设交通部门、法律部门、文化教育部门加强联系，密切配合，共同完成这一大目标。当然，我们说五通建设，不是各部门简单相加，而是要进行深入融合，形成合力。在这样一个大工程中，我们的学术研究就不能各自为政，而必须有共同的目标，全方位地进行联合攻关。从学科和学术视角来看，丝绸之路经济带与新疆的发展，既涉及经济学，如何在全球化背景下，打破地方壁垒，发挥市场经济的决定性作用，加强贸易往来，加强产能合作等；又涉及社会学，如何从丝绸之路经济带的社会合作出发，提出社会治理的新举措，从而保证新疆的社会和谐稳定；

还涉及政治法律，如何增强丝绸之路经济带沿线国家的政治互信，坚持法治，共同打击恐怖主义等；还涉及文化学、历史学，如何从回首丝绸之路的历史文化价值，构建丝绸之路文化共同体，实现文化的纵深交流，将丝绸之路的文明之光一代代传承下去。

三是聚焦新疆现实问题，有针对性地解决新疆发展的迫切问题。改革开放以来，新疆的经济社会发展取得了长足进步。但必须看到的是，由于历史和现实的一些原因，新疆在发展过程中还面临着诸多挑战，安全因素、发展因素、民生因素、文化价值因素等都在影响着新疆的发展。可以说，新疆的发展涉及政治、历史、经济、社会、宗教、民族等各种因素，并且这些因素相互交织，异常复杂。面对这些实实在在地摆在我们面前的问题，我们当然不应回避，更不应误读，而必须运用辩证唯物主义观点和方法，全面分析这些问题及原因，在更加广阔的空间来审思这些问题，我们的研究一定要接地气，避免一般性的空头议论，要出实招。所有这些，都要求我们的学者更加注重问题意识，注重透过现象看本质，在发现问题、解决问题中展示出我们学者的使命。

现实是变化发展着的，我们的学术研究当然应当与时俱进。愿我们这套丛书能够在丝绸之路经济带的滚滚洪流中，在新疆发展的阵阵号角声中，展示出其独特的理性作用。

目　录

第一章

绪　论

第一节　选题背景和研究意义

一　选题背景

20 世纪中后期以来，随着世界范围内现代常规农业的加速发展，越来越多的人发现，这种以大量化肥、农药等使用为特征的现代农业生产方式存在着严重弊端。例如大量化肥的投入虽然在短期能够迅速提高农业产量，但长期使用却会造成土壤有机质耗竭和土壤板结，进而造成土壤保水、保肥能力下降，水土流失加剧和环境污染。例如，研究表明，50% 以上的农用氮肥实际上不能被农作物利用而进入周边环境，尤其是进入水循环从而造成严重的水体污染和富营养化。因此，探索新的可以促进农业可持续发展的替代农业模式成为世界各国共识。各种形式的替代农业概念和模式也由此相继产生，如有机农业、绿色农业、生态农业、低碳农业、循环农业等。这些农业形式都具有促进生态环境保护，合理利用资源，维持农业可持续发展的共同特征。但在生产方式、技术特征、经营管理等方面具有不同的严格要求，在实践中的可行性也因此受到不同程度影响。而草地农业是综合以上各种农业形式的优势，并经过国内外长期发展实践证明的一种可行的农业可持续发展模式。

近代草地农业的产生可以追溯到一百多年前的欧洲，当时由于农业的近代化发展使得种植结构日趋单一，造成谷物产量持续下降，人们开始认识到只有把牧草作物和畜牧业生产重新引入农业生产结构，才能促进农业的健康发展，草地农业在欧洲由此诞生。之后苏联著名农学家威廉士进一步指出，草田轮作是一种合理的农作制度，而要合理组织牧草栽培又需要畜牧养殖的加入。这样，草地农业就将畜牧养殖和牧草生产融入农业大系统，使植物（牧草、谷物、林果产品等）生产和动物（肉、毛皮、奶产品等）生产，草地与耕地有机结合。在生产大量优质饲草的同时，改善和提高土壤肥力；在促进草食节粮型畜牧业发展的同时，实现农业种植业和林果业的高产与持续发展，从而实现不仅为人类提供大量优质农畜产品，而且同时收到有效改善农业生产条件和环境的良好效果。

由于草地农业所具有的诸多优势与可行性，美国、荷兰、新西兰、日本等都先后对其进行大力倡导和推广，并取得了显著成效。例如，美国用28%的耕地种草以及进行人工草地建设，不仅实现了生态治理与恢复，还提供了70%的畜禽动物饲料，并使其畜牧业产值占农业总产值的62%。荷兰用53%的耕地种草，并将全部草地改造为高产人工草地，支撑了其位居世界前列的农业出口能力。现在，草地农业的发展状况及其在农业产业中的比重，已成为衡量一个国家农牧业发达程度的重要指标之一。同时草地农业在经济、生态等效益方面也具有巨大优势。如每公顷人工草地所产生的效益与产草量超过天然草地的10倍以上。因此，农牧业发达国家如加拿大、英国、新西兰人工草地面积占草场总面积已分别达到27%、59%和75%，而我国的这一比例仅为2%。这也是我国畜牧业发展严重落后的重要原因。

在国内，由于我国长期以来农业以种植业为主，再加上以粮为纲等指导思想的影响，导致我国过分重视粮、棉等生产和产量增加，严重忽视农业发展的可持续性和结构的合理性，草地农业发展更是少人问津。因此，致使中国连续30年采用现代常规农业发展方式，严重依赖化肥、农药等增加产量，造成土壤的有机肥力基本耗尽，农业环境污染日益加剧，农业生产的高投入、高能耗、高污染、高风险不断累积。而与此同时，基本依靠天然草场的畜牧业发展陷入严重超载过牧、草原大面积退化的困境之中，导致我国的动物性产品不得不主要依靠饲料粮生产。长此下去，随着人们对动物性产品需求的不断增加，必然严重威胁到我国的粮食安全、生态安全与可持续发展。据预测，按照当前的发展方式，到 2020 年，我国仅饲料粮的消费将达到 5 亿吨。再加上口粮消费 2 亿吨，届时 7 亿吨的粮食需求将对粮食安全造成巨大挑战。①

对此，我国只有大力发展草地农业，通过在天然草原中建立人工草地，发挥人工草地 10 倍于天然草地的生产能力的优势，实现草原退化治理与草地畜牧业发展。同时在农田中引入牧草种植，采用草田轮作等方式，在生产大量优质牧草、促进养畜的同时，利用牧草固氮固碳等功能，以及养畜产生的有机肥，实现土壤有机质增加和性能改善，进而增加农作物产量和促进农业可持续发展。据任继周院士初步估算，我国通过发展草地农业将创造相当于 6400 万公顷的虚拟农田，即相当于增加我国现有耕地总量的三分之一，农民收入也将提高 1.3 倍，同时实现节约化肥，减少污染，提高土壤肥力，节约劳动，增加就业等效益。② 将真正实现农业内源式、可持续发展。

新疆是我国重要的农牧产品生产基地，同时也是生态较为脆弱和敏感的边疆省区。新疆农牧业的健康可持续发展不仅关系到各族人民的生产生活，更关系到新疆的跨越式发展与长治久安。而由于种种原因，目前新疆的农牧业发展却面临着巨大的挑战和风险。在农业方面，以农业现代化发展水平较高的新疆生产建设兵团为例，兵团农业机械化水平高，人均粮食、棉花、油料、糖料在全国名列前茅，主要作物单产也排在全国前列，农业现代化发展成就显著。但是，2011 年兵团粮食作物面积占 47.3%，经济作物面积占 48.1%，草类作物面积仅占 4.6%。农业生产中化肥、农药投入量居高不下，生产成本持续上升。与此同时，耕地次生盐渍化加重，沙漠化危险加剧，水资源利用过度，水量日趋减少。对此，南志标院

---

① 任继周、林慧龙：《农区种草是改进农业系统、保证粮食安全的重大步骤》，《草业科学》2009 年第 5 期，第 1—9 页。

② 任继周、常生华：《以草地农业系统确保粮食安全》，《中国草地学报》2009 年第 31 卷第 5 期，第 3—6 页。

士认为兵团建立现代农业关键是要发展草地农业。兵团也已经认识到发展草地农业，种草养畜的重要性，提出要逐步实现20%的耕地种草和开展草田轮作，大幅提高畜牧业在农业中的比重。

在草地畜牧业方面，新疆作为我国的五大牧区之一，虽然拥有排名全国第三的7.2亿亩天然草场，但由于发展方式传统落后，没有建立草地农业的发展模式，导致畜牧业发展缓慢，而草场严重超载过牧、退化严重，畜牧业产值仅位居全国第20位，只占全国畜牧业总产值不到2%。例如与山东相比，新疆草场面积是其1500倍多，但向市场所提供的畜产品却不及山东的80%。这不仅无法适应国民经济发展的要求，也不能满足人民日益增长的消费需求。以牛羊肉生产为例，由于草场严重退化，人工草地和改良草地所占比例不足1%，牛羊饲草料严重缺乏，造成生产成本不断上升，抵御自然灾害的能力严重不足。仅在2010年由于雪灾等不利因素影响就造成全疆牲畜非正常死亡54万多头，其中羊死亡数为46万多只，占死亡总数的85%以上。这就造成牛羊肉生产成本大幅上升，产品价格快速上涨。以新疆乌鲁木齐市为例，2006年年初牛、羊肉平均零售价格分别为16.9元/公斤、16.4元/公斤，到2013年已经上涨到55.9元/公斤、61.6元/公斤，分别上涨了2.3倍和2.8倍。牛羊肉价格的大幅持续上涨，已经对新疆各族人民的生活产生不利影响。新疆居民食物消费结构中牛羊肉的比例已低于20世纪90年代的水平。

与此同时，新疆85%的天然草地处于退化之中，其中严重退化面积已占到30%以上，草地生态日益恶化。草地产草量和植被覆盖度不断下降，产草量与20世纪60年代相比下降了30%—60%。导致新疆牛、羊的存栏数从2005年的504.2万只、4355.5万只缩减到2010年的330.5万只和3013.4万只，分别下降34.5%和30.8%。现在新疆已不得不从周边省市购入大批牛羊以供应市场。由此可见，传统的畜牧业生产方式不仅远远无法满足市场的需求，而且已经面临着草原严重退化、抵御风险能力严重缺乏等艰难局面。因此，在新疆大力发展草地农业，建设人工草地，不仅是改造传统畜牧业，提高牧民生活水平，促进畜牧业可持续发展的重要保障，而且也是治理草原退化，修复和保护草原生态，确保新疆生态安全的必然选择。

总之，综合国内外草地农业发展经验，结合新疆当前农业种植业与畜牧业发展的现实困境，不难看出，只有大力发展草地农业，才能有效解决新疆农业发展中的诸多问题，才能改善和保障农业生态环境、防治草原退化，同时促进农牧业的可持续发展与人民生活水平的提高，最终为新疆的跨越式发展与长治久安奠定坚实的物质基础和生态保障。

二　研究意义

综观国内外农牧业发展经验，只有走资源节约、环境友好、生态安全的草地农业发展道路，才能更好地促进新疆现代农牧业经济、社会、生态的可持续发展，才能不断提高农牧民收入和生活水平，满足各族人民不断增长的动物性产品消费需求。同时这也是实现新疆农牧区优势互补，促进民族团结进步、社会和谐稳定，推进新疆经济社会可持续发展的前提基础。因此，研究新疆这一特殊广阔区域内草地农业的发展状况、模式具有重大现实意义和重要理论意义。

（一）理论意义

（1）以往学者对绿洲农业发展相关问题的研究成果比较多，而且绝大多数都是在狭义的绿洲农业范围内如绿洲农业种植业、绿洲节水农业等某一个方面来研究新疆农业发展问题。而对于新疆农业系统中的畜牧业几乎很少涉及。而在理论上和现实中，这两种农业形式都存在相互影响相互制约的重要联系。对此，本书将在借鉴已有成果的基础上，结合新疆农牧业发展所面临的困境与挑战，将绿洲农业与草原畜牧业发展通过草地农业模式统一结合起来，进行综合整体研究，这对于探索绿洲农业、畜牧业可持续发展及其相互关系，丰富和发展农业发展相关理论将具有重要理论创新意义。

（2）绿洲与草原都是新疆重要的生态系统和生态屏障，同时二者之间存在着重要联系。草原尤其是山区草原是新疆绿洲水资源重要的补给区和调蓄区，其状况直接关系到新疆的生态安全和农牧业生产。而随着人类活动的加强，绿洲以及绿洲农业面积持续扩大，草原面积不断萎缩，生态环境恶化、功能衰减，区域地下水位下降，严重危及新疆的生态安全和经济社会发展。因此，通过本书的研究，不仅能全面系统研究分析当前新疆绿洲农业、草原畜牧业发展存在的问题，提出解决的有效模式途径，还可以进一步研究探索在干旱区，绿洲、草原生态状况及其生态功能与人类生产活动方式之间的重要关系，实现理论创新。

（二）现实意义

一方面，新疆是我国面积最大，民族成分较多的边疆省区，农牧民人口占绝大多数。同时新疆也是我国生态环境相对脆弱、经济发展水平较低的区域；另一方面，当前新疆又是我国向西开放、东联西出战略的重要中枢和极为重要的能源基地，在我国的对外开放和现代化建设中具有举足轻重的地位。因此，新疆农牧业的发展状况及模式不仅关系到新疆各族人民的生产生活和地区生态安全，更关系到国家的边疆稳定和国家安全。因此，研究探索既能够促进新疆农牧业可持续发展，又可以提高农牧业经济效益，同时兼顾新疆生态保护修复与民族宗教特点的综合性草地农业发展模式，将具有重大的现实意义。

（1）研究探索新疆草地农业发展模式，将为进一步提高新疆农牧业生产水平和农牧民生活水平提供重要农业发展模式选择和现实参考。草地农业模式通过引草入田和发展人工草地使农牧业生产经营紧密结合，农业系统的物质和能量循环更加通畅、系统的可持续性显著增强、光热水土等资源利用率进一步提高，从而使种植业和畜牧业的产量和稳定性不断增加，农业总体生产水平明显提高。同时，草地农业系统的产业链因其所具有的多个生产层而得以延长，其产品种类、数量、质量得以显著增加，从而使农牧民的经济收入显著提高。同时，向市场提供的动物性产品也将大大增加，从而有效满足新疆各族人民不断增长的消费需求。为改善民生、促进民族团结、社会稳定乃至推动新疆跨越式发展和长治久安提供坚实物质保障。

（2）研究探索新疆草地农业发展模式，将为保障新疆乃至全国的食物安全、生态安全和农业可持续发展提供重要农业发展模式选择和借鉴。随着人口增长和人民生活水平的提高，我国及新疆对肉、

蛋、奶等动物性食物的需求将不断增加，而当前饲料及饲料蛋白质
生产却严重不足。牧草的饲料及饲料蛋白质生产效率超过粮食作物
1 倍以上，因此，只有发展草地农业，才能最大限度生产足够的饲
草料，弥补缺口，保障食物安全。此外，草地农业还具有保障生态
安全、促进农业可持续发展的重大作用。近年来，我国及新疆水土
流失、风蚀沙化和沙尘暴日益加剧，草原与耕地的不合理利用是其
重要成因。而通过发展草地农业，可以收到遏制水土流失、防止风
蚀沙化和扬尘起沙、培肥地力、防治草原退化、促进农牧业实现循
环经济、可持续发展的良好效果。

第二节　国内外研究现状综述

作为替代农业的一种综合类型，草地农业特别是现代草地农业
发展的研究，在经济理论上广泛涉及生态经济理论、循环经济理论
和可持续发展理论。同时，草地农业与其他替代农业模式如循环农
业、生态农业等有着重要联系。因此，对于草地农业的国内外研究，
必然会扩展涉及以上诸多研究理论及模式。此外，由于草地农业的
发展还与草场植被恢复与草原生态平衡等密切相关，因此，草地农
业的研究还将涉及草地生态系统理论以及草原退化治理等领域。总
之，由于草地农业兼有促进农业种植业与畜牧业发展，保护耕地生
态与草地生态，推动农牧业持续循环发展等多重功能，因此对其的
研究所涉及的领域学科较为广泛，需要认真梳理。

一　替代农业相关理论及农业模式研究现状

（一）可持续发展理论与可持续农业研究

毫无疑问，不断加剧的环境污染和生态破坏是催生可持续发展
理念和理论的前提。1972 年联合国在斯德哥尔摩发出的"人类环境
宣言"是目前公认的可持续发展理念的最早表达。此后经过 1980 年
世界自然保护同盟（IUCN）和 1987 年世界环境与发展委员会
（WECD）的进一步发展和丰富，使可持续发展（sustainable develop-

ment）理论得以充实和系统。此后，随着可持续发展理论在各个领域的拓展和应用，该理论迅速向农业等领域扩展，以 1991 年联合国粮农组织在荷兰提出"农业与农村可持续发展"（SARD）的概念为标志，农业可持续发展迅速得到关注和成为全球共识，并引发了学术界对可持续农业发展相关问题的持续深入研究探讨。

可见，可持续农业正是可持续发展理论应用于农业领域的结果。同时，较早实现工业化和常规农业现代化的国家如美国成为研究和倡导可持续农业的先驱。例如，1984 年美国的道格拉斯就出版了 *Agriculture Sustainable in Changing World Order*，明确提出了农业可持续发展对于全球发展的重要性。[①] 对于可持续农业发展模式的研究，各国根据自身情况提出了多种可持续农业发展模式。如美国先后提出了"低外部投入的可持续农业发展模式"与"高效率可持续农业模式"，经历了从尽量减少农业外部投入到不完全排斥化学产品投入的发展模式的转变；德国则提出了以加强对自然资源的管理，综合处理农业发展与生态环境保护关系的"综合农业持续发展模式"；日本则从人多地少的国情出发，主张采用合理施用化肥、农药，实现环境保护与农业生产相协调的"环境保全型可持续农业"发展模式[②]。此外，还有法国以农户为中心的环保型可持续农业模式等。

在国内，由于农业在我国国民经济中的重要基础地位，以及在现代化发展中的高投入高能耗等问题不断加剧，日益引起政府、学者的关注重视。早在 1992 年，我国环境保护委员会就在《中国 21世纪议程》中指出我国应发展可持续农业。学者们也从不同角度对我国可持续农业的多种发展模式进行了研究探讨。例如刘彦随（2000）等人认为我国的生态农业是一种典型的可持续农业，其概念和内涵也与国际可持续农业基本相似。白清俊、董树亭（2001）和张红丽（2003）研究指出在干旱半干旱地区，发展节水、高产、高效的节水型农业，实现对水资源的持续利用，改善农业所依存的

---

① 刘彦随、吴传钧：《国内外可持续农业发展的典型模式与途径》，《南京师大学报》（自然科学版）2001 年第 2 期，第 119—123 页。

② 左锋、曹明宏：《世界替代农业发展模式的演进及我的对策》，《经济纵横》2006年第 2 期，第 56—58 页。

环境与资源，增加农民收入，是实现农业可持续发展的重要途径。此外，学者们对循环农业、低碳农业、草地农业等可持续农业模式的研究也大量涌出，如任继周（2004）指出发展草地农业不仅将解决草地、耕地生态保护问题，而且通过草畜产业一体化发展，可以实现农业增长方式转变和系统内部循环，实现生态脆弱区农业可持续发展。

总之，在可持续发展理论指引下的可持续农业研究，都体现出对环境保护的重视，同时随着研究的深入也体现出对农业生产效益的兼顾。在具体实践的过程中，可持续农业的实践模式多种多样，如生态农业、循环农业、节水农业等，而草地农业作为其中的一种发展模式也被学者提及。

（二）生态经济理论与生态农业研究现状

为了解决经济社会发展中日益突出的生态问题，美国经济学家鲍尔丁（1966）在其论著《一门科学——生态经济学》中首次提出生态经济的概念，指出经济活动要充分考虑生态环境和经济发展的可持续性，自然生态和经济活动存在互动关系。此后随着全球变暖以及环境污染、生态破坏的加剧，生态经济研究日益得到各国学者的关注。例如，Eric A. Davidson（2003）在《生态经济大未来》中指出，全球变暖效应持续恶化，面对环境的恶化，保护地球资源已成为各国迫不得已的选择，只有利用生态学与经济学所提供的工具，才能找出解决之道。实现可持续发展是生态经济的内在要求，对可持续发展而言，生态持续是基础。同时，学者们还对环境库兹涅兹曲线等进行了研究和质疑。总之，随着生态问题的全球性蔓延，国内外学者对"生态经济"的研究和关注日益加强，我国也已将生态文明建设列为国家的重大战略任务，进一步促进了国内对生态经济的研究关注。

生态农业是生态经济的重要组成部分，最早由美国土壤学家 W-Albreche 和英国农学家 M. Worthington 率先提出和定义。20 世纪 80 年代初生态农业概念开始在国内引起关注，此后有关生态农业的研究不断涌现和日益丰富。叶谦吉（1987）、赵银卯（1994）分别对生态农业的概念进行了定义，并指出生态农业发展受到生态经济规律的制约，其成败取决于是否符合生态生产力的发展规律。程序（1999）则通过分析比较认为我国的生态农业同国际上通行的可持续农业极其相似甚至完全一致。刘力、于爱敏（2001）和程广燕（2006）等人进一步指出我国生态农业是既吸收传统农业精华，又结合现代农业科技的中国特色可持续农业发展形式，同时也是建设生态文明的有效形式和建设资源节约型、环境友好型社会的科学模式。而李豫新（2000）、张红丽（2009）、李万明（2011）等认为绿洲生态农业开发是保障干旱区生态安全，实现绿洲经济高效和干旱区生态安全双赢目标的重要途径。

在生态农业发展模式方面，学者们根据行政区划、特定发展方式等进行了大量研究。涌现出了一批学术成果，例如赵秋义、朱桂香（1995）等的《河南省生态农业模式设计与建设研究》；肖知亮（2004）等的《福建省典型生态农业模式研究》以及彭燕、邓玉林（2002）的《果—草—兔生态农业模式的综合效益试验研究》等。同时，学者们还就发展生态农业的技术条件进行了研究。例如严力蛟（2003）认为生态农业发展必须依靠现代高新技术，包括生物技术、模拟优化技术、信息技术；杨正礼（2004）认为中国生态农业的核心技术体系应包括无公害产品的种植和养殖技术、基础支撑技术、加工技术和营销技术等方面。

总之，国内外对生态经济、生态农业的研究正在不断深入，成果日益丰富。而随着研究的深入，具体的生态农业发展模式被不断提出，其中草地农业由于其生态环保而被不同程度涉及。

（三）循环经济理论与循环农业研究现状

循环经济理论来源于循环经济思想，主要是指把传统的经济生产方式——线性生产（资源—产品—废弃物排放）经过一系列的变革和改造，转变为循环型生产，不断重新利用废弃物，使之重新成为生产资源而回到生产过程中。在该理论的产生发展过程中，美国的鲍尔丁（1966）和英国的皮尔斯、特纳（1990）对其概念、原理和理论发展做出了重要贡献。循环农业是循环经济理论在农业发展领域应用的重要成果。但是，有关循环农业的研究实际上还可以追溯到更早的 20 世纪初西方有机农业的兴起，主要是由于有机农业本身即已包含了循环农业的主要特征。而 1911 年美国的 King 在考察中国传统农业后,认为中国传统农业两千多年保持发展而不衰退的原因是有机肥等的循环利用。此后,Coleman（1989）指出随着持续农业、生态农业的研究发展,进一步推动了循环农业、有机农业的研究,并揭示了其与生态农业的内在联系。从中不难看出,有机农业就是要通过循环利用秸秆、有机肥等方式实现发展,表明有机农业与循环农业在本质上是一致的。

国内有关循环农业的研究主要集中在循环农业的内涵、发展模式、主体行为等方面。张元浩（1985）较早在国内提出了"循环农业"的概念。此后,陈德敏、王文献（2002）和周震峰等（2004）则研究指出要实现农业经济、环境、社会效益的综合最优化,必须发展以生态农业为基础的循环农业,这也是我国实施可持续发展战略的重要途径和保障。而宣亚南等（2005）进一步研究认为,循环型农业的实质就是要以环境友好的方式利用自然资源和环境,实现农业经济活动的生态化,使农业产业链活动对自然环境的有害影响减少到最低程度。尹昌斌等（2006）提出了我国循环农业的三大发展模式,而宋亚洲等（2006）进一步将其发展为包括农业副产物再利用、农业生态恢复等的五种循环农业发展模式。此外,学者们还对循环农业发展中的主体行为、制约因素等进行了广泛研究,并提出了相应对策建议。例如,杨锦秀等（2007）、李俊利（2008）、林影（2008）分别对四川、山东和江汉平原循环农业发展进行了实证研究,深入揭示了影响循环农业发展的各种因素及其作用。此外,王树文、陈晓娟（2008）研究指出循环农业在实际操作中仍然存在自然资源及废弃物利用率低、农业废弃物污染与生态破坏严重、农业循环产业链条尚未形成、资金缺乏、农民认识不足等制约因素,阻碍了循环农业的快速发展。

（四）低碳经济理论与低碳农业研究现状

在循环经济与循环农业日益受到重视的同时,发展低碳经济和低碳农业也开始受到学者的重视。在国外,美国的 Brown Lester（1981）在《建设可持续发展社会》一书中最早表述了对农业低碳排放的思考,认为这是农业可持续发展的重要方面。在国内,王昀

（2008）、翁伯琦等（2009）提出低碳农业是一种典型的低能耗、低污染、低排放农业，是一种节省各种农业资源消耗、排放最少的温室气体、以最少的物质投入获得最大的物质收益的农业模式。高旺盛等（2010）、高文玲等（2011）则进一步认为低碳农业是通过科技、政策、管理等措施，最大限度减少农业的现代物质投入，增强农田碳汇功能，降低污染排放的重要农业形式。此外，黄贤贵等（2011）从合理施肥、增施有机肥、开发使用新型肥料减少化肥使用，采用生物防治降低农药用量，高效利用生物质能源，适度发展非粮能源作物，生产燃料使用乙醇以替代化石燃料，开发利用太阳能、风能、秸秆等可再生能源方面，阐述了实现低碳农业发展的途径。许广月（2010）、刘静暖等（2012）则对采用多样化的低碳农业发展模式，如植树造林和退耕还林、还草等，最大限度实现森林、草地等的碳汇功能等做了深入研究。

总之，随着经济发展中各种污染、破坏的加剧以及资源日益枯竭，国内外在理论上和实践中都对可持续发展理论、生态经济理论以及循环经济理论等及其应用下的替代农业实践模式进行了广泛研究。而草地农业作为一种能够有机循环、低碳排放、生态发展的可持续农业模式，正在成为综合替代农业的一种重要发展类型，特别是其在有效降低石化能投入、改善农田土壤结构、增强农业固碳能力等方面的作用，正在引起有关学者的关注，但总体来看对草地农业的研究相对较少，急需加强。

二　草地农业功能与草原退化治理研究现状

（一）草地农业的提出与发展

草地农业的起源很早，早在古代社会，人们就已经开始了以种植牧草为主的草地农业生产。但随着近代农业革命的兴起，农业种植结构日趋单一，草地农业生产模式基本被废弃。而单一种植造成的土壤养分失衡使得19世纪末欧洲谷物产量持续下降。这引起了欧洲各国的广泛关注和反思，从而催生了通过草田轮作等注重牧草栽培种植和畜牧养殖结合的近代草地农业模式。随后，这一模式开始在欧洲、北美和苏联得到广泛推广应用。正如英国著名的农业生态学家 C. R. W. 斯佩丁（1979）指出的那样，几乎没有哪一种农业耕作系统局限于单一经营，大多数是混合生产几种产品，草地农业就是将农作物、牧草与家畜生产相结合的重要综合农业系统。可见，草地农业正是这三者高度结合的农业生产类型，因此具有有机循环农业、生态农业的显著特征。

在国内，我国在王栋、任继周等老一辈学者的积极倡导下，对草地农业的研究起步较早，很早就对草地农业的重要性有所认识。近年来，随着我国农牧业发展中各种问题弊端的不断暴露，学者们对草地农业的关注和研究进一步加强，形成了日益丰富和全面的研究成果。

（二）以草地农业保障粮食、食物安全功能的研究

我国是世界第一人口大国，粮食安全问题一直是我国的重中之重。随着我国常规农牧业发展方式增加产出的潜力日益枯竭，探讨用草地农业方式保障国家粮食、食品安全的研究应运而生。早在20世纪80年代，学者们就通过草地农业的试验指出，在耕地中加大种草比例，加进家畜生产环节，可以使粮食单产提高60%，总产增加37%，牧草增加178%，总产出蛋白质增加61.4%，羊单位增加30倍，草地农业的综合经济效益比传统单一的种植业高近10倍。[①] 表明草地农业具有大幅增加食物产量、提高经济效益、保障粮食安全的功能。而孙洪仁等（2006）则进一步研究指出，草地农业是农业系统演进的高级阶段，草地农业将饲草、家畜生产引入农业体系，使系统的组合更加合理完善，农牧有机结合更加紧密，进而有效提高农业综合生产效率，大幅增加农民农业收入，是保障食物安全、生态安全和农业可持续发展的战略措施。[②]

任继周等（2004）、任继周、林慧龙、常生华（2009）也研究认为发展和实行草地农业，是解决和确保我国未来粮食安全的关键。草地农业通过在天然草原中建立人工草地，以及在农田中引入牧草种植，可以发挥其多方面节约资源，提高生产效率和效益的长处，

① 段舜山：《草地农业与生态农业浅识》，《中国草业科学》1988年第4期，第43页。
② 孙洪仁等：《论发展草地农业》，载《2006中国草业发展论坛论文集》，2006，第58—60页。

实现真正走内源发展的可持续发展道路，并初步估算出我国通过发展草地农业将创造相当于 6400 万公顷的虚拟农田，农民收入也将提高 1.3 倍，同时实现节约化肥，减少污染，提高土壤肥力，节约劳动，增加就业等效益。王苗苗、李学玲等（2010）认为我国长期以来高度关注粮食安全，导致过分强调粮食生产，不仅加重了耕地养分失衡，而且过度扩大耕地面积导致生态遭到破坏，对农业整体资源缺乏统筹利用，而随着饮食结构的变化升级，只有施行草地农业，将牧草生产纳入农业土地利用，并突出草食家畜生产，实现农区与牧区的系统耦合，才能保障食物安全。唐羽彤、林慧龙（2012）则通过分析我国食物消费变化发现，由于动物产品消费快速增长，饲料用粮已占我国粮食消费量的半数以上，对此需要创新粮食安全思路，发展蕴含巨大生产潜力的草地农业，发挥其增产增收以及节粮替粮作用，通过发展草地农业保障粮食安全。

（三）草地农业多种功能的研究

草地农业是集生态、经济、社会等效益为一体的新型农业综合发展模式，具有多种功能和价值。对此，学者们已从多个角度进行了研究阐述。例如 20 世纪 90 年代张明华（1994）就指出草地农业是以土地、牧草、家畜综合一体的生态农业形式，因此具有应对生态恶化等问题的功能。[①] 而李玉元、张桂荣（2000）则指出草地农业不仅生产大量优质青饲料，而且还起到绿肥培土，实现牧草生产与动物生产结合，草场与耕地结合，促进农业生态系统形成草茂、畜壮、肥多、粮丰的良性循环等效果。[②] 呼天明、边巴卓玛等（2005）则通过对西藏农区和牧区的调查研究，认为建立草地农业是西藏畜牧业可持续发展的战略选择和提升西藏农业生产水平的有效措施。

在荒漠区、农牧交错带等生态脆弱地区，草地农业具有恢复当地生态、治理水土流失、促进当地农牧业结构调整与可持续发展等多种功能。例如师尚礼等（2002）、王欣国、刘照辉（2010）

---

① 张明华：《略论草地农业系统》，《草地学报》1994 年第 2 卷第 1 期，第 83—88 页。

② 李玉元、张桂荣：《草地农业效益研究——以黑麦草水稻草田轮作为例》，《广西农业生物科学》2000 年第 19 卷第 1 期，第 59—63 页。

研究认为西北荒漠区淡水严重短缺，自然生态脆弱，农牧比例不当、滥垦滥挖及不合理利用水土，导致生态破坏和环境恶化。只有发展具有经济、生态等综合效益的草地农业，通过荒地种草、草田轮作和相关草地农业技术等，建立融生态、经济和社会等综合效益于一体的草地农业体系，才能实现当地的可持续发展。① 而马红彬、王宁（2004）、董孝斌、张新时（2005）和赖声渭（2009）则研究指出农牧交错带农业结构调整的出路在于实行发展人工种草的草地农业，这也是实现当地环境治理和农业可持续发展的有效途径。② 此外，学者们如刘斌、裘大堂（2000）和彭辉、方海东（2012）还研究认为科学发展草地农业，是提高人民群众生活水平，改善生态环境，治理水土流失的有效途径和重要举措，更是一次新的农业技术革命。

另外，学者们还从草地农业的生产层、系统耦合、产业开发等角度研究其所具有的多种功能。例如，唐静、林慧龙（2013）从系统工程的角度研究认为，草地农业系统与其他系统进行有机耦合，可使其生产潜力高效发挥，同时草地农业在整个大农业系统中处于核心位置，是发展循环农业和实现农业结构调整的必然之路。③ 王景山（2011）则指出开发草地农业，以草为本，可以实现饲料、木料、生物燃料等生产，综合利用前景广阔。任继周（2013）则指出草地农业是转变农业增长方式的重要模式选择，也是最为有效推进农业可持续发展的途径和改造恢复农业生态系统的最佳着力点。

总之，正如农业部张宝文（2006）部长指出的那样，大力发展草地农业具有促进全面贯彻落实中央的战略部署、建设现代可持续农业、增加农民收入、保障粮食安全、建设资源节约型环境友好型

---

① 王欣国、刘照辉：《草地农业系统概论》，《畜牧与饲料科学》2010 年第 31 卷第 4 期，第 169—171 页。

② 董孝斌、张新时：《发展草地农业是农牧交错带农业结构调整的出路》，《生态经济》2005 年第 4 期，第 87—89 页。

③ 唐静、林慧龙：《草地农业的循环经济特征分析》，《草业学报》2013 年第 1 期，第 167—175 页。

社会等重大作用和意义。

（四）草地农业促进草原退化治理研究

早在 20 世纪三四十年代，美国的 Leopold 等就通过人工种草实验开始了对美国西部草原的退化治理研究。而 60 年代末对非洲干旱半干旱草原退化治理的研究，进一步推动了相关领域的研究进展。Ellis 和 Swift（1988）研究指出，由于干旱区草原降雨量年际变化大且难以预见，非生物因素对于生态系统的影响远大于生物因素。因此，只有引入先进的农业生产方式，用草地农业、人工草地建植方式，才能更好地应对干旱区草场的生态特性以及气候的波动，才能达到促进草原退化治理和有效可持续利用草地资源的效果。而 Cheng et al（2011）则指出随着草原保护政策和草地农业的实施，草原退化问题已经有所改善，草地生产力、植被盖度、牧草高度和土壤有机质等都有所恢复。

在国内，随着我国草原退化问题的不断加剧，国内学者对草原退化及治理的研究日益丰富。同时也逐步认识到只有发展草地农业，才能真正实现草畜平衡、促进草场恢复和永续利用。例如，王云霞、曹建民（2010）研究认为，由于受超载过牧、草原建设投入不足等因素影响，草原退化状况仍在加剧。而半农半牧区草原比牧区退化更为严重。对此，贾幼陵（2011）、张立（2012）指出只有继续完善草原承包制和建立健全草原生态补偿机制，构建草原生态保护政策支持体系，加快人工种草进度，加大草产业研发投入和科技成果转化力度，才能真正实现草畜平衡。另外，学者们如张镜锂、刘林山（2006）和曹鑫、辜智慧等（2006）还研究发现天然草场退化中不同季节牧场的退化率显著不同，说明在自然状态下，由于气候的季节波动，草场的载畜率极不稳定。而郝璐、王静爱（2003）也研究指出由于天然草场退化以及季节性干旱等使得畜牧业抗灾能力下降。因此，只有建设人工草地，发展草地农业，才能最终解决天然草场退化问题和畜牧业发展问题。

最后，周涛、史培军（2006）进一步指出在当前全球变暖背景下，林地、草地的退化将增大土壤碳释放与温度的反馈强度，加剧生态不稳定性。对此，仝川（2006）、杨光梅（2011）等学者研究认为草原牧区正面临着加快经济发展和保障生态安全的双重重任，草原牧区只有走可持续发展的生态经济模式，积极引导过剩牧民进行产业转移，发展草地农业与产业化经营、开展草原旅游等，才能综合发挥草地休闲、观光、旅游等价值，减少资源的消耗性利用，实现草地资源及其生态环境和民族文化的有效保护，增加农牧民收入，实现草地资源的可持续发展和综合利用。

总之，学者们对草地农业功能及其与草原退化治理的研究日益丰富，内容涉及不同地区和行政区域，对于绿洲与草原地区的草地农业发展模式亦有成果涌现，对本书研究具有重要的借鉴参考意义，但将二者结合的研究相对较少，需要进一步深入研究与探讨。

三 草地农业发展模式相关研究现状

由于草地农业在国内外具有长期的发展实践，因此国内外对于草地农业发展模式的相关研究也十分丰富。不过，国外学者更多关注草地农业技术、管理等方面的研究。在国内，随着学者们对草地农业发展及其模式类型的关注，也相继涌现出了不少研究成果。同时由于我国不同区域之间差异极大，而学者们通过针对我国不同地区、不同生态条件区域的草地农业发展模式的研究，不断使国内草地农业发展模式的研究丰富多样。但从总体上看，主要可以分为农区种草模式与牧区种草模式两大模式类别。

首先，针对我国北方地区、农牧交错带、西北绿洲地区的草地农业发展模式，学者们进行了深入研究。例如赖声渭（2009）阐述了草地农业系统在农牧交错区发展的主要模式。邓芸、高同梅（2003）分析了甘肃陇东庆阳老区发展草地农业的状况，提出建立产业龙头企业、实行产业化经营、科学种草等发展草地农业的模式途径。[①] 王印魁等（1995）则阐述了草地农业在治理修复黄土高原生态环境中的作用，提出了发展草地农业的生态模式及措施。[②]

---

① 邓芸、高同梅：《对庆阳地区实施草地农业的思考及建议》，《甘肃农业科技》2003年第3期，第3—5页。

② 王印魁、杨桂英：《山西黄土高原发展草地农业的探讨》，《山西农业大学学报》（自然科学版）1995年第15卷第3期，第263—266页。

孙鸿良（2002）则进一步研究指出农、牧业应共同组建草地农业系统模式，才能兼顾草场整治，挽救生态资产与持久繁荣西北地区经济。

此外，齐风林等（1998）通过对辽西北地区3种不同生产类型模式的对比研究，发现粮、草、肉牛生产类型的生产结构相对合理，优化了综合生产结构，使总产出提高，具有更高的效率和规模效益。[①]贺访印（2004）、王继和等（2004）以及侯扶江等（2009）则在对民勤绿洲自然、社会、经济现状分析的基础上，对苜蓿人工草地建植、节水丰产栽培以及相关技术进行了研究，提出了针对民勤绿洲的草地农业具体发展模式，并指出只有发展与当地实际相适应的草地农业模式，才能实现当地绿洲农牧业的可持续发展。[②]

而刘小鹏、陈姝睿等（2014）则以草地类型区域分异为基础，对宁夏草地农业发展进行了科学区划，并进一步分析了不同类型区特征和草地农业发展方向，为宁夏及类似地区发展草地农业模式科学布局规划、开发利用等提供了重要参考。另外，李蕊超、金藏玉、林慧龙（2014）研究认为面对日趋紧张的资源约束和畜产品需求供给，发展牧区草地农业势在必行，并通过研究比较草地农业与现行农业系统的食物生产能力，指出我国传统牧区发展草地农业模式具有必要性和显著优势。而张爱文（2014）阐述了甘肃发展草地农业的关键节点、优势区域布局和发展重点，认为发展草地农业是打造甘肃现代农业升级版的必然选择。

其次，针对我国南方地区、高海拔地区、石漠化地区的草地农业发展模式，学者们也进行了深入研究。早在20世纪90年代，王晋峰等（1994）就对川西北草地农业的发展进行了深入研究，并指出要建立相应发展模式就必须从知识、技术等方面综合考虑，提高

---

　①　齐风林、王文成：《辽宁省彰武北部地区实行草地农业的效益》，《草业科学》1998年第15卷第3期，第48—51页。
　②　侯扶江、常生华、南志标：《建立草地农业系统，治理民勤荒漠化》，《草业科学》2009年第26卷第12期，第68—74页。

当地农牧民科技水平，才能真正发挥草地农业模式的效益和生产力。[1] 而刘兴元（1997）则通过对南方高海拔地区发展草地农业问题的研究，进一步提出其首先要解决科技示范与培训推广相结合、公司与农户相结合的问题，而建立技术推广模式是关键。之后，杨汝荣（2001）研究提出建立以精准养殖为特征的南方草地农业系统工程模式，认为该模式可以达到最大可能开发闲置资源和提高资源利用率，增加系统产量，并减轻天然草原压力的效果。[2] 杨知建等（2012）则从食物消费安全等方面出发，结合区域发展实际，提出了以草田轮作、果草牧沼循环、人工草地建植等南方草地农业具体模式。[3] 高伟（2012）则通过对草地农业治理石漠化的实证研究，创建了草地农业治理极度石漠化模式，指出该模式不仅通过快速增加地表草地覆盖度实现了水土流失控制，而且通过改革当地农业生产方式提高了农民收益。

最后，卓坤水（2006）从草地农业生态系统和宏观的角度，有针对性地提出了加快发展南方草地农业生产的基本原则、有效途径和保障措施。李向林（2007）讨论了南方地区草地农业发展的主要模式类型，并结合粮食安全问题分析了南方草地农业的发展潜力，其中包括山地温带多年生人工草地建植、冬闲田种植黑麦草、冷季和暖季相结合的一年生饲草生产以及林草复合系统建设等模式。[4] 而蒋建生（2002）从调整农耕制度、草地改良、调整畜牧业生产结构、在饲料使用中提高饲草比例、制定草地农业产业政策等方面，就发展广西草地农业模式提出了对策建议。翁伯琦、王义祥（2009）研究提出了福建草地农业的生产经营模式。侯向阳（2009）通过对国内外草地农业发展的总结分析，深入探讨了我国草地农业

---

[1]　王晋峰、周嘉友：《关于建立合理的川西北草地农业生态经济系统若干思考》，《西南民族学院学报》（自然科学版）1994年第20卷第1期，第89—91、95页。

[2]　杨汝荣：《用草地农业系统工程开发南方草地资源发展精准养殖业的可行性分析》，《中国草地》2001年第23卷第1期，第6—10页。

[3]　丛慧、杨知建等：《我国南方草地农业发展模式探讨》，《作物研究》2012年第26卷第1期，第65—69页。

[4]　李向林、万里强、何峰：《南方草地农业潜力及其食物安全意义》，《科技导报》2007年第9期，第9—15页。

发展存在的问题和今后的发展思路，提出了促进我国草地农业发展的政策措施等。任继周（2014）则研究认为当前我国农业向草地农业转变势在必行。

四　新疆草地农业发展模式研究现状

新疆是典型的农牧兼营区域，也是我国生态脆弱、草原退化严重的内陆边疆地区。因此，对于新疆如何通过草地农业等发展模式来促进农牧业可持续发展的研究，近年来也在逐渐引起相关领域学者的关注。并出现了一定的相关研究成果，虽然数量相对不多，但涉及面广，具有不容忽视的启发意义。

早在 20 世纪 90 年代，针对新疆绿洲农业常规现代化发展中出现的问题，新疆畜牧科学院的王博、于振田等（1994）就研究指出新疆农业迫切需要调整结构、提高效益，而引草入田，发展草地农业模式是新疆推进农业发展、技术进步和结构调整的有效途径。① 此后郭选政、张江玲（2004）又对新疆草地农业的生态系统以及环境建设进行了研究探讨，指出由于新疆草地生态的破坏而造成区域环境趋于恶化，尤其是绿洲边缘过渡带显著缩小，导致生态严重失衡和灾害频发，因此必须通过发展草地农业来应对。

而姜润萧（2008）则通过进一步研究分析草地农业的多种功能及综合效益，认为草地农业是我国传统精耕细作农业和国外有畜农业相结合的现代农业，是实现伊犁河流域农垦区农业可持续发展的重要模式途径。② 之后丛英利等（2013）通过分析草地农业的四个生产层对新疆畜牧业的指导作用，阐述了通过四个生产层可获得生态、社会和经济效益，认为草地农业模式能够促进新疆生态、经济与社会的全面协调与可持续发展。

在新疆草原牧区草地农业研究方面，学者们主要从新疆草原退化的多种原因入手展开研究，指出超载过牧、开垦破坏、投入不足、

---

① 王博、于振田：《引草入田，发展新疆地草地农业》，《草食家畜》1994 年第 2 期，第 7—10 页。

② 姜润萧：《草地农业在伊犁河流域新垦区中的功能及效益》，《新疆农业科学》2008年第 45 卷第 S3 期，第 52—55 页。

草原基础建设滞后、人口增长过快等都是导致草原退化的原因。例如赵万羽（2002）指出新疆过度垦荒使绿洲农耕区过量引水，改变了新疆水资源的自然分布，导致部分草地资源因缺水急剧恶化和退化。而阿德力汗·叶斯汗（1997）、阿吉（2002）、沙吾列·阿巴依汗（2012）则研究认为需要从贯彻草畜平衡制度，加强草原保护和管理，加大投资和政策优惠力度等方面，加快退化草地改良和建设。另外，董智新、刘新（2009）、刘兴义、李荣才等（2012）研究提出改革传统放牧制度，科学确定放牧时间，推行划区轮牧技术，发展人工草地、促进畜牧业生产方式转变等来应对和治理新疆草原退化。

此外，布尔金、赵澍、何峰等（2014）则研究指出由于近半个世纪以来新疆家畜数量增加了 3 倍，导致天然草原普遍发生退化，草地面积缩小和生产力下降，因此需要从生态保护和可持续发展的全局出发，统筹协调新疆山地—荒漠—绿洲复合生态系统关系，在绿洲及水土条件较好的地区发展以优质、高产人工草地为基础的现代集约型草地畜牧业，逐步将畜牧业生产向绿洲转移，最终使绿洲成为现代畜牧业经济发展的重心，最大限度保护天然草地植被和实现放牧畜牧业向现代化畜牧业的战略性转型，建立具有新疆区域特色的创新性畜牧业模式。而刘新平、董智新（2014）研究指出以增加存栏牲畜数量为核心的新疆传统粗放型草地牧业模式，受到天然草地面积及其载畜能力的严重制约，对此新疆必须走发展生态草地畜牧业以及农牧耦合生态畜牧业的发展之路。

综上可见，对于新疆草地农业发展模式的研究，目前直接的研究成果还不多。绝大多数研究还主要集中在如何应对草原退化和如何调整农业结构上。虽然研究中也时有提及要发展人工草地、草田轮作等草地农业内容，但真正把草地农业作为新疆重要发展模式来研究的成果还十分缺乏。表明本书的研究具有十分重要的意义和价值。

五 国内外研究现状评述

随着现代常规农业与传统畜牧业发展中各种问题的不断暴露与加剧，无论政府还是学术界都加大了对农牧业可持续发展的重视，由此推动了学者对各种替代农业形式及草地农业发展相关问题的深入、广泛研究，涌现出了日益丰富的成果。但是，纵观上述研究成果不难发现，这些研究虽然涉及面广，内容也较全面，对于进一步深入探讨我国及新疆草地农业发展具有重要参考、借鉴意义，但同时也存在研究相对分散、针对具体地域的研究不够深入、缺乏将农牧业结合进行跨学科综合研究等不足。

首先，以往学者们对农牧业大多是分开独立研究，在草地农业的研究中这种趋势仍然存在。这就人为地造成了对这种综合农业模式的割裂。同时，关于草地农业的研究以往多侧重于技术、实验等自然科学研究领域，而从经济、管理等社会科学角度的研究相对不足。这些都导致针对草地农业发展问题的全面综合研究成果严重缺乏。而要全面科学地把握与研究该问题，必须打破学科界限，进行全盘统筹的综合研究。本书正是在这一理念下，在借鉴国内外研究与成功实践的基础上，运用经济学、生态学、管理学相关理论，结合自然科学相关研究成果，对新疆草地农业发展模式进行综合研究，一定程度上弥补了上述研究的不足。

其次，以往的研究成果多限于纯理论和实验、经验研究的范畴，缺乏第一手调研资料，实证分析因此也比较薄弱，造成定性研究与定量研究的结合不够。同时，在以往无论是国家层面还是新疆，对发展草地农业的认识以及实践发展都很有限，因此制约了研究的深入开展，也使得研究缺乏现实状况的支撑，研究结论及建议多限于理论探讨。而当前草地农业的实践在我国日益丰富，在新疆与兵团亦有迅速发展之势，并得到各级政府的加倍重视与支持。这就使本书可以建立在更加充实、客观的实地调研、现实发展基础之上，结合现实阐释和研究分析，进行模式构建与对策建议，具有更强的针对性，有利于弥补当前研究的不足。

总之，本书将在前人研究的基础上，以新疆这个具有典型代表性的区域作为研究对象，通过理论分析与实证研究，深入探讨揭示其草地农业发展的相应模式与路径建议。首先分析草地农业发展涉及的相关概念和理论，构建本书的草地农业概念及理论框架。其次，借鉴总结国内外草地农业发展成功实践和模式经验，在此基础上结合新疆经济、农牧业发展的现状及问题，提出新疆发展草地农业的必要性及功能作用。再次，根据新疆草地农业的内涵、功能提出草地农业发展的指导思想和战略方针，并结合新疆农牧业发展实际进行草地农业不同区域的模式构建，同时选择典型农牧业发展区域进行模式的实证研究分析，采用定量和定性分析相结合等方法，有效解决无法量化的指标问题，实证研究分析比较草地农业发展模式的综合优势。最后在借鉴国内外相关草地农业政策技术的基础上提出新疆草地农业发展所需的政策保障和技术支撑，以及还需要进一步努力和完善的政策建议。

第三节 研究内容

本书的主要内容包括以下几大部分。

一 绪论与理论基础

绪论中主要阐述了本书研究的背景和意义，并对与本书相关的各种替代农业模式的提出及其相关经济理论的国内外研究现状进行了评述，通过评述分析提出本书所研究的思路、框架和技术路径等。在第二章理论基础中首先介绍了持续农业与循环农业、生态农业与草地农业等概念，然后对可持续发展理论、循环经济理论、生态经济理论以及能值分析理论和非平衡生态系统理论等进行了介绍，同时阐述了这些理论同本书研究的草地农业发展模式之间的重要关系，建立本书研究的生态经济、循环经济等理论依据，为下文的深入分析奠定理论基础。

二 新疆草地农业的提出、模式构建与案例实证分析

主要包括第三、四、五章，本部分首先通过对新疆资源环境、经济社会发展状况以及农牧业发展水平的研究分析，结合新疆农牧业发展面临的现实问题，提出新疆发展草地农业的必要性以及草地农业对新疆农牧业可持续发展的多种重要作用。进而在此基础上阐

述新疆草地农业的内涵、特征与主要功能，并为之后的进一步深入研究做好铺垫。其次，提出新疆发展草地农业模式构建的指导思想与基本原则，指出在新疆这个广阔的区域内需要基于不同地区的经济地理区位差异选择适宜的草地农业发展模式，在此基础上进行针对不同地区和发展实际的草田轮作、人工草地建设等促进农牧业现代化可持续发展的草地农业的具体模式构建。再次，通过选取玛纳斯河流域与尼勒克县，这两个分别代表绿洲农业区与草原畜牧区草地农业发展的典型地域进行实证研究分析，通过运用投入产出法和能值分析法等方法对当地草地农业与常规农业、草地农业与传统牧业在投入、产出、效益等方面的比较分析，并结合农牧户、政府等对草地农业发展的满意度分析，从而得出草地农业发展模式的相关实证研究结果，最后提出进一步发展完善草地农业发展模式并推广应用。

三 国内外草地农业发展实践及模式借鉴和草地农业发展模式的政策技术保障

主要包括第六、七章，本部分首先对世界主要国家与地区的草地农业发展实践及模式进行了总结借鉴，主要包括美、日、澳大利亚等草地农业发达国家和中国甘肃、广东等省区发展草地农业的成功实践经验及其发展模式，以期为新疆草地农业发展模式的发展完善提供重要借鉴参考。其次，通过对国内外农业发展扶持政策及技术体系的阐述分析，提出政府扶持草地农业模式发展的政策体系与构建，需要的技术支撑和促进措施，实现政策、技术等对草地农业发展模式的支撑保障。

四 结论与政策建议

主要包括第8章，本部分首先对本书研究进行了总结，提出了研究取得的一系列重要结论。其次，提出推动新疆草地农业发展的具体政策建议，以及对本书的研究结论进行凝练总结。最后，总结得出需要进一步继续深入研究的问题和方面。

第四节 研究方法与技术路线

一 研究方法

（1）定量分析和定性分析方法。通过两种方法的综合运用，优势互补，力求达到研究结果具有理论创新性和实践可行性。具体来说，在难以量化时使用定性分析方法，如对相关经济理论、农业发展模式运用归纳总结、演绎推理等方法，最终推导出草地农业是集各种农业模式优点、符合相关经济理论的新型综合农业模式。同时，在研究过程中，对新疆农牧业与草地农业投入产出、效益状况等使用定量分析方法，以统计数据、调查数据及实验研究数据等为基础，借助经济学与生态经济学方法进行系统深入的定量研究。用准确的定量研究结果进行相关评价与对策建议。

（2）比较分析和综合分析方法。首先，使用比较分析方法，综合运用投入产出法、能值分析法等对中外农业发展水平与草地农业发展状况、新疆农牧业发展水平、效益与草地农业发展模式效益进行比较研究，不仅是本书的重要研究内容，也是主要的论据论证。其次，在比较研究的同时，综合国内外各种替代农业形式的优势，以及新疆农牧业发展亟须解决的紧迫问题，提出并构建新疆草地农业发展模式，是本书研究的核心和重点。最后综合国内外政策扶持农业的措施经验，设计草地农业政策扶持与实施体系。

（3）规范分析与实证分析相结合的方法。首先，本书运用实证分析方法，通过对新疆典型地区的实地调查、案例分析进行实证研究，研究分析草地农业发展模式与常规农（牧）业模式的优劣及农牧民对发展草地农业的认知和实施状况；其次运用生态经济学、循环经济学等理论，对新疆草地农业的内涵、特征、功能、效益，发展前景与产业化经营等进行规范研究分析。同时，在综合分析新疆经济、生态等特点的基础上，构建草地农业发展的主要模式类型。

二　技术路线

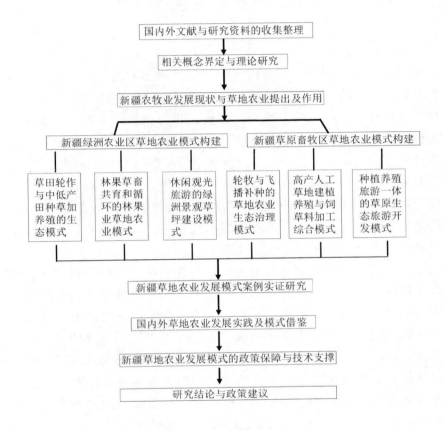

图 1—1　本书技术路线

第五节　可能的创新点

（1）选题有所突破。学者们对农牧业发展相关问题的研究成果非常丰富，但是将二者结合，尤其是通过草地农业这一新型综合发展模式将新疆绿洲农业与草原畜牧业结合进行的研究，却十分少见。本书利用新疆与兵团最新发展动态，结合国内外草地农业最新研究与实践经验，提出并构建可以同时促进新疆农牧业等可持续发展的草地农业模式类型，并对其进行深入研究探讨，将弥补相关研究的不足，促进理论创新。

（2）研究方法有所创新。本书研究不仅综合运用了可持续发展理论、生态经济理论、循环经济理论等理论方法，还进一步将国际上新兴的干旱区草原非平衡生态系统理论方法、能值理论分析方法等加以运用。大大增强了研究的科学性和比较分析的说服力，实现了在研究方法上的多学科方法综合创新运用。

（3）本书研究有助于相关研究的创新发展。草地农业模式的研究实践有助于进一步探讨绿洲农业与畜牧业之间、绿洲与草原之间的重要生态、经济等关系，有助于深入研究干旱区绿洲农业、草原生态系统的特殊性，从而推动新疆生态治理保护相关理论方法的突破创新，这可能是本书研究继续深入下去的重要创新之处。

第六节 本章小结

本章主要介绍了本书的选题背景和研究意义，并对本书研究所涉及的国内外研究现状进行了阐述分析。国内外相关研究表明，目前常规现代农业和传统畜牧业的发展模式都存在着不可持续的严重问题，对此不同学者提出了旨在实现可持续发展的多种经济发展理论和替代农业模式。本书将博采众长，结合新疆农牧业发展的现实情况，选择草地农业发展模式作为研究对象，通过理论与实证研究分析得出相关结论。在借鉴国内外草地农业发展成功经验实践的基础上对新疆草地农业发展模式的构建和相关制度设计进行分析并提出对策建议。最后对本书的研究内容、方法、技术路线和可能的创新点进行了简要介绍。

第二章

相关概念与理论基础

第一节 相关概念的界定

一 持续农业与循环农业

（1）持续农业的提出及概念内涵

农业（Agriculture）是长期以来人类不断发挥自身的能动性，通过培育动植物等生命体来生产食品及工业原料的重要产业部门，是维持人类社会生存和发展的重要基础产业。进入近现代社会以来，由于农业技术的不断进步和常规石油农业的迅猛发展，农业虽然实现了高度的机械化和化学化，农业产出大幅增加，支撑和推动了国民经济的快速发展，但同时，人们也发现这种简单依靠大量化石能源投入的农业发展模式存在着高能耗、高投入、高污染、高风险等不利特征。特别是在全球能源日益短缺、环境污染不断加剧的背景下，其发展的负面影响和不可持续性更加凸显。对此，可持续农业的概念应运而生，并且日益成为世界各国关注的焦点和共识。

作为世界上较早发展常规石油农业的美国，在可持续农业的研究中走在了各国前列。早在 20 世纪 80 年代初，美国的 Brown Lester（1981）就在《建设可持续发展社会》中首次深入研究了可持续发展思想，并提出了可持续农业的概念。[1] 此后，1984 年另一位美国

---

[1] Brown, L. R., *Building a Sustainable Society*, New York: W. W. Norton & Co., 1981, pp. 100-123.

学者 Bob Rodele 研究指出并不是要把农业的可持续性作为发展的终极目标，而是只有这样全人类才能找到实现丰衣足食生活并延续下去的方式和途径，持续农业的实质就是找到自然资源永续利用与人类健康充裕生活之间的各种科学结合方法和技术。①

1989 年美国农学会等三家机构一致认为可持续农业就是指在一个长时期内有利于改善农业的生态环境与自然资源，保障人类对粮、棉、肉、奶等农产品的基本需求，具有可行性并能改善农民以及整个社会生活水平的做法。② 而依阿华大学持续农业中心则认为持续农业是通过协调整合作物及牧业生产系统与农业支持系统，以维持经济效益和社会效益，并能保持良好的土壤质量和土地生产力的一种方法。1991 年，联合国粮农组织（FAO）在《登博斯宣言》中则将可持续农业定义为通过管理和保护自然资源基础，并调整技术和机构改革方向，以确保获得和持续满足目前几代人和今后世世代代人的需要的农业、林业和渔业发展方式。并指出这种发展不仅能保护土地、水资源和动植物遗传资源，而且不会造成生态环境退化，同时在技术上和经济上都具有可行性，能够被社会接受。③ 至此，可持续农业的概念和内涵趋于完善和明确，并为各国所接受认可。本书也以此概念为准。

（二）循环农业的提出及概念内涵

近年来，各种旨在推动农业可持续发展、减少农业能耗和污染、节约有限资源的替代农业概念和模式相继产生。其中，循环农业以"3R"即 Reduce（减量化）、Reuse（再利用）、Recycle（再循环）为原则，充分挖掘和高效利用农业生产过程中的潜力，以实现物质能量的集约使用和循环利用。可见，循环农业是促使现代常规石油农业的线性生产方式向减排高效的循环型生产转化的重要替代农业

---

① 高旺盛：《试论可持续农业及中国农业发展方略》，《农业现代化研究》1994 年第 15 卷第 6 期，第 324—327 页。
② 刘巽浩：《关于农业可持续发展若干理论问题的探讨》，《农业现代化研究》1995 年第 16 卷第 2 期，第 80—84 页。
③ 宋金平：《中国农业与农村可持续发展的障碍与对策》，《政策研究》2002 年第 2 期，第 17—27 页。

形式，也是当前在全球能源危机、环境污染、生态恶化及巨大的人口压力下，协调好现代农业产业内部以及农业生产与资源配置之间关系的重要途径。

实际上，我国的传统农业和西方的有机农业都具有循环农业的某些特征。例如，早在 20 世纪初，美国的 King 在考察中国传统农业后，就认为中国传统农业数千年保持兴盛不衰的原因是有机肥等的循环利用。[①] 而有机农业则要求完全不使用化肥、农药、生长调节剂和饲料添加剂，而主要依靠轮作、作物秸秆、有机肥等维持土壤肥力，就是要通过循环利用秸秆、有机肥等方式来实现农业的可持续发展。可见，其实质与循环农业是一致的。因此，循环农业概念的提出虽然较晚，但其在实践中早已存在。特别是我国的传统农业，其所蕴含的循环农业思想及经验十分丰富，而且历史悠久，值得我们深入挖掘和借鉴。

总之，循环农业就是通过对农业生产各环节的全面改造和创新，以实现各种农业生产投入物质能量的循环高效利用，从而达到农业生产过程的生态化，最大限度保护自然资源和环境。在此基础上，循环农业通过进一步与其关联产业经济活动形成更大范围的闭环式循环流动模式，从而使农业生产乃至后续深加工对资源环境的负面作用减少到尽可能低的程度。[②] 可见，循环农业就是通过生产过程中能量与物质的循环利用技术体系，从而达到各种资源、物质、能量的多次利用和最大限度使废弃物减量化。在实现农业资源的高效利用和生态环境改善的同时，不断延长农业产业链条，保障农业生产与农村经济持续高效发展。可见，循环农业也是推动农业可持续发展的重要模式选择之一。

---

① 陈红兵、卢进登、赵丽娅等：《循环农业的由来及发展现状》，《中国农业资源与区划》2007 年第 8 卷第 6 期，第 65—69 页。

② 宣亚南、欧名豪、曲福田：《循环型农业的含义、经济学解读及其政策含义》，《中国人口·资源与环境》2005 年第 15 卷第 2 期，第 27—31 页。

二　生态农业与草地农业

（一）生态农业的提出及概念发展

全球生态问题的日益严峻和常规石油农业不断暴露的生态问题，直接推动了生态农业概念的提出和迅速发展。早在 20 世纪 80 年代初，英国农学家伍新顿（M. Worthington）首次将生态农业定义为："投入低，经济上有竞争力，生态上能可持续，在环境、伦理和审美方面可接受的小型农业"，并且认为生态农业必须彻底排除使用化肥，而代之以施用有机肥料，在"自然"状态下进行农业生产等。可见，这是一种完全排斥化学品投入，力求农业实现彻底有机化、生态化而较少考虑农业产出变化的较极端生态农业概念。当时一度成为西方发达国家所采纳的生态农业概念。

而随着生态经济、生态农业思想在世界范围内的广泛传播，各国学者逐渐发现，简单照搬西方国家的生态农业概念和模式，并不符合各国尤其是发展中国家的实际。因此，依据不同国家、地区的具体情况和特点，学者们相继提出了各种适合本国国情的生态农业概念和模式。我国学者也提出了适合我国国情的生态农业概念。首先，我国与西方的生态农业在概念界定上有着显著区别，不是西方生态农业概念的简单引入和模仿，而是借鉴了各国尤其是发展中国家的经验，与我国具体国情和农业发展实际相结合。其次，充分发掘和继承我国传统有机农业的优势和特点，同时兼顾保障农业产出和粮食安全。因此，我国的生态农业并不完全排斥化肥农药的使用，而是允许适当的化学品投入。可见，我国的生态农业具有符合我国国情和农业发展实际的特点，是在借鉴国外生态农业概念的基础上，依照生态学原理和生态经济规律，集现代科学技术优势与传统农业精华于一身的可持续农业形式。

需要指出的是，西方发达国家对生态农业的认识也在不断发展变化。随着时间的推移，西方国家也逐渐认识到，目前生态农业还无法做到完全不使用化肥、农药等化学品，为保证其可行性，生态农业仍需要必要的辅助化学品投入。而早期以完全排斥化学品投入为特征的生态农业概念也开始被有机农业所取代。至此，西方与我国的生态农业概念有趋同之势①。可见，无论是西方发达国家还是我国，在目前情况下都还无法实施那种彻底排斥化学品投入的生态农业形式。特别是我国人口多，耕地相对稀缺有限，粮食安全问题长期以来十分严峻，在生态农业的概念界定和发展模式的选择上，更要紧密联系具体国情和农业发展实际，统筹兼顾经济、社会、生态效益。

综上所述，生态农业是在可持续发展理念以及生态经济思想的推动下，通过对农业生产体系尤其是投入体系等的改造，从而实现农业石化能源低投入、低污染、生态化的农业生产方式，进而实现资源的合理利用和生态环境的保护。从这个意义上来说，生态农业也是实现农业可持续发展的一种重要形式。

（二）草地农业的提出②及概念发展

在国内外各种替代农业的概念中，草地农业是一个古老而又全新的农业概念。说它古老，是因为草地农业这种农业形式出现得很早，从远古时期就已经存在。草地（grassland），顾名思义，一般就是指生长草本植物的土地。从远古时期，人们就在草地上进行畜牧养殖，获得畜产品和其他动植物资源。应该说，这是最早的草地农业发展方式。之后的传统农业时期，虽然大量草地被开垦为农田进行谷物生产，但为了绿肥肥田和获得饲草料，人们在传统的谷物生产中仍经常加入牧草的种植，例如种植苜蓿等，这样在传统农业中即已包含了草地农业的形式。

进入近现代社会，随着科学发展和技术进步，人类利用草地、开发草地资源的方式日益丰富多样，草地农业的概念、模式也随之不断发展。首先，虽然一段时期内在大量化肥农药的投入下，现代常规农业获得了巨大的产量增长，但随着时间的推移，现代常规农业高能耗、高污染、高投入、高危险的弊端不断暴露，发展的不可持续性日益凸显。对此，西方国家开始认识到，只有将牧草种植重新引入农田，通过草田轮作，种草养畜等实现用有机肥、绿肥等代

---

① 程序：《可持续农业的几个理论问题》，《生态农业研究》1999年第1期，第14—18页。

② Heath, M., *Forages*: *The Science of Grassland Agriculture*, Lowa State University Press, U. S. A. , 1985, pp. 8–15.

替化肥投入，促进谷物生产的有机化，才能以较低的成本有效培肥地力，减少能耗和污染，实现农业的可持续发展。其次，为满足现代畜牧业快速发展的要求，除在谷物生产中引入牧草种植外，还需要将天然草地进行人工改良和改造，用农业化的方式加以科学培育和管理，以形成较高产草量的人工、半人工草地，保障畜牧业发展和实现草原治理保护。

这样草地农业的概念内涵得到大大拓展，不仅包括种植业草地农业，还包括畜牧业草地农业等。因此，现在草地农业被公认为是土地—植物—动物三者构成的复杂综合体系。草地农业的生产不仅包括植物利用光合作用转化为植物产品的低级生产层，而且还包括植物进一步转化为动物产品以及后续深加工等高级生产层。可见，现代草地农业是将植物（牧草）生产与动物（家畜）生产相结合，草地与农田、林地相结合的复杂综合生态农业系统。① 也是产业链较长的农业生态系统。总之，现代草地农业是在借鉴传统农业精华、继承以往草地农业发展经验的基础上，结合现代科学技术以及可持续发展的需要，所发展形成的新型综合替代农业形式，是农业系统演进的高级复合综合阶段。因此，现代草地农业不仅属于"生态农业"和"可持续农业"，也是能够支撑农牧业协调发展的"综合效益型农业"。

三　新疆草地农业概念内涵与基本特征

（一）新疆草地农业的概念内涵

近年来，随着国内外对草地农业研究与关注的加强，与各研究区域相关的各种草地农业概念及内涵不断涌现。由此可见，草地农业作为一种综合性的替代农业系统，具有内涵丰富、形式多样的特点。而对于本书来说，什么是新疆草地农业？其概念内涵是什么？就需要首先加以明确和界定。

首先，本书所说的新疆草地农业不是简单的草地畜牧业或者草业种植生产，更不是历史上的草原游牧业，而是现代意义上的一种

---

① 任继周：《草地农业生态学》，中国农业出版社1995年版。

综合替代农业概念，具有生态农业、循环农业的特点和农牧结合的优势，是当代农业系统进一步综合的最新进展。[1] 在这一点上新疆草地农业具有现代草地农业的基本特征，其实质是相同的。其次，对于新疆草地农业的内涵界定，本书将在借鉴国内学者相关研究的基础上，结合新疆实际进行界定。例如，林慧龙将草地农业界定为是以草本植物为基础，有家畜或野生动物生存，以收获饲草料和动物产品为主要生产目的的农业生态系统的一个分支。[2] 而姜润萧则将其界定为借鉴西方"有畜农业"，以种草、养畜为主要特征，以实现节约资源、高效产出、持续发展的现代农业。[3]

　　而任继周则认为草地农业是植物与动物生产相结合，草地与农田、林地相结合的一种生态农业系统，是包括四个生产层和产业链最长的农业生态系统。[4] 可见，国内学者对草地农业的认识和内涵界定并不完全一致，但其核心是基本一致的。因此，借鉴上述研究，结合新疆发展实际，本书认为新疆草地农业的内涵为：它是将牧草种植引入农田与草原，促进农业结构优化与草原修复治理，推动牧草生产与动物养殖相结合，农牧、农林相结合并不断延伸产业链的一种生态综合农业模式。同样，新疆草地农业也具有四个生产层。而在具体的实践过程中，根据实际状况，草地农业将具有不同的生产经营模式。

　　（二）新疆草地农业的基本特征

　　新疆草地农业作为一种综合农业类型，和其他农业形式一样，首先要受到自然生态规律的制约，同时又要遵循社会经济发展规律。无论是哪一个生产层，都要在生产经营中遵循上述规律和要求。而且由于其综合性和多层次性特点，使其结构更加复杂，更需要厘清其基本特征，充分发挥其系统耦合优势，以实现其综合效益。

---

　　① 中国工程院中国岩溶地区农业持续发展战略研究组：《中国岩溶地区农业持续发展战略问题与对策研究》，《草业学报》1999 年第 8 期，第 32—42 页。

　　② 林慧龙：《草地农业：从结构性描述到精确化发展刍议》，《草业科学》2007 年第 24 卷第 6 期，第 55—61 页。

　　③ 姜润萧：《草地农业在伊犁河流域新垦区中的功能及效益》，《新疆农业科学》2008 年第 45 卷第 S3 期，第 52—55 页。

　　④ 任继周：《草地农业生态系统通论》，安徽教育出版社 2004 年版。

那么，新疆草地农业的基本特征是什么呢？正如孙洪仁等人指出的那样，草地农业是农业系统演进的高级阶段。[1] 在新疆，草地农业的特征就是将绿洲种植业与草原畜牧业有机结合，引草入田使绿洲种植业的光热资源和土地资源利用率及植物产品产量大幅提高；人工草地建设和草场改良促进草原畜牧业可持续发展和生态改善，发展种植多年生牧草和养殖草食家畜使种植业的土地用养矛盾得以有效解决；农牧结合、有机循环使农业系统的生态环境得以明显改善。可见具有上述特征的新疆草地农业是典型的"高效农业"、"生态农业"和综合农业。

新疆所拥有的绿洲农业与草原畜牧业基础，以及丰富的光热资源和优质草畜种质资源，都将使新疆草地农业具有多样性、多层次性、丰产性和稳产性特征。同时，随着其发展还将不断趋于复杂化、产业化。特别是其四个生产层，也将随着相关产业的发展而不断扩大生产规模和提高效益。例如，新疆拥有独特的自然风光和多样文化，这些都为草地农业前初级生产层的利用提供了良好条件。众多的自然保护区，优美的自然景观不仅具有发展旅游产业的资源价值，更具有重要的生态功能。而新疆丰富的植物种质资源和多样的草原类型，为植物生产层的牧草、作物、果蔬、药材、花卉等植物生产提供了强大支撑。这些又为动物生产层、后生物生产层的发展提供了前提条件，通过草食动物将牧草生产为肉、奶等畜产品，再经过加工、流通等实现价值增值和兑现。总之，新疆草地农业具有多层次性、综合性等特征，并且每个生产层都有其自身特征和优势，通过不同生产层的发展与组合，将使草地农业的效益得到有效发挥。

四 新疆草地农业发展模式与功能定位

（一）新疆草地农业发展模式

"模式"、"发展模式"都是当前学术界广泛使用的概念术语。尤其在经济学领域，近年来冠以上述概念的研究论著可谓极其丰富。

---

[1] 孙洪仁、武瑞鑫、韩建国、孙建益、关天复：《论发展草地农业》，2006 中国草业发展论坛论文集，第58—60页。

那么，究竟什么是模式或发展模式？对此，在不同的学科和领域中都有各种各样的解释和界定。而且不少解释界定实际上比起其概念本身还要晦涩难懂得多。对于本书来说，本书认为无论是模式还是发展模式，其实质就是一种可供学习参考推广的相对固定的标准准则。就像一个模型或范式，不仅可以提供参考借鉴，还具有规范其应有范围、层次的作用。将草地农业与其发展模式结合，自然就有了草地农业发展模式的概念。因此该概念就是指草地农业发展的一整套可供参考和推广的标准体系，包括结构特征、生产技术、管理措施、政策支持等。

而对于新疆来说，由于新疆是我国的农牧业大省和生态脆弱地区，无论是高能耗、高污染的常规石油农业模式，还是靠天养畜、超载严重的传统畜牧业模式都极易造成当地生态的破坏，带来难以预料的环境后果。因此，新疆发展符合地区实际的草地农业模式势在必行。而且这也是优化区域农业结构，推进农业生态化和保障干旱区绿洲经济高效持续发展的重要途径。[①] 这样，基于新疆的区情和农牧业发展实际，研究总结一整套适合新疆的草地农业发展模式刻不容缓。这也是通过借助该"发展模式"，实现迅速推广应用促进农牧业协调可持续发展的必然选择。同时，需要说明的是，现在一般认为草地农业是具有四个生产层的综合农业体系。本书由于条件所限，将其研究模式概念范围主要界定在前三个生产层内，即前初级生产层（以休闲观光旅游为主）、初级生产层（以牧草生产为主）、次级生产层（以动物生产为主）。

（二）新疆草地农业发展模式的功能定位

对于新疆这样一个生态脆弱、农牧交错且发展面临诸多挑战的落后地区来说，发展草地农业模式必须要有明确的功能定位。这样才能有针对性地充分发挥其农牧结合、系统耦合、生产层次多、产业链长和综合效益高等优势特点，才能为转变新疆农牧业发展方式和改善农牧民生活，促进新疆经济、社会、生态的协调可持续发展，

---

① 刘慧、张红丽：《绿洲生态农业开发与干旱区生态安全》，《乡镇经济》2009 年第 12 期，第 98—101 页。

发挥最大限度的积极作用。

（1）经济功能。经济发展和人民生活改善是一个地区实现现代化和社会和谐稳定的重要基础和前提。新疆是经济落后地区，农牧业经济在新疆经济中占有非常重要的地位，也是长期以来各族农牧民获取收入的主要来源。因此，农牧业经济的发展方式和增收能力，直接关系到各族农牧民的收入水平和切身利益。因此，新疆草地农业模式首先要通过优化种植业结构和转变传统牧业发展方式，最大限度地促进农牧业增产增收。特别是要通过人工种草、农牧结合等途径保障畜牧业的平稳发展，防控其自然风险，从而保障草原畜牧业增收盈利能力提升。可见，草地农业模式首先应将其功能定位于增产增收的经济功能方面，这也是促进广大农牧民增收和生活改善，提升新疆农牧产品供给能力和品质，并进而繁荣新疆经济和市场交易的必然要求。而随着草地农业模式各个生产层功能的发挥，还将为新疆草原生态旅游、牧草、药材、花卉等植物产品产业发展、草畜产品深加工等创造条件。这将大大促进新疆经济的全面发展和各族人民生活水平的改善。

（2）社会功能。新疆是多民族聚居区，多民族、多语言、多文化是新疆的重要社会特征。尤其是在农牧业经济方面，以兵团为代表的汉族为主的发达的农业种植业经济与少数民族为主的传统畜牧业经济形成鲜明对照。因此，充分发挥草地农业模式促进农牧结合，优势互补、系统耦合发展的作用，实现其促进民族团结、共同发展的社会整合功能十分必要。通过草地农业模式发展，农区与牧区将在多个领域增加物资、产品、信息等沟通与交换，进而可以实现优势互补，系统耦合之后的效益提升和收益增加，这种"双赢"的效果有助于各民族进一步加强团结、互信和理解。而这对于新疆的社会发展进步、团结稳定大局来说，将具有重要意义。同时，草地农业模式对于新疆当前的牧民定居兴牧工程具有重大保障和支持作用，是促进新疆传统草原游牧社会向现代社会转变的重要产业基础。可以说，没有草地农业和人工高产草地的建设，牧民定居就是一句空话。而随着人工高产饲草料基地的建设，将为牧民从游牧转向定居的饲草供应和生产增收提供基本保障，从而为牧民定居这一重大社会生产方式的转变创造有利条件。

（3）生态功能。新疆是我国著名的内陆干旱区，其戈壁荒漠、绿洲等生态极为脆弱敏感，同时当前新疆水资源的短缺匮乏、农牧业生态环境的恶化问题正在不断加重。而新疆草地农业模式具有更强的适应性和抗逆性，可以更高效地利用光热水土资源，还可以增加地表植被覆盖和改善土壤结构，防治水土流失，促进农牧生态恢复，因此充分发挥草地农业模式对促进新疆农牧业生态改善和区域生态安全的生态功能，将是其功能定位的重要方面。例如，人工种草和退化草场的改良治理，弃耕地种草、牧草与农作物轮作倒茬等，对于天然草场的休养改良，农田的生态改善和用养平衡等都具有重要作用和显著生态效益。同时，草地农业模式还可以有效促进农业循环经济的发展，提高资源利用率和减少废弃物，从而减轻生态环境的压力。此外，草地农业模式还将为进一步发展具有新疆特色的生态产业如生态旅游业等提供重要资源保障。

总之，对于像新疆这样经济落后、生态脆弱、社会整合度低的地区来说，草地农业模式的建立和发展应当以上述功能定位为前提，充分发挥其在这些方面的积极作用和相应功能。

第二节　理论基础

一　可持续发展理论

（一）可持续发展理论的提出与发展

可持续发展（Sustainable Development）又称为持续发展，是 20 世纪后期以来在世界范围内受到广泛关注的重要理论。由于可持续发展所涉及的领域极为广泛。因此，从不同领域、角度出发，国内外研究者对可持续发展有着各种不同形式的理论探讨和界定，并共同构成了目前极为丰富的可持续发展理论体系。

早在 20 世纪 60 年代，随着现代工业文明在全球的加速发展，环境污染、生态破坏乃至物种灭绝等严重影响自然和人类可持续发展的问题不断暴露，逐步引起一些学者的关注。1962 年，美国生态学家卡尔逊在其《寂静的春天》一书中指出污染破坏给生物界包括人类带来巨大危机。此后，1972年罗马俱乐部又出版了《增长的极限》一书，指出人类的发展正在给地球带来无尽的折磨和无法修复的毁坏。同年6月5日，联合国在瑞典首都召开《人类环境会议》，并以"人类环境宣言"的方式向全球发出："利用知识与自然合作并重，建设地球美好环境，为了自己和子孙后代，应把保护和改善环境作为最紧迫的目标。"这实际上成为可持续发展概念在国际上的首次阐述。1980年，世界自然保护同盟（IUCN）进一步充实了可持续发展的概念，增加了保持发展潜力，以满足未来的发展需要等内容。从此以后，各国学者从不同角度出发，相继提出了众多可持续发展的理论和定义，涉及领域之多，涵盖范围之广都是前所未有的。

但无论哪一种可持续发展的理论和定义，都离不开人类对工业文明以及由其引发的一系列环境、经济和社会等问题的反思。都是为了人类能够防治环境污染和生态破坏，实现长远永续发展所做出的理论探索。例如在农业领域，"农业与农村可持续发展"（SARD）的概念，就主要包括食物（数量和质量）的充足供给，农村农业经济持续增长，消除贫困和解决就业，实现当地资源环境改善保护等。可见，随着研究的广泛展开，可持续发展理论日趋丰富和完善，成为指导各国生态、社会、经济发展的重要理论。同时，无论在哪个领域，其内涵和本质是基本一致的，即都是以强调发展和发展的可持续性、人与人关系的公平性，以及人与自然的协调共生为特征的。这也为形成国际统一的可持续发展原则和目标奠定了理论基础。到目前为止，可持续发展理论已经形成了国际公认的几大基本原则，如公平性、持续性、和谐性等原则。

（二）可持续发展理论的基本原则与目标

虽然可持续发展理论内容极为丰富，涉及诸多领域和人类发展的方方面面，但综合来看，其主要内容集中在经济、社会、生态的可持续发展这三大方面。同时，其内涵也具有本质上的一致性，即都是以强调发展和发展的可持续性、人与人关系的公平性，以及人与自然的协调共生为特征的。这就为形成国际统一的可持续发展原则和目标奠定了理论基础。到目前为止，可持续发展理论已经形成了国际公认的三大基本原则。

1. 公平性原则

指机会选择的平等性，主要包括：（1）同代人之间的横向公平性，即要给世界以公平的分配和公平的发展权，从而满足全体人民的基本需求和发展要求。因此消除贫困和两极分化是实现可持续发展需要优先解决的问题。（2）代际公平性即纵向公平性，由于人类赖以生存的自然资源是有限的，当代人不能为了自己的发展与需求而损害人类世世代代满足发展与需求的条件。即要给世世代代以公平利用自然资源的权利。因此，可持续发展不仅要实现当代人之间的公平，而且也要实现当代人与未来各代人之间的公平。（3）人与自然、与其他生物之间的公平性。这是与传统发展观最根本的区别之一。

2. 可持续性原则

指生态系统受到某种干扰时能保持其生产率的能力。资源的永续利用和生态系统可持续性的保持是人类社会可持续发展的首要条件。可持续发展要求人们根据可持续性的条件调整自己的生活方式。在生态可以容许的范围内确定自己的消耗标准。即人类的经济和社会发展不能超越资源与环境的承载能力，这也是可持续性原则的核心所在。正如 Ismail Sarageldin 所强调的那样，可持续性就是要在资源利用方面留给后代人不少于当代人所拥有的机会，即不应增加后代发展的机会成本。[①] 因此，人类应做到合理开发利用自然资源，保持适度的人口规模，处理好发展经济和保护环境的关系。只有通过有节制地开发利用资源，才能实现经济、社会、生态的可持续发展。

3. 和谐性原则

可持续发展就是要促进人类之间及人类与自然之间的和谐共生。虽然世界各国发展水平差异巨大，可持续发展的目标、政策和实施步骤有可能显著不同，但是，可持续发展作为全球共识和最终目标，所体现和包含的基本原则却是共同的。特别是促进人与人、人与自然和谐共处的和谐性原则，不仅是公平性和持续性原则的前提，更

---

① Ismail Sarageldin, "Abolishing hunger", *Issues in Science & Technology*, No. 4, pp. 35–38.

是可持续发展的根本要求。因为只有人类按和谐性原则行事，那么人类才能与自然之间形成互惠共生关系，才能不断推进发展的公平性、持续性和最终实现可持续发展。

此外，在可持续发展理论的发展过程中，学者们还提出了需求性原则、高效性原则、阶段性原则等。总之，可持续发展就是既要发展经济，又要保护好人类赖以生存的自然资源，如大气、淡水、草原、森林等，保障子孙后代拥有继续发展的权利和良好的资源环境。

二　循环经济理论

（一）循环经济理论的提出与运行机理

循环经济理论的提出，一般认为，最早可追溯到美国经济学家鲍尔丁（E. Boulding）提出的"宇宙飞船经济理论"，1966年鲍尔丁发表了《未来宇宙飞船地球经济学》一文，认为地球资源是有限的，只有不断重复利用有限的资源，人类才能繁衍下去，这就需要改变传统的经济发展模式，从增长型向储备型转变，从消耗型向生态型转变，从开环型向闭环型转变。[1] 此后1990年英国的皮尔斯（D. Pearce）和特纳（R. K. Turner）在其《自然资源和环境经济学》一书中进一步从严谨的学术角度规范了循环经济的概念和工作原理。1996年，德国将循环经济定义为物质闭环流动型经济，并将废弃物的处理和再利用作为循环经济的核心。[2] 这样，在理论与实践的不断探索下，循环经济理论逐渐形成了以资源利用最大化和污染排放最小化为目标，以清洁生产、资源综合利用和可持续消费等为特征的一整套理论体系。

当前，循环经济作为一种经济发展理论和范式，已经得到了越来越广泛的关注和认可，并且在许多国家和地区的经济发展与环境保护中被大量应用，而且随着全球生态破坏、环境污染等问题的不断加剧，循环经济理论作为一种旨在降低和减少经济发展中高能耗、低利用、高排放、高污染的重要理论，日益得到各国的认可和重视。

---

[1]　曹瑞玉：《环境经济学与循环经济》，化学工业出版社2006年版。
[2]　马荣：《德国循环经济的发展概况》，《中国环保产业》2005年第5期，第43—46页。

同时，应用循环经济理论，改变以往的线性经济增长模式，实现经济生产的源头预防和全过程污染控制和废弃物重新利用，已成为发达国家和发展中国家工业发展和环境政策的主流。

同时，随着实践的发展，人们对循环经济的内涵、运行原理等进行了广泛研究探讨。循环经济的运行机理，概括来说，就是要在经济生产中以"减量化、再循环和无害化"为原则。对此，需要通过改进管理措施，研发使用高新科技设备等改进经济生产过程，不断提高生产环节中的原料、资源、能源利用效率和流动线路。概括来说就是要将传统生产中"资源—产品—废物"直线线性模式改造为"资源—产品—再生资源"的回环型循环模式，实现以最少投入和消耗取得最大产出以及最小污染排放的经济运行模式。[①] 而其中以减量化（Reduce）、再利用（Reuse）和再循环（Recycle）三原则最为典型和著名，即"3R 原则"。例如，减量化原则主要针对的是生产活动的输入端，它要求在生产和消费的起始位置就要做好资源的节约使用和减少污染物排放，这也是循环经济运行中首先要完成的目标任务。而再利用和资源化原则则主要针对生产的中间环节和输出端，通过中间产物乃至废弃物的多次重新利用实现生产循环和节能减排。

总之，循环经济通过引入"3R 原则"，把传统经济发展模式的线性产业链改造为循环经济的闭合式产业链，从而把经济生产活动对资源环境的影响尽可能减到最小，进而促进经济、生态等的协调可持续发展。

（二）循环经济理论在工农业中的应用

作为人类社会应对全球环境污染、生态破坏，有效减少和降低废弃物排放，实现清洁生产的重要经济理论，循环经济理论提出后很快就在西方发达国家得到了广泛应用和实践。特别是在工业领域，以美国为首的西方工业国家在工业生产中积极探索应用循环经济生产方式，在清洁生产、减少废弃物排放等方面获得了一系列成功，

---

① 王长安：《循环经济问题讨论综述明》，《经济理论与经济管理》2004 年第 12 期，第 73—77 页。

实现了显著的经济效益和环境效益。在此基础上，以循环经济为特征的生态工业园、生态工业计划不断涌现，进一步推动了循环经济理论在实践中的发展。例如丹麦建立了著名的卡伦堡生态工业区，瑞典则提出了"迈向自然"的产品开发和社区的"零排放"倡议。而在工业领域之外，随着现代常规农业各种问题弊端的不断暴露，在农业中如何应用循环经济思想，发展循环型农业，也成为了西方乃至世界关注的重大问题。

由此可见，循环农业正是将循环经济理论应用于农业生产的产物。因此，毋庸置疑，循环农业就是按照循环经济原则和机理改造后的农业发展模式，即将现代常规农业生产"资源投入—产品产出—废弃物排放"的线性生产方式改造为"资源减量投入—农产品产出—废弃物回收利用—再生资源"的循环流动方式，以实现农业领域的资源利用最大化和环境污染最小化。显然，循环农业所遵循的原则和运行机理在本质上与循环经济是完全一致的。当然在农业领域，循环农业生产还必须遵循农业自然生态规律，这可能是循环农业有别于其他产业的特殊之处。因此，运用循环经济理论发展循环农业，不仅需要依据"3R原则"重构农业生产过程，还要不断优化农业生态系统，可能要比工业领域更加复杂和要求更高。对此，国内外已有大量的循环农业发展实践与应用模式，例如有都市型现代循环农业模式、农业循环经济生态园区模式等。

三　生态经济理论

（一）生态经济理论的提出与发展

生态经济理论产生之前，生态学与经济学是两个相对独立的学科，但随着20世纪中期以来世界范围内现代工业的迅猛发展，人类的经济活动对生态环境的影响日益显著。如何处理与协调好经济发展与生态健康这二者之间的关系？保证世界经济、社会、生态的健康可持续发展，开始引起学者的广泛关注。同时，也催生了生态经济这一交叉综合新学科的诞生。一般认为，1966年美国经济学家鲍尔丁出版《一门科学——生态经济学》，标志着生态经济理论的产生。在该书中鲍尔丁不仅首次提出生态经济的概念，并指出经济活动要充分考虑生态环境和经济发展的可持续性，自然生态和经济活动存在互动关系等。

1976 年，日本学者坂本藤良又出版了《生态经济学》一书，详细阐述了生态经济的理论体系和研究内容。此后各国研究者陆续出版了许多相关著作和研究论文，具有代表性的如英国生态学家 E. Goldsmith 的《生存的蓝图》等，进一步丰富和推动了生态经济理论的深入研究和展开。此后 2001 年，美国的莱斯特·布朗出版了其 27 年研究的成果《生态经济——有利于地球的经济构想》，指出人类只有建立生态经济才能实现人类社会可持续发展的战略目标，人类必须彻底改变以往将经济发展凌驾于生态之上的发展模式，建立生态经济模式，才能摆脱目前的困境走向可持续发展。[①] 同时，另一位研究者 Eric A. Davidson 则通过进一步分析全球变暖等效应持续恶化以及环境的严重破坏，认为保护地球资源已成为各国迫不得已的选择，只有利用生态学与经济学所提供的工具，发展生态经济才是解决之道。[②] 而 Barber Conable 则研究认为，和谐的生态就是良好的经济，生态系统对经济系统具有基础支撑作用，二者相互依存，不可或缺。[③] 至此，发展生态经济的重要性以及与实现可持续发展的关系得到明确。对可持续发展而言，建立生态经济是其必然选择和必由之路。

总之，随着生态问题的全球性不断加剧，国内外学者对"生态经济"理论的研究和关注日益加强，我国也已将生态文明建设列为国家的重大战略任务，进一步促进了国内对生态经济的研究关注。

（二）生态经济理论在农业上的应用发展

生态经济理论提出后，如何应用生态经济理论发展生态农业，迅速成为世界各国关注的焦点。但由于各国国情尤其是经济发展水平差异巨大，在生态农业的认识与发展战略上不可能完全一致。这

---

① 陈一壮、何嫣：《莱斯特·布朗生态经济理论述评》，《中南大学学报》（社会科学版）2005 年第 11 卷第 4 期，第 446—452 页。

② Eric, A., Davidson：《生态经济大未来》，奇立文译，汕头大学出版社 2003 年版。

③ Barber Conable, "Hierarchical Spatial Modeling for Estimation of Population Size", *Environmental & Ecological Statistics*, No. 3, 2007, pp. 193-205.

就要求各国需要联系本国实际，研究探索适合本国的生态农业发展方式。同时，随着时间的推移和研究的不断深入，人们发现，在不同时期、不同阶段、不同发展水平，生态农业的研究内容、发展战略、路径模式显著不同。

首先，虽然我国与西方都把生态农业作为农业可持续发展的重要选择，但在具体内容与实践上却有着很大不同。例如，西方的生态农业更强调化学品的低投入乃至零投入，对此不惜牺牲农业的经济产出。而我国由于国情所限，生态农业的发展还必须兼顾农业的经济产出，为此一定的化学品的投入仍是需要的。再加上我国各地发展差异巨大，因此即使在国内不同地区生态农业的发展也具有明显的条件性、阶段性、区域性、层次性和差异性等特点，而这又使得不同地区生态农业的发展目标、功能定位、路径模式不可能完全相同。这就进一步使生态农业的研究内容和实践模式不断丰富多样。例如，近些年仅部分地区出现的生态农业模式、种养项目就多达数十种，而每种之内又有不同的操作实施方案选择。

其次，由于我国与西方在农业技术、市场状况、农民素质、生态意识等方面存在的差异，使得生态农业的实践内容与现实发展同西方有较大差距。例如，国内生态农业的研究主要集中在规范研究和理论研究层面，实证性研究较少，而在现实发展中，与西方相比，我国还存在着生态农业难以规模化生产，实用的生态农业技术到位率差，信息传递不畅通和经营者的生态农业意识不强等问题。此外，西方绿色农业与有机农业发展迅猛，已成为生态农业的重要形式和内容，并且推动了消费观念的改变和市场的有效拓展。但国内在这些方面的发展和研究尚在起步阶段。因此，生态农业的研究内容不仅包括其概念内涵和投入品、生产过程等，还应当包括其经营方式、消费方式等领域。只有这样，才能真正推动生态农业的效益提升和大发展。

最后，无论是西方还是我国，生态农业发展技术与模式都是其重要研究内容。特别是我国地域广大，不同地区差异巨大。因此，生态农业的发展技术与实践模式千差万别，内容丰富。例如，有以行政区域为单位的发展模式研究，有以生态环境相同或相似区域为单位的发展模式研究，还有如猪—沼—果生态农业、果—草—兔生态农业模式研究等。而在生态农业技术方面，虽然涉及内容极为广泛，如稻田养鱼技术、病虫害生物防治技术、沼气的建设与推广技术等，但与西方发达国家相比差距较大。因此，生态农业如何应用高新科技来支撑武装，应是我国生态农业今后研究的重要内容。

（三）生态农业的发展趋势

首先，近年来生态农业在全球发展规模和速度不断加快，实践模式日益丰富多样，产品市场竞争力显著增强。以欧洲为例，从1997年到2000年，仅生态食品和饮料的销售额就从52.6亿美元增加到95.5亿美元，几乎增长了1倍，而德国生态农业土地面积近10年增加了50%，注册生态农场达八千多家，使其成为世界上最大的有机食品生产国和消费国之一。[①] 其次，各国不断加大对生态农业发展的科研投入和科技支持，加强农业高新科技的研发和推广。例如，德国非常重视生态农业新技术的研发和成果转化，以及生态农业专业人员的培训和资格认定。可见，生态农业的发展不是简单地回归自然或清洁生产，而是向高新科技支撑和专业人员管理下的高效有机环保型农业发展。

再次，各国对生态农业发展的政策与资金支持力度不断增加。例如，德国为推动生态农业尽快产业化和占有市场，用7000万欧元专项基金用于生态农业的宣传、信息服务、职业培训、科技研究与推广，同时，政府对生态农业的补贴逐年增加，每公顷农田和绿地每年得到的补贴从154.4欧元增加到210欧元。[②] 意大利则通过削减对化学农药的补助，将削减资金用于有机和生态农业的研究之中。同时，各国加快了对生态农业产品的绿色认证和标准制定，以此提高生态农业产品的信任度和透明度，给消费者提供便利和参考，进而提高其市场占有率和价值。例如欧盟规定生态农业产品必须符合"国际生态农业协会"的质量标准。对此，仅意大利就建立了30个

---

① 方志权：《浅谈德国的有机农业》，《中国生态农业学报》2002年第10卷第3期，第142页。

② 冒乃和、刘波：《德国有机农业发展面临的问题与对策》，《世界农业》2002年第10期，第26—28页。

有机认证机构，不仅承担着绿色产品认证的功能，还负责向农民提供生产技术和推广服务。① 从中不难看出，政府的政策支持以及相关标准的制定等服务，是促进生态农业进一步发展的重要保障，也是帮助生态农业占有市场、获得消费者认可和提高经济效益的前提条件。

最后，在生态农业发展的众多实践模式中，草地农业模式以其具有的诸多优势正在不断得到各国关注和认可。例如，美国通过将28%的耕地采用草地农业模式以及人工草地建设，不仅实现了生态治理与恢复，还提供了本国70%的畜禽饲料，实现了巨大的生态效益和经济效益。因此2009年，美国提出了"以草地农业振兴美国新农业"的未来生态农业新发展战略。而欧盟也有多个国家在研究通过发展草地农业来应对气候变化和生态恶化。如荷兰确立了以草地农业等低碳环保方式来实现可持续农业发展的战略措施，并通过用53%的耕地发展草地农业以及将天然草地改造为高产人工草地，不仅有效改善了生态环境和农业结构，而且还大大降低了生产成本尤其是饲料成本，② 支撑了其位居世界前列的农业出口能力。此外，俄罗斯在颁布的《2008—2012年农业发展、农产品市场调节、农村发展规划》中，也将资助草地农业等生态农业的相关科技创新和发展，作为改变常规农业发展方式、保护自然资源和恢复生态环境的重要策略。

综上可见，随着生态农业研究的深入和实践不断发展，生态农业正在向大规模、高标准以及高综合效益等方向发展。同时，各国加大了对生态农业发展的政策支持和补贴力度，并通过科技支撑、产品认证和标准制定等措施促进其发展。而在生态农业发展的众多实践模式中，草地农业以其具有的诸多优势和可行性日益得到各国的重视和大力推行，并取得了显著效益和巨大成功，正在成为今后各国生态农业发展的新趋势和重要模式选择。

---

① 杨铭：《国外生态农业的发展趋势对我国西部农业发展的启示》，《世界地理研究》2003年第12卷第4期，第71—77页。

② 司智陟：《荷兰畜牧业生产概况》，《畜牧与兽医》2011年第7期，第94—95页。

四　能值分析理论

（一）能值分析理论的提出

20世纪80年代以前，人们对生态经济系统的研究评价，主要采用以投入产出分析法、能量分析法等纯经济学方法，虽然有时也使用生态学方法，但往往难以与经济学方法综合运用。因此，对于生态经济系统中的能量流、物质流、资金流等一般只能分别加以研究，无法真正做到反映整个生态经济系统的综合效益，也就无法比较分析不同生态经济系统的优劣。直到20世纪80年代，美国著名生态学者奥多姆（H. T. Odum）将系统与能量生态结合生态经济理论方法，创立了能值分析理论，才使这一问题得到完美解决。该理论为全面考量特定生态经济系统，通过将系统中各种不同形式的物质、能量等折算为统一标准的能值，从而建立起以能值为统一标准衡量单位的量化评价体系。

能值分析理论认为，生态系统中任何层次、形式的能本质上都来源于太阳光能。因此，系统中任何一种形式的能量都可以用太阳光能即太阳能值来表示。而系统中不同类型的物质虽然可能含有的能量相同，但由于所处的层级不同其所含有的能值却可能有着巨大差异。这是由于随着能量从最低等级的太阳能开始，首先转化为较高质量和层次的植物能量，其次进一步经食物链转化为更高层次和质量的动物能量。以此类推，越居于食物链顶端的动物其单位能量所含有的能值越大。即不同层次的物质能量具有不同的能质和能级。能质和能级越高，其单位能量所包含的能值就越大。这就从根本上改进了以往人们把各种不同物质能量简单加以分析对比的不足，大大提高了研究的科学性。同时，通过计算测定各类能量与太阳光能之间的转换关系和数值，能值分析理论进一步发展了能值转换率这一关键指标。这样将系统中不同类型的能量转化为同一标准的能值（一般为太阳能值）变得简单可行。这就为全面科学分析研究生态经济系统提供了可靠依据。可见，在理论层面，能值分析理论为生态经济系统研究提供了相对科学衡量各种不同能量的方法，使对生态经济系统的定量研究成为可能。

（二）能值分析理论中的重要概念

能值：能值（emergy）是能值分析理论中最重要的基本概念。它与能量（energy）有着根本的不同。当前公认的能值定义为："一种流动或储存的能量中所包含的另一种类别能量的数量，称为该能量的能值"，"产品或劳务形成过程中直接和间接投入应用的一种有效能量就是其所具有的能值，其实质就是包含能量即包被能"。[①] 可见，对于特定的物质或服务，能值就是指其形成过程中直接和间接消耗的能量总和。一般以太阳能量作为基本的能量标准，即太阳能值。

能值转换率：既然不同的物质和服务都需要换算为统一标准的能值，才能进行比较分析，那么，这一换算的比率参数就显得格外重要了。对此，能值理论提出了能值转换率的重要概念。即形成每单位物质或能量所含有或需要的另一种能量的数值比率。经过奥多姆等人的努力，现在大多数物质产品的太阳能值转换率已经有了参照标准。因此，在当前的研究中以"太阳能值"及其能值转换率为标准的研究最为普遍。其单位为太阳能焦耳/（焦耳或克），即 sej/J 或 sej/g。

此外，在能值理论中还有能值自给率（ESR）、净能值产出率（EYR）、能值投入率（EIR）、能值密度（ED）、环境负载率（ELR）、可持续发展指数（ESI）等重要概念。它们共同构成了能值分析理论中的指标体系，为科学评价生态经济系统的综合效益和优劣状况提供了重要指标依据。

（三）生态系统能值分析的基本方法步骤

首先，确定研究对象系统的边界，掌握系统的主要能量来源和区分相关的各种能量流。在此基础上客观全面了解并收集该生态系统的能量流、物质流等资料。特别是对于农业生态系统这样既有自然因素又有经济因素影响的开放性系统，更要明确系统的边界划分和充分掌握各种能量、物质投入输出的完整资料数据。

---

① Odum, H. T., *Environmental Aeeounting*: *Emergyand Environmental Deeision Making*, John WIley & Sons, New York, 1996.

其次，在全面收集该系统各种自然环境因素和社会经济因素投入与输出状况的基础上，绘制能量系统图和能值图。将研究对象系统的各种能量投入输出用能量系统图直观地展示出来。这样有助于从整体上把握该系统的能量流动状况。接着，将收集的各种初始数据资料整理计算形成能量原始数据，然后根据研究需要，参照能值转换率标准，将初始数据整理计算成相应的能值，建立系统的能值数据表。

再次，在能值计算数据的基础上，编制能值分析表和建立能值指标体系。对此，要依据能值分析表和研究的需要，建立相应的指标体系。同时根据相应指标的计算公式，将能值分析表中的相关数据代入计算，得到相应的计算结果如净能值产出率、环境负载率等。通过得出的指标数据值即可判断系统的状况。

最后，在对系统能值指标体系综合分析的基础上，对系统的状况进行发展评价和策略分析。例如评判该系统的环境压力和可持续发展能力等。最终根据评价结果为研究对象生态系统的可持续发展提出相应策略安排，如制定科学可行的管理措施和经济发展策略等。

五 干旱区草原非平衡生态系统理论

（一）干旱区草原非平衡生态系统理论的提出

草原是干旱区具有多种功能的特殊资源，是保障当地生态安全和牧民生计的重要基础。但是，由于种种原因，草原常常遭遇退化和治理的困境，进而引发严重的生态问题和经济损失。例如，草原退化不仅导致荒漠化，降低草产量和生物多样性，还将增加沙尘暴的发生。[①] 因此，如何有效维持草原的生态稳定与持续发展，就成为相关领域关注的焦点。而草原作为一个有机的庞大生态系统，其如何保持稳定与发展的内部机理，就成为首先需要解决的理论问题。

众所周知，草原生态系统理论中最具有广泛性的是 Clements 的生态平衡理论。该理论起源并验证于北美降雨均衡丰富的草原，它

---

① Tong, C., Wu, J., Yong, S., Yang, J., Yong, W., "A landscape–scale Assessment of Steppe Degradation in the Xilin River Basin, Inner Mongolia, China", *Arid Environ* Vol. 59, 2004, pp. 133–149.

假定每个系统都存在相应的承载力，而一块草场的承载力在一定时期是固定的。因此，生态平衡理论认为草原植被对于放牧压力的响应呈线性和可逆性，因此通过控制载畜率（stock rates）可以控制草原植被的状况。例如在轻微放牧或禁牧的草原，其生态可以维持或恢复到较好状态，而持续的重度放牧将造成草原退化和生态恶化。[①]而降雨对植被的影响，该理论认为其机理相同。如降雨量降低会加剧高载畜率对系统的影响，而充沛的降雨会缓解高载畜率对系统的冲击。总之，生态平衡理论是假设外界非生物因素是固定不变且不起主要作用的。因此，基于该理论，减畜、增草、定居、定牧等手段就成为防治草原退化的最有效措施。

但是，20 世纪 60 年代末非洲干旱半干旱草原的严重退化与治理实践，却表明生态平衡理论及其治理对策是有缺陷的。例如，近 30 年的治理实践表明，减畜、增草以及定牧等手段不仅没有实现畜牧业的恢复和草原退化治理，反而草原生态恶化问题比之前更糟糕。[②]为什么在生态平衡理论指导下的众多生态恢复手段无一例外走向失败？对此，西方学者进行了大量卓有成效的研究，推动了该研究领域理论的发展创新。

有关学者经过深入研究发现，在干旱区，草原生态平衡理论存在明显不足。Ellis 与 Swift（1988）和 Westoby et al.（1989）研究指出传统的生态平衡理论对于干旱半干旱草原生态的认识可能是完全错误的，从而导致不恰当的甚至是失败的对于该类型草原的管理和恢复性干预。这是因为在降雨量年际变化大且难以预见的干旱半干旱地区，非生物因素对于生态系统的影响远大于生物因素。因此，生态平衡理论下那些试图通过固定草场载畜率以及将牧民定居并组成固定牧场，来应对多变的、不可预测的环境的措施方法，必然是

---

① Fynn, R. W. S., O' Connor, T. G., "Effect of Stocking Rate and Rainfall on Rangeland Dynamics and Cattle Performance in a Semi-arid Savanna, South Africa", *Journal of Applied Ecology* Vol. 37, 2000, pp. 491-507.

② Scoones, I., "New Directions in Pastoral Development in Africa", In: Scoones, I. (Ed.), *Living with Uncertainty: New Direction in Pastoral Development in Africa*, Intermediate Technology Publications, London, 1995.

难以成功的。而只有充分考虑干旱半干旱区草原的空间异质性以及气候的变异性，采取灵活的载畜率以及适应性草原管理和恢复措施，才能达到有效可持续利用干旱半干旱草原的效果。[①] 这就是著名的干旱半干旱区草原非平衡生态系统理论。

至此，在国际研究领域，草原生态系统及其治理理论由传统的平衡理论向非平衡理论发展突破，并引发了广泛的讨论和进一步探索。例如，现在在干旱半干旱地区，草原退化已经主要被认为是气候变化和人类活动加重草原生态压力的结果，其中海拔、坡度、气候条件、水土状况、草产量、放牧结构、人口密度等都是重要的影响因素。[②] 而随着草原保护政策的实施，草原退化问题已经有所改善，草地生产力、植被覆盖度、牧草高度和土壤有机质等都有所恢复。[③] 但是，针对地区或区域草原退化的多重复合因素的综合研究，仍然是不充分的。[④] 因此，对于我国五大牧区之一的新疆草原，其退化与治理还需要更加深入的研究，特别是在非平衡生态系统理论指导下的研究。

（二）干旱区草原非平衡生态系统理论在国内应用严重不足

在国内，由于长期以来我国对草原多种功能和价值缺乏认识，导致对草原进行简单粗放开发利用。草原畜牧业更是追求传统的数量型增长，造成草原超载过牧严重，草原植被和生态状况不断恶化，草原退化严重。例如，据农业部草原监理中心监测，我国 90% 以上的天然草原发生不同程度退化。目前，我国严重退化草原近 1.8 亿

---

① Ellis, J. E. & Swift, D. M. , "Stability of African Pastoral Ecosystems: Alternate Paradigms and Implications for Development", *Journal of Range Management*, Vol. 41, No. 6, 1988, pp. 450-459.

② Bian, D. Li, C. , Yang, X. H. , Bian, B. , Li, L. , "Analysis of the Situation of Grassland Degradation and It's Mechanism of the Alpine Pastoral Area in Northwestern Tibet", *J Nat Resour*, Vol. 23, No. 2, 2008, pp. 254-261.

③ Cheng, Y. , Tsubo, M. , Ito, T. Y. , Nishihara, E. , Shinoda, M. , "Impact of Rainfall Variability and Grazing Pressure on Plant diversity in Mongolian Grasslands", *J Arid Environ*, Vol. 75, 2001, pp. 471-476.

④ Yu, L. , Zhou, L. , Liu, W. , Zhou, H. K. , "Using Remote Sensing and GIS Technologies to Estimate Grass Yield and livestock Carrying Capacity of Alpine Grasslands in Golog Prefecture, China", *Pedosphere*, Vol. 20, No. 3, 2010, pp. 342-351.

公顷，并以每年 200 万公顷的速度扩张。① 虽然目前我国草原严重退化及所引发的生态问题已引起全社会的关注。但由于种种原因，特别是草原畜牧业传统落后的生产方式难以迅速转型，草原生态环境"局部改善、整体恶化"的趋势仍然难以扭转。而随着草原的持续退化，不仅将严重影响畜牧业发展和牧民的生计，还将严重影响我国的生态安全和可持续发展。例如，20 世纪 60 年代我国草原的综合生产力与国外相比无明显差异，但目前却只有世界平均水平的 30%，澳大利亚的 10%，美国的 8%，荷兰的 2%。② 从中不难看出，由于我国草原的严重退化，草原综合生产力受到严重削弱。

对此，国内学者提出诸如完善草场承包制和确权管理，健全生态补偿机制，科学实施草畜平衡、建立保护长效机制等对策。③ 也有学者根据干旱区草原冬春季草场退化率显著高于夏季牧场认为，减少当地居民对草原的依赖是解决草原退化的根本。④ 对此，需要加快拓宽牧民收入渠道，提高牧民收入，只有这样才能避免牧民对草场的"数量型过牧"和"分布型过牧"给草原退化带来的影响。⑤ 同时，还应建立责权利明晰的"不退化无偿获得放牧权、退化有偿获得放牧权"的草原产权赋权和放牧权制，以防止草原被过度利用。⑥

在新疆，由于受草场长期超载过牧、农业大肆开垦破坏以及草原维护投入不足等因素的影响，新疆草原退化严重。不仅严重影响到草原畜牧业的发展和牧民增收，而且给新疆的生态安全和可持续发展带来严重威胁。对此，有学者认为人类的不合理经济活动是造

① 常丽霞、沈海涛：《草地生态补偿政策与机制研究》，《农村经济》2014 年第 3 期，第 102—106 页。
② 陈东华：《草地农业系统与西部农业的可持续发展》，《青海草业》2008 年第 2 期，第 21—25 页。
③ 贾幼陵：《草原退化原因分析和草原保护长效机制的建立》，《中国草地学报》2011 年第 2 期，第 1—6 页。
④ 张镱锂、刘林山、摆万奇等：《黄河源地区草地退化空间特征》，《地理学报》2006 年第 1 期，第 3—14 页。
⑤ 赖玉珮、李文军：《草场流转对干旱半干旱地区草原生态和牧民生计影响研究——以呼伦贝尔市新巴尔虎右旗 M 嘎查为例》，《资源科学》2012 年第 6 期，第 1039—1048 页。
⑥ 杨理：《基于市场经济的草权制度改革研究》，《农业经济问题》2011 年第 10 期，第 102—109 页。

成新疆草原退化的主要因素，如人类过度垦荒使得绿洲农区过量截流引水，改变了新疆草原水资源的地域分布，导致了平原区草原生态急剧恶化和退化。[①] 因此，需要通过贯彻草畜平衡制度，加强草原保护和管理，加大投资和政策优惠力度，来加快退化草原的改良和恢复建设。[②] 另外，改革传统放牧制度，科学确定放牧时间，实行生态补偿等也被认为是促进新疆草原退化治理的重要措施。特别是生态补偿机制被认为是缓解草原生态压力和解决草原退化的关键所在。[③] 另外，积极引导过剩牧民进行产业转移，发展生态畜牧业、草原旅游业等，综合发挥草原休闲、观光、旅游等价值，减少资源的消耗性利用，也是增加农牧民收入、实现草原可持续发展和综合利用的重要途径。[④]

综上可见，虽然目前国内关于草原退化及治理的研究较为丰富，但多数研究仍局限于主流生态平衡理论范式的分析与治理模式建构。而对于从非平衡生态系统理论视角出发进行草原退化治理的研究，则仍然相对不足。这表明当前该理论在国内的应用还十分有限。这必然影响到国内草原退化治理研究对策的科学性和可行性。因此，运用该理论，深入揭示干旱区草原退化的成因，分析草地农业模式在草原退化治理中的针对性和可行性，才能有助于问题的解决。

（三）非平衡生态理论下的草地农业模式治理草原退化创新

草地农业模式的发展为干旱区草原退化治理提供了新的模式选择。这是因为，草地农业模式可以通过多种方式实现对草原退化的修复与治理。特别是通过农区种草模式，可以从外部有效解决草原畜牧业发展所需的饲草料问题，从而在保证畜牧业发展的同时，避免了因生态系统的非平衡性带来的草原过牧退化问题，从而促进了

---

① 赵万羽：《新疆草地资源的劣化、原因及治理对策》，《草业科学》2002 年第 2 期，第 19—22 页。

② 沙吾列·阿巴依汗：《新疆草原退化原因分析及治理建议措施》，《新疆畜牧业》2012 年第 10 期，第 61—63 页。

③ 李笑春、曹叶军、刘天明：《草原生态补偿机制核心问题探析——以内蒙古锡林郭勒盟草原生态补偿为例》，《中国草地学报》2011 年第 6 期，第 1—7 页。

④ 杨光梅：《草原牧区可持续发展的生态经济路径》，《中国人口·资源与环境》2011 年第 3 期，第 444—447 页。

草原的生态恢复和治理。同时突破了传统上在草原牧区内部寻求草畜平衡的做法，避免了畜牧业发展与草原植被恢复的矛盾冲突，实现了从外部对干旱区草原的退化治理。

草地农业模式所具有的生态景观、植物、动物等四个生产层，[1]能够使其获得较显著的生态效益和经济效益，这对于干旱区草原退化治理和其非平衡生态系统的改善将具有重大作用。

首先，草地农业模式的生态景观层，不仅可以为社会提供美景、水土保持、固沙保湿等生态和景观功能，而且由于不从草原生态系统中获取"生物量"，能够有效促进草原生态保护和生态系统稳定。而随着草地农业模式发展对天然草原和植被状况的改善，可以进一步提升其景观和生态价值，促进其生态系统稳定。如促进水源涵养、防风固沙、草坪绿化、风景旅游等。而良好的草原植被不仅具有很高的生态价值，还拥有潜在的开发草原旅游、生态旅游的经济价值。这样，随着草原旅游业和相关产业的发展，不仅可以解决牧民的增收和产业转移，减轻其对草原的生态压力，而且，经研究表明，每增加1名旅游从业者能为社会提供5个就业机会[2]，进而促进和保证草原生态的长期稳定发展。

其次，草地农业模式的植物生产层，通过发展稳定高产的人工草地和实行草田轮作，可以促进高效的生态畜牧业发展，[3] 这就降低了畜牧业发展对天然草原的破坏。从饲草料的生产与供应上解决超载过牧造成的草原退化问题。例如，充分利用干旱区充足的光热资源，种植优质牧草如紫花苜蓿等，可以为草原畜牧业实施舍饲养殖、集约化生产提供充足优质的饲草料。而在农区实施草田轮作，既可以为牧区输送饲草料，又可以为当地发展舍饲养殖提供条件，还可以实现牧草肥田和有机肥还田，促进农业可持续发展。总之，通过草地农业植物生产层的作用发挥，可以有效解决畜牧业发展的饲草

　① 任继周：《草地农业生态系统通论》，安徽教育出版社 2004 年版。

　② 杨智勇：《草原旅游发展对牧区社会经济影响的研究——以内蒙古自治区锡林郭勒盟为例》，《内蒙古财经学院学报》2008 年第 6 期，第 93—96 页。

　③ 张苏琼、阎万贵：《中国西部草原生态环境问题及其控制措施》，《草业学报》2006年第 15 卷第 5 期，第 11—18 页。

料问题，促进草原植被恢复和治理。

最后，草地农业模式的动物和高级生产层，通过草畜产品的生产、加工与销售等，可以实现更高的经济效益和价值。依靠现代科技和管理，草地农业模式能够将传统粗放单一的草原畜牧业超载过牧模式，转变为高效集约生态的现代畜牧业发展模式，彻底改变干旱区草原非平衡生态系统对畜牧业发展的制约。总之，草地农业模式的发展和其多个生产层功能的发挥，将在遵循非平衡生态系统理论的前提下，从外部和内部两个方面促进草原退化治理创新。

第三节　本章小结

本章对本书涉及的相关概念和理论进行了介绍，首先介绍了研究对象草地农业以及相关的持续农业、循环农业、生态农业的概念。其次，对新疆草地农业的概念内涵、模式及功能定位等做了界定和阐述。最后，对本书的理论基础如可持续发展理论、循环经济理论、生态经济理论、能值分析理论以及草原非平衡生态系统理论等进行了阐述，为本书的进一步展开奠定了理论基础。

第三章

新疆农牧业发展现状与草地
农业的作用分析

第一节　新疆草地农业发展的环境与经济状况分析

一　新疆的自然生态环境状况分析

新疆是我国各省中面积最大的边疆省区和农牧业大省。新疆总面积达 166 万平方公里，占我国总面积的六分之一多。但由于新疆处于中亚内陆，远离海洋，气候非常干燥。因此，境内绝大多数地区为沙漠、戈壁、石山覆盖，不适合人类生产生活；而只有少数水资源相对丰富的绿洲区域，适宜人类繁衍生息和生产开发。当前，新疆绿洲总面积约为 7.07 万平方公里，但却集中了新疆的绝大多数人口和经济活动。另外，新疆作为我国的五大牧区之一，天然草原资源相当丰富。共有草原面积 5730 万公顷，构成新疆最大的自然生态系统。因此，在新疆绿洲和草原是其发展农牧业和经济建设的自然基础和主要载体。同时，由于气候干燥，水资源严重短缺等原因，新疆整体自然生态环境较为脆弱，很容易遭到破坏。

从地理区位上看，新疆地处世界第一大陆——亚欧大陆中心，远离海洋，气候干旱。其地理环境为众多高山环绕，深处内陆，降水稀少，境内多为戈壁、沙漠以及石山等，只有少数水资源相对丰富地域形成适宜人类生产、生活的绿洲。同时由于处于众多高山如昆仑山、天山等的环抱之中，新疆四周山地上所形成的河流，大多只能流向盆地中央低洼之处，而不能流向海洋形成外流区域，这使得新疆形成塔里木盆地这种典型的内陆盆地和水资源的内陆循环模式。这就使得新疆的自然生态环境主要受水资源状况的影响制约。然而新疆的光热资源却相对丰富，新疆是我国日照最长、光热资源最丰富的地区之一，年日照时数达 2550—3500 小时，居全国首位。太阳辐射总量 530.7—637.9 千焦/平方厘米·年，仅次于青藏高原，且年际变化小，有利于农牧作物干物质的形成和积累。① 因此，从水和光热资源上看，新疆适合发展节水灌溉农业和草原畜牧业。

　　而新疆"三山夹两盆"的总体地理环境特征，又使得新疆的自然生态环境具有地域分布特点和多样性。例如，每个山系和盆地都具有各自独特的自然生态景观和区域气候特征。首先，阿尔泰山雄踞于新疆的北部和东北部，呈西北—东南走向。高度一般为 3200 米左右。由于从遥远的大西洋吹来的湿润水汽正对着山体的西南坡，因此，这里夏季雨量较多，草木繁盛，冬季积雪深厚，气候相对湿润，是新疆最优良的天然草地资源区和自然环境保护区。其次，天山山脉自东至西横亘于新疆中部。一般高度为 3500—4500 米，天山山脉宽约 300 公里，由于能够阻拦主要来自大西洋的湿润气流并形成区域降水，因此其成为新疆干旱区的主要"湿岛"。山顶上终年积雪覆盖，近 7000 条大小冰川、冰河，构成了新疆最大、最宝贵的"固体淡水水库"和独特景观。在天山中间还有许多大小不一、高低不等的山间盆地和谷地，由于山区小气候的作用，形成了许多产草丰富的草原和森林景观。例如伊犁河谷、天山北坡等都是著名的天然草原区域。

　　最后，昆仑山矗立于新疆南部，是西藏与新疆的分界山，它也呈西北—东南走向。昆仑山东西长达 2500 多公里，从帕米尔高原一直延伸到藏北高原和柴达木盆地。山体南北宽约 150 公里，山区气候干燥，植被稀少，山顶常年白雪皑皑，平均海拔高度达 5500—6000 米左右，形成了高寒天然草地资源区。而在三大山系之间，则形成了新疆著名的两大盆地，即南疆的塔里木盆地和北疆的准噶尔盆地。并且由于地理位置和地貌的不同，两大盆地的自然生态环境

_____

　　① 吴昊、刘让：《兵团牧草发展的优势与前景》，《新疆农垦科技》2004 年第 1 期，第25—27 页。

状况也有显著差异。

南疆的塔里木盆地位于天山与昆仑山和阿尔金山、帕米尔高原之间，是我国最大的内陆盆地。它东西长约 1400 公里，南北宽约 520 公里，总面积达 53 万平方公里。平均海拔在 1000 米左右。在塔里木盆地边缘分布着许多块大小不等的绿洲。在喀什附近绿洲地带最宽处达 120 公里左右。历史上这里曾是"田地肥广，草木饶衍"之地。由于塔里木盆地三面都被连绵不绝、冰雪长封的高山峰峦环抱，只有少数峡谷和山口可供穿行与外界联系。因此，塔里木盆地的生态环境特征可以概括为，近山为大片戈壁和沙漠，其外缘是散布在戈壁、沙漠中的大小不一绿洲；中部是一望无际的塔克拉玛干大沙漠。这里年降雨量仅有 10—60 毫米，沙漠腹地甚至年均降水量在 10 毫米以下，而且占塔克拉玛干大沙漠面积达 85% 的沙丘为流动沙丘。这些因素都使塔里木盆地的生态环境状况极为干旱和恶劣，并进而影响到当地经济的发展和人民生活的改善。

而北疆的准噶尔盆地位于天山、阿尔泰山和准噶尔西部山系之间，东西长约 850 公里，南北宽约 380 公里，其中心依然是大沙漠（即古尔班通古特大沙漠）。准噶尔盆地由于其西端的阿拉山口、伊犁河谷和额尔齐斯河谷，可以把大西洋的暖湿气流引入盆地之中，因此大大改善了准噶尔盆地的气候特别是降水的状况，使这个 18 万平方公里、平均海拔约 500 米的内陆盆地自然生态状况大大改善。现在，这里不仅是新疆农牧业最发达的地区，也是新疆的经济中心和政治文化中心。

二　新疆的社会经济发展状况分析

新中国成立以来，在党和国家的高度重视和大力政策扶持下，新疆经济社会发展不断加快，创造了一个又一个发展奇迹和辉煌。六十多年来，在党的民族扶持政策推动下，新疆经济社会发生了翻天覆地、举世瞩目的发展和变化。例如，新中国成立初期新疆社会仍处于落后的传统农业甚至是农奴社会阶段，而现在新疆农业的现代化水平已居于我国前列；新中国成立初期新疆工业几乎为零，而当前新疆的重工业、能源工业在我国具有举足轻重的地位。在社会发展方面，新疆的教育、医疗、人口等都发生了飞跃发展，这些都为新疆转变农牧业发展方式、发展草地农业模式提供了有利条件和基础支撑。

以教育和人口发展为例，新中国成立前，新疆教育事业极其落后，绝大多数青少年得不到入学机会，学龄儿童入学率只有 19.8%，文盲率高达 90% 以上，各族人民几乎没有接受教育的机会和权利。[①]新中国成立后，在党和国家的高度重视和教育扶持政策推动下，政府投入大量资金，不断促进新疆等民族地区的教育发展进步。到2013 年年底，新疆已有高等院校 36 所，中等学校 1738 所，小学3533 所，学龄儿童入学率达到 99.81%。[②] 在教育加速发展的促进下，2013 年新疆专业技术人才达到 44.6 万人。[③] 这就为新疆推进现代化建设，转变农牧业发展方式，发展草地农业模式奠定了坚实的人才和技术基础。此外在人口发展方面，2013 年全疆人口达到 2264万人，比新中国成立初期增长了 4 倍以上。这既体现了党和国家对新疆发展的重视，也表明随着人口的加速增长，新疆必须探索建立新的草地农业发展模式，以应对人口增长过快带来的粮食安全、生态压力等问题。

改革开放后，在西部大开发、全国对口援疆等重大战略部署的促进下，进一步推动了新疆经济社会的跨越式发展，加速推进了新疆的现代化进程。例如 21 世纪初实施西部大开发后，新疆经济增长速度显著加快，地区生产总值年增长率长期超过 8% 以上，近年来更是超过了 10% 以上，新疆经济步入了新一轮的跨越式发展阶段。同时新疆的经济结构也在迅速发生显著变化。从 20 世纪 90 年代起，随着新疆工业化的加速推进，工业已取代农业成为带动经济快速增长的主要动力。产业结构也随之发生巨大变化，由过去的"一产、二产、三产"格局，转变为"二产、三产、一产"格局。同时，农业内部结构调整加快，经济作物如棉花、林果等的种植面积与产出

---

① 朱培民：《新疆与祖国关系史论》，新疆人民出版社 2008 年版，第 380 页。

② 新疆维吾尔自治区统计局编：《新疆统计年鉴 2014》，中国统计出版社 2014 年版，第578 页。

③ 同上书，第 589 页。

不断增加，新疆已成为我国最重要的棉花和林果产品主产区，其总产、人均占有量等都位居全国前列。

近年来，党和国家进一步以全国对口援疆的方式，大力扶持推动新疆的新型工业化、农业现代化、新型城镇化发展。同时，新疆的信息化、基础设施现代化建设等也在迅速推进和发展。从 2010 年到 2013 年，仅三年间新疆地区国内生产总值（GDP）就从 5418 亿元增长到 8360 亿元，实现了连续 3 年生产总值年均增长千亿元以上。同时，2012 年新疆人均生产总值首次超过 5000 美元，达到 5372 美元。在经济快速发展的推动下，新疆出口总额迅速增加，2012 年已位居西部第四位。同时，新疆各族人民生活水平极大改善，城乡居民收入增速跃居全国第一，基础设施建设全面推进。现在随着我国和新疆改革开放的不断深化，现代丝绸之路经济带的建设发展，以及新疆东联西出战略中枢地位的确立，正在给新疆的社会经济发展带来新的前所未有的机遇和活力。

总之，无论从新疆的自然环境状况还是社会经济发展方面来看，都为草地农业的发展准备了相应条件。例如，新疆广阔的草原和发达的绿洲农业为草地农业的发展提供了巨大空间和基础条件，而新疆加速发展的社会经济与教育又为其发展壮大奠定了强大经济和技术支撑。因此，当前新疆的资源环境与经济发展状况是非常符合草地农业发展要求的。

第二节　当前新疆农牧业发展现状及存在的问题

一　当前新疆农牧业总体发展状况与水平分析

自古以来新疆就以独具特色、丰富多样的农牧产品闻名于世。新疆的绿洲农业和畜牧业历史悠久，特色鲜明，长期以来为当地经济发展、社会进步做出了巨大贡献。新中国成立后，在党和国家的高度重视和指导帮助下，新疆的农牧业发展进入了一个崭新的时期。

（一）新疆农业的总体发展状况与水平分析

改革开放后，在相关制度变革、投入增加、科技进步以及农业资源开发的多重推动下，新疆绿洲农业发展迅速，取得了突出的发展成就。在农业产出、机械化水平、农民收入等方面都获得了显著提高。可以说，在现代常规农业的发展方面，新疆绿洲农业无疑已经走在了各省区的前列。主要表现在以下几个方面。

在农业产出方面，2013 年新疆农业总产值达到 1806 亿元，是 1978 年的 126 倍。[①] 其中粮食总产量由 1978 年的 370.01 万吨增加到 2013 年的 1360.83 万吨，增长了近 3 倍，同时，经济作物尤其是棉花的种植面积与产出大幅增加，由 1978 年的 5.5 万吨增长到 2013 年的 351.80 万吨，增长了 63 倍[②]。从 2000 年起，新疆就成为我国最重要的棉花和特色林果主产区。[③]

在农业机械化方面，2013 年年末新疆农业机械总动力是 1978 年的 19 倍多，达到 2165 万千瓦；其中农业拖拉机的拥有量比 1978 年增加了 26 倍多，达到 71.5 万台，各类拖拉机配套农机具达到 131.3 万件。[④] 在农业机械装备迅速增加的推动下，新疆农业的机械化水平得到了快速提高。2012 年，新疆主要作物综合机械化作业水平已达 81.06%，农、林、牧、渔综合机械化水平也已达 60.03%，即使是以往机械化水平较低的玉米收获机械化水平也达到了 58% 左右。[⑤] 从 2004 年起，新疆主要农作物的机械化作业水平已位居全国前三位。

在农民收入方面，2013 年新疆农民收入增加到 7296.46 元，比 1978 年的 119 元增长了 60.3 倍。同时，新疆农民的恩格尔系数从

①　根据新疆统计年鉴数据计算所得，新疆维吾尔自治区统计局编：《新疆统计年鉴 2014》，中国统计出版社 2014 年版，第 328 页。

②　新疆维吾尔自治区统计局编：《新疆统计年鉴 2014》，中国统计出版社 2014 年版，第 349 页。

③　陶永红：《新疆特色农产品市场竞争力影响因素初探》，《新疆经济管理》2000 年第 4 期，第 18—20 页。

④　数据来源于新疆维吾尔自治区统计局编《新疆统计年鉴 2014》，中国统计出版社 2014 年版，第 333、335 页。

⑤　袁晓东：《新疆 2012 年农机科技水平明显提升》，中国农业机械化信息网，2013 年 1 月 16 日（www.amic.agri.gov.cn/）。

1978 年的 60.8% 下降到 2013 年的 36% 左右。① 综上可见，随着改革以来各种有利因素的积极推动，新疆农业向现代常规农业发展迅速。极大地促进了新疆农业产出的增长、机械化水平的提高和农民收入的增加。

此外，随着新疆农业的现代化发展，新疆农业的区域化、专业化、商品化程度也在不断提高。以特色农业为代表的林果业、蔬菜、花卉、药材种植规模也在日益扩大。例如，现在新疆的林果业种植面积已超过 2000 万亩，成为农业发展和农民增收的新亮点。同时，随着新疆经济的加速发展，农民非农就业和收入不断增加，为新疆农业的规模经营和机械化发展提供了良好条件。总之，新疆农业经过多年的快速发展，在常规农业现代化发展方面已经取得了突出成就，实现了在国内常规现代农业发展的较高水平。

（二）新疆畜牧业的总体发展状况与水平分析

新疆拥有广阔的温带草原，天山、阿尔泰山山麓以及伊犁河谷等都是历史悠久、闻名遐迩的草原牧场。因此，自古以来新疆就以发达的畜牧业和优质畜产品而闻名于世。新中国成立后，新疆作为全国畜牧业生产基地和第三大牧区，在畜产品（如牛羊肉、毛皮等）生产、供应和加工方面都为国家做出了巨大贡献。但是，由于长期以来我国以粮、棉等为纲，对畜牧业发展的重视程度不够，导致新疆畜牧业发展速度整体仍然无法与农业相比，甚至发展相对较为缓慢乃至停滞。进入 21 世纪以来，虽然我国和新疆对畜牧业发展的重视程度有所加强，但由于传统落后的畜牧业发展方式短期内难以迅速改观，新疆畜牧业发展仍远远无法满足国民经济发展的要求，产值仅位居全国第 20 位，这不仅与新疆畜牧大省的地位极不相称，也无法满足人民日益增长的消费需求。

首先，从畜牧业发展的基础条件看，目前，新疆共有牧业县区 22 个，半农半牧县区 16 个，占新疆全部 87 个县（市）的 44%。全疆现有国有牧场 130 个，草原面积 5111.33 万公顷。但由于长期超

---

① 新疆维吾尔自治区统计局编：《新疆统计年鉴 2014》，中国统计出版社 2014 年版，第 296、298 页。

载过牧，大多数草原处于退化之中，产草量和载畜能力有所下降。全疆养殖小区总数达到 2800 多个，奶牛规模化养殖比例达到 26% 以上，畜牧业基础设施改造和建设不断加强。而从畜牧业产值方面来看，全疆畜牧业产值由 1978 年的 4.5 亿元提高到 2012 年的 485.3 亿元，增长约 107 倍，取得了较大幅度的增长，但仍低于同期农业总产值 116 倍的增长速度。因此，导致新疆畜牧业产值占农林牧渔业总产值的比重不断下降，2010 年下降到约为 20.9%。近年来随着新疆的对畜牧业发展重视程度的提高，畜牧业发展有所加速。但 2013 年其比例也仅为 23.7%。这不仅远低于内蒙古等牧区的水平，也低于全国的平均水平。

其次，从牛羊等牲畜存栏量和畜产品产量等方面来看，虽然随着新疆社会经济的发展，新疆畜牧业整体产量呈现出增长态势，但增长速度缓慢，甚至一度出现停滞乃至下降，发展相对迟滞。如表 3—1、表 3—2 所示：

表 3—1 　　　　　　　改革以来新疆主要牲畜存栏量与出栏量[①]

单位：万头（只）

年份	牛（存栏数	出栏数）	羊（存栏数	出栏数）	猪（存栏数	出栏数）
1980	250.65	24.22	2105.43	477.81	84.62	67.32
1985	293.26	42.33	293.26	42.33	66.58	49.07
1990	338.22	70.10	2830.81	1070.43	89.71	78.93
1995	343.54	101.20	3009.02	1448.72	135.26	122.32
2000	384.98	154.53	3690.21	2017.36	201.53	224.46
2005	504.16	249.41	4355.50	3081.88	238.38	358.71
2010	330.47	216.69	3013.37	2947.22	171.96	262.72
2012	365.93	222.26	3502.05	3001.24	265.43	427.60
2013	371.14	230.26	3663.22	3107.49	274.72	439.57

[①] 数据来源于新疆维吾尔自治区统计局编：《新疆统计年鉴 2014》，中国统计出版社 2014 年版，第 365 页。

表 3—2　　　　　　　　改革以来新疆主要畜产品产量①　　　　　单位：万吨

年份	牛（牛肉	牛奶）	羊（羊肉	羊毛	羊奶）	猪肉	肉类总产
1980	2.20	5.84	6.48	3.31	1.44	3.29	12.70
1985	4.23	16.43	9.97	7.07	3.27	3.09	18.37
1990	7.08	30.81	15.75	5.09	4.83	4.93	30.46
1995	13.14	45.21	24.48	5.66	4.60	8.37	52.38
2000	22.24	72.54	37.50	6.98	5.69	17.18	90.00
2005	34.22	152.22	59.89	9.38	5.62	26.18	141.46
2010	35.47	128.60	46.95	8.69	4.22	23.05	121.74
2012	36.16	132.21	48.01	9.20	4.11	30.15	134.23
2013	37.82	134.99	49.71	9.68	4.20	31.33	139.26

由上表可以看出，从猪牛羊存栏量和出栏量看：羊存栏量由 1980 年的 2105.43 万只增加到 2013 年的 3663.22 万只，增长了 74%，出栏量由 477.81 万只增加到 3107.49 万只，增长了 5 倍多；牛存栏量由 250.65 万头增加到 371.14 万头，增长了 48%，出栏量由 24.22 万头增加到 230.26 万头，增长了 8 倍多；猪存栏量由 84.62 万头增加到 274.72 万头，增长了 2 倍多，出栏量由 67.32 万头增加到 439.57 万头，增长了 5 倍多，生产规模有所扩大。

而从主要畜产品产量看：肉类总产量由 1980 年 12.70 万吨增加到 2013 年 139.26 万吨。其中，牛肉产量由 2.20 万吨增加到 37.82 万吨，增长了 16.2 倍，牛奶产量由 5.84 万吨增加到 134.99 万吨，增长了 22.1 倍，羊肉产量由 6.48 万吨增加到 49.71 万吨，增长 6.7 倍，羊毛产量由 3.31 万吨增加到 9.68 万吨，增长了 1.9 倍，羊奶产量由 1.44 万吨增加到 4.20 万吨，增长了 1.92 倍，猪肉产量由 3.29 万吨增加到 31.33 万吨，增长了 8.52 倍。生产供给能力有所提高。畜牧业综合生产能力有所提高。

同时，不难看出，新疆畜牧业在存出栏、畜产品产量等方面从

① 数据来源于新疆维吾尔自治区统计局编：《新疆统计年鉴 2014》，中国统计出版社 2014 年版，第 368 页。

20世纪80年代到90年代增长较快，到2005年前后达到峰值。此后畜牧业发展一度陷入衰退，牛羊猪的存出栏量都出现迅速下滑的局面，如到2010年牛、羊的存栏量仅相当于2005年的60%和70%。这表明新疆畜牧业发展的基础尚不牢固，畜牧业发展仍面临着诸多困难和挑战。

二　绿洲农业结构单一，能耗高，农业生态环境污染加剧

由前文可见，新疆的绿洲农业经过多年的发展，已经在总产、单产、机械化水平等方面获得了显著提高。在常规现代农业的发展方面，居于全国领先地位。但是，随着其向常规现代农业发展，绿洲农业结构单一、能耗高、农业生态环境污染加剧等问题也在日益暴露。并且由于绿洲生态的脆弱性以及水资源的稀缺性，绿洲农业的这种发展方式正在受到越来越广泛的关注和质疑。

（一）农业生产结构单一，且种植业比例过大

由于种种原因，新疆绿洲农业在发展的过程中不仅结构没有优化，反而随着时间的推移，结构日趋单一。从1978—2013年，新疆种植业、林业、畜牧业和渔业的产值虽然都有所增加，分别增长了12.7倍、7.52倍、10.75倍和27.9倍，但显然渔业和种植业增长幅度较大，发展速度较快，而林业与畜牧业的增长幅度较小，发展速度相对缓慢。导致农业内种植业产值占总产值达71.3%，而畜牧业和林业产值比例却严重偏低。这就使得新疆农业结构严重失衡，种植业所占比重过大，无法形成农林牧副渔协调发展的局面。

而在种植业内部结构上，也存在着较为突出的类似问题。例如，2012年全疆农作物的总播种面积为521.226万公顷，其中仅粮食和棉花两项面积就达392.248万公顷，占总播种面积的75%以上，而饲草作物苜蓿的种植面积只有18.47万公顷，仅占总播种面积的3.5%。因此，在种植业内部，粮食与棉花的种植比重过大，而其他农作物的种植比例严重偏低，进一步加剧了农业结构的单一化趋势。而且新疆农业的种植结构在各时期相似度极高。如表3—3所示：

表 3—3　　新疆各五年规划时期农作物种植结构相似系数统计[1]

各时期比较	二五与一五	三五与二五	四五与三五	五五与四五	六五与五五	七五与六五	八五与七五	九五与八五	十五与九五
相似系数	0.9995	0.9996	0.9999	0.9996	0.9965	0.9972	0.9839	0.9875	0.9908

而在粮食作物与棉花种植上，由于近年来棉花经济效益较高，导致棉花的种植规模迅速扩大，粮棉比例日益呈现失调态势。特别是麦棉比例不断下降，棉花连作种植普遍，合理的轮耕倒茬被放弃，导致土壤肥力不断下降，养分失衡，病虫害频发。例如，麦棉比例一般大于 1 时，可以实现防控棉花多数害虫的作用。但近年来无论是新疆维吾尔自治区还是新疆生产建设兵团其麦棉比例都在迅速下降，失衡态势日趋严重，如表 3—4 所示：

表 3—4　　　　　历年兵团、新疆麦棉比例状况统计[2]　　　　单位：%

年份	1980	1990	1992	1995	1998	2000	2001	2002	2003	2004	2013
新疆	8.97	2.71	2.69	2.14	1.57	0.83	0.66	0.79	0.60	0.85	0.87
兵团	6.69	2.16	1.48	1.12	0.73	0.53	0.48	0.51	0.39	0.43	0.23

可见，新疆在 2000 年左右出现麦棉比例小于 1，而兵团在 1995 年以后，就已出现麦棉比例小于 1。2000 年以后，新疆麦棉比例快速下降，不仅至今没有回到较合理的比例状态，反而有不断下降之势，这也使得新疆绿洲农业的结构问题更为突出和严重。

（二）农业能耗高，生态环境污染不断加剧

新疆绿洲农业是典型的灌溉农业，随着新疆绿洲农业规模的扩

---

① 康菊花、朱美玲：《新疆农业结构的特征与发展趋势分析》，《石河子大学学报》（哲学社会科学版）2008 年第 22 卷第 6 期，第 26—30 页。

② 傅仲保主编：《兵团宏观经济研究论文集：2007》，新疆生产建设兵团出版社 2008 年版，第 11 页。2013 年数据依据新疆维吾尔自治区统计局编《新疆统计年鉴 2014》，中国统计出版社 2014 年版，第 344、346 页数据计算所得。

大，农业用水总量不断增加。又由于灌溉方式不合理，不少地方毛灌溉定额高达 11250 立方米/公顷，导致农业用水占总用水量的比例高达 95.2%，农作物种植灌溉又占农业总用水量的 81.4%。[①] 而这种高耗水、高耗能的农业生产方式又会进一步造成严重的生态环境问题。例如，农业生产中不科学的过量灌溉用水使得土地次生盐碱化不断加重，特别是单位面积灌溉用水量过大，很容易引起地下水位上升，将地下的盐分带到地表。而在干旱区蒸发极强的状况下，农田极易因水分蒸发而盐分停留发生次生盐碱化。因此，由于灌溉方式不合理等的影响，到 21 世纪初，新疆全区土壤发生盐渍化面积已占耕地总面积的 1/3[②]，进一步加剧了绿洲农业生态环境的恶化。

另一方面，新疆常规现代农业的发展以高投入化肥、农药等化学品来实现高产。例如 2013 年全疆化肥使用量超过 450 公斤/公顷，超出国际公认的安全标准 1 倍以上。而在实际中，有的区域化肥使用量甚至高达 1000 公斤/公顷。而长期大量施用化肥不但会使土壤板结酸化、土壤有机结构破坏、肥力下降和保水能力降低，而且其残留还会随着农业灌水排放以及下渗进入水循环，进而引起水质恶化和富营养化。

此外，随着新疆农业结构的失衡和种植结构的日趋单一，以及农业生态环境的恶化，农业病虫害灾害频繁发生。为此，大量农药的使用不可避免。而随着各种农药的大量使用，农业生态环境遭到进一步破坏。例如，研究表明，农药使用量的 80%—90% 最终都会进入土壤，并被土壤吸附暂时保留在土壤中，此后一部分会随水分移动进入地下水或地表水，造成土壤和水体的污染，也可能被植物直接吸收。[③] 可见，农药的使用不仅会造成生态环境的恶化、使生物多样性减少、威胁生态系统的稳定，还可能通过食物链最终进入人

①　崔嘉进、林新慧：《新疆农业结构调整与牧区水利建设》，《中国农村水利水电》2004 年第 2 期，第 25—26 页。

②　吴新平、刘勇杰、刘怀锋：《对新疆农业可持续发展的思考》，《新疆农垦经济》2001 年第 1 期，第 34—35 页。

③　林玉锁、龚瑞忠、朱忠林：《农药与生态环境保护》，化学工业出版社 2002 年版，第 11—18、171 页。

体，威胁人类健康。

三　畜牧业生产方式落后，效益低，草场超载、退化严重

虽然新疆是我国的第三大牧区，拥有超过 5000 万公顷的天然草场，其中可利用草场面积达 0.48 亿公顷，但是，由于种种原因，新疆草原畜牧业长期以季节性的游牧为主，目前仍然处在"逐草而牧、逐水而居"的春、夏、秋、冬四季转场游牧传统落后生产水平上。这就使得新疆草原畜牧业发展严重依赖天然草场的自然生长状况。而由于新疆主要草场都是干旱区山地或戈壁荒漠草场，受当地气候、生态等的深刻影响，这些草场的非平衡性生态特征明显。因此，导致新疆的草原畜牧业发展始终难以摆脱草畜失衡，超载过牧的困境。特别是冬春季牧草的严重匮乏，往往导致牛羊越冬大批死亡或减产，造成畜牧业生产的严重损失。再加上随着市场经济发展，农牧民普遍以简单增加牲畜数量的方式来实现收益增加，进一步造成了草场的超载过牧乃至严重退化，直接威胁到畜牧业的可持续发展和草原生态安全。因此，传统的畜牧业生产方式不仅落后、效益低，而且直接造成了草场超载和严重退化。

（一）畜牧业生产方式落后，效益低，发展缓慢

改革开放以来，新疆畜牧业虽然有了一定的发展，但由于传统落后的生产方式没有改变，与种植业相比，其发展速度仍然十分缓慢。例如，从牲畜存栏方面来看，从 1978 年到 2013 年，大牲畜存栏头数由 446.19 万头增加到 564.92 万头，增长幅度仅为 27%。而牛、羊存栏头数的增长幅度也仅仅在 60%—70% 左右，而且从 2006 年开始，其存栏数连续大幅下降。这些都与种植业产量呈多倍增长形成鲜明对照。例如，从 1978 年到 2013 年，粮食产量增长近 3 倍，而棉花更是增长近 70 倍。与之相比，畜牧业的发展几乎处于停滞不前的状态。因此，其在大农业中的产值比重自然也就不断趋于下降，直到现在的 20% 左右。不仅远远低于发达国家 60%—70% 的水平，也低于国内各省的平均水平。如新疆 2010 年畜牧业产值仅位居全国31 个省区的第 20 位，占全国畜牧业总产值不到 2%，与全国第三大牧区的地位极不相称。在发展速度方面，从 1990—2009 年新疆畜牧

业平均增速比全国平均增速慢 1.1%，导致新疆的农牧业结构调整严重滞后于国内其他地区。例如与 1978 年相比，2012 年新疆畜牧业比重下降 2.2 个百分点，而全国畜牧业比重则提高 16.8 个百分点，新疆与全国的产业结构发展趋势背道而驰。

同时，与畜牧业发展方式转变较快的内蒙古等牧区相比，新疆的畜牧业发展更是明显滞后。长期以来，内蒙古在自然条件和经济结构上与新疆基本相似，但随着其不断加快畜牧业发展方式转变，推行现代集约畜牧业发展方式，以多种手段治理草原退化，使其畜牧业发展速度大大加快。到 2010 年，内蒙古畜牧业产值占大农业总产值比重已由 1978 年的 29.7% 提高到 45.3%。同时实现牛存栏量 663.9 万头，羊 5276.0 万只，分别超过新疆达 1 倍和 0.75 倍。人均占有量肉类超过新疆近 1 倍，牛奶人均占有量是新疆的 6 倍，达到人均 366.4 公斤的高水平。由此不难看出，由于新疆畜牧业传统落后的生产方式，导致其发展缓慢，效益低下，无论在畜产品产量上，还是在增长速度上都不仅落后于全国平均水平，更落后于内蒙古等牧区。

（二）草畜矛盾突出，草场退化严重

毫无疑问，在干旱区，草场退化是人类活动和自然因素双重作用的结果。因此，必须从规范人类活动和采用农业化生产方式如灌溉、补播、防治病虫等手段实现对草场退化的防治治理。这也是干旱区草原非平衡生态系统理论的重要理论创新之处。而新疆目前的草原畜牧业仍主要以天然草场放牧为主要经营方式，靠天养畜特征明显。由于对天然草场的农业化改造迟迟未能实行，天然草场状况持续受到气候干旱、超载过牧、鼠害等自然与人为因素的影响，造成大面积草场的退化乃至沙化，直接威胁到草原的生态安全和畜牧业可持续发展。例如，2013 年，新疆牧草灌溉面积仅为 27.99 万公顷，占新疆可利用草场面积的比例不足 0.6%，而苜蓿种植面积仅为 18.47 万公顷，两项相加占新疆可利用草场面积的比例仍不足 1%。这就使得新疆畜牧业发展陷入简单依靠天然草场，而随着季节和降水等变化，草场产草量大幅波动而草畜难以实现平衡，最终导致草场因超载过牧而严重退化的状况。

据统计，近年来，新疆天然草地退化、荒漠化十分严重，退化面积呈每年递增态势，与 20 世纪 80 年代相比，全疆可利用天然草地面积减少了 44% 左右，产草总量下降高达 30%—50% 以上。[1] 这样，一方面，牧民增加收入的要求使牲畜数量不断增多，并且继续沿用不合理的传统放牧制度和放牧方式；另一方面，草场植被在多重因素的作用下不断退化和承载能力急速下降。这就使新疆的畜牧业发展陷入草畜矛盾日益突出、草场严重退化的困境之中。对此，新疆先后启动了牧民定居工程、草原生态保护和高标准饲草料地建设等工程，但进展较为缓慢。例如，新疆提出在草原建设 1000 万亩优质人工草场，利用低产田和荒地改造等在农区建设发展 1000 万亩高产饲草料地，通过开发性建设，在草原牧区新建 1000 万亩人工草场的"三个 1000 万亩"的规划，实施进程缓慢。[2] 而要改善新疆草原的生态状况和适应畜牧业发展的要求，新疆至少还需要建设大约 200 万公顷人工饲草料地，[3] 才能彻底解决畜牧业发展中的饲草料需求问题。同时，这也是保障牧民定居，实现牧民科学种草养畜，发展现代畜牧业的需要。也只有如此，才能解决目前草原畜牧业发展中草畜矛盾突出，草场严重退化的难题，实现经济效益、生态效益和社会效益的统一。

四　农业与畜牧业发展缺乏有机联系，难以发挥综合效益

由前文可见，当前新疆农牧业发展都面临着一系列急需解决的问题。对于绿洲农业，主要是种植结构单一，化肥、农药高投入、高能耗、高污染的问题。对于草原畜牧业，则是发展方式传统落后，导致的超载过牧与草场退化问题。而这些问题的产生，除了与农牧业自身发展方式的选择有关，更与农牧业之间分割发展，缺乏有机

---

[1]　崔嘉进、林新慧：《新疆农业结构调整与牧区水利建设》，《中国农村水利水电》2004 年第 2 期，第 25—26 页。

[2]　朱洁等：《自治区财政支持新疆畜牧业发展政策研究》，《中国"三农"问题研究与探索》，2012 年，第 250—261 页。

[3]　崔嘉进、林新慧：《新疆农业结构调整与牧区水利建设》，《中国农村水利水电》2004 年第 2 期，第 25—26 页。

联系，难以优势互补，不能发挥综合效益紧密相关。例如，正是由于绿洲农业既无法获得畜牧业产生的有机肥，也不向畜牧业提供急需的饲草料，才导致农业高度依赖化肥的投入和种植结构日趋单一。而草原畜牧业在缺乏农业支撑的条件下，其冬春季饲草料供应必然十分紧缺，草场超载过牧和草原退化也就在所难免了。

　　首先，虽然新疆的广大草原牧区与绿洲农区交错分布，但由于种种原因，农牧之间长期分割独立发展，没有形成有机联系，优势互补的农牧结合草地农业发展方式。其综合效益和资源优势难以充分发挥。导致在干旱区的季节性草场，始终难以克服因气候、降水变化引起的产草量与载畜量波动，从而造成草场过牧和退化，畜牧业整体生产性能下降，成本上升而经济效益降低。例如，由于暴雪等导致的饲草料严重缺乏，仅 2009 年冬至 2010 年春，新疆牲畜越冬死亡就达 54.24 万头，其中羊死亡 46.55 万只，占死亡总数的85.8%。而随着草场的持续退化和恶劣气候的影响，现在新疆每年有近百万头牲畜死亡，大部分是由饲料不足、营养不良所引起，而牲畜掉膘的损失更是死亡损失的 4 倍。[①] 可见，没有农业提供饲草料的畜牧业，以及没有用农业化方式改良、灌溉、补播形成高产人工草场的畜牧业，既是落后的低生产率的畜牧业，也是不稳定和高风险的畜牧业。

　　其次，虽然新疆绿洲农业在常规农业现代化发展方面取得了突出成就，但由于与畜牧业发展日益脱离，导致其生产结构日趋单一，严重依赖化肥农药的高投入，土壤肥力不断趋于下降，农业生态环境日益恶化和各种风险加速累积。例如现在新疆农田有机质含量普遍偏低，不足 1%。农田的盐碱化、土壤板结等现象不断蔓延。因此，迫切需要改良土壤、培肥地力，以增强农业的可持续发展能力。而优化农业种植结构，通过豆科牧草种植养畜和有机肥还田等措施，是实现沃土增肥、改良土壤和促进农牧结合、增加农民收入的重要途径。但是，由于农民普遍受传统经营方式的影响，认为种草的效

————————

　　① 张立中、辛国昌：《农牧结合型草原畜牧业发展模式探索——以新疆为例》，《科技和产业》2013 年第 13 卷第 11 期，第 72—77 页。

益无法与其他农作物相比，这就使得新疆的苜蓿种植面积不断下降，2013 年仅占全部种植业面积的 3.5%，难以发挥其沃土增肥、优化农业结构等作用。而新疆的农业种植又主要集中在 4 月至 9 月，其他时间大片农田处于闲置状态。由于没有发展牧草种植，农田裸露的地表很容易被大风吹起，从而加剧了表土流失和土地沙化。到 2000 年，全疆沙化土地面积已比新中国成立初扩大了 5.1 万平方公里。①

而与此同时，新疆冬季草场载畜力只有夏季的 60%，牲畜冬季饲草料缺乏的问题十分严峻。再加上由草畜不平衡导致的草场超载退化，每年减产干草约 400 万吨，使得饲草料供应问题更为突出。而如果能在农区实行闲田种草、草田轮作和中低产田种草，不仅将大大缓解上述饲草料紧缺问题，还将在优化种植结构、改善土壤和农业生态环境，农牧民增收等方面发挥积极作用。同时，这也是克服干旱区天然草场生产的季节与年度不平衡②，解决目前存在的严重草畜不平衡问题的重要措施。

总之，新疆由于长期以来农业与畜牧业发展缺乏有机联系，导致各自的生产结构日益单一，无法实现优势互补，发挥综合效益。造成农牧业发展面临的问题日益增多，发展成本与风险不断上升，严重影响其可持续发展。因此，采用草地农业模式，发展农牧结合经营，既是推进农牧业发展方式转变，实现其优势互补，发挥其综合效益的要求，也是实现其可持续发展和新疆生态安全的必然选择。

第三节 发展草地农业对新疆农牧业可持续发展的重要作用

一 引草入田、草田轮作改善农业种植结构

新疆绿洲农业发展中所暴露的问题，例如种植结构单一、高投入、

---

① 吴新平、刘勇杰、刘怀锋：《对新疆农业可持续发展的思考》，《新疆农垦经济》2001 年第 1 期，第 34—35 页。

② 何天明：《农牧结合———古代北方草原农业的突出特点》，《内蒙古社会科学》2011 年第 32 卷第 1 期，第 37—42 页。

高能耗，土壤肥力下降以及生态环境恶化等，需要通过转变目前的农业发展方式，建立新的可持续农业发展模式才能从根本上解决。对此，依据当前新疆发展的实际，只有选择引草入田、草田轮作的草地农业发展模式，才能以较低的发展成本和较强的针对性迅速取得成效。这是因为，引草入田、草田轮作的草地农业模式，不仅具有农民易接受、投入成本低等优点，例如苜蓿种植和草田轮作在新疆历史悠久，农民有长期的种植传统，而且对于转变目前的常规农业发展方式，改善农业种植结构和农业生态环境等具有多重作用。

首先，通过引草入田、草田轮作，能够有效优化新疆农业的种植结构。把传统的粮—经二元结构转变为粮—经—草三元结构，不仅可以促进农业的结构优化与增产增收，还可以为畜牧业发展提供丰富的饲草料供给。为进一步实现农牧结合，优势互补和农业综合效益提升奠定基础。长期以来，新疆虽然提倡建立以粮食—经济作物—饲草三大单元为基础的农业种植三元结构，但由于短期利益的驱动和认识有误等，导致在实际中粮经作物尤其是棉花的种植规模不断扩大，牧草的种植不断被压缩，不仅造成了农业发展的高投入和高能耗，而且结构严重失衡和生态日益恶化。例如，在棉花短期利润较高的驱动下，新疆各地棉花普遍多年连作种植，甚至连作长达20年以上，没有实施合理的轮作倒茬，致使土壤肥力下降，养分失衡，病虫害频繁发生，仅兵团一师三团和十团每年因此造成的经济损失就在1000万元以上。[①] 而通过引草入田，草田轮作，不仅可以通过轮作倒茬防治病虫害、沃土增肥、节水保墒，而且可以实现牧草对农田的覆盖、防风抗旱和饲草生产的多重效益。

国内外研究表明，引草入田，草田轮作，将常规农业转变为草地农业模式不仅可以大幅提高光热资源利用率和节约水资源，实现光能利用率比常规农业提高40%—90%，水分利用效率提高1倍的效果，而且还可以改善土壤状况和防治水土流失，草田轮作一个周期（3—4年）后土壤有机质即可增加23%—24%，从而在减少化肥

---

① 傅仲保主编：《兵团宏观经济研究论文集2007》，新疆生产建设兵团出版社2008年版，第111页。

用量 70% 的情况下产量提高 40%，纯收入提高 1.7 倍，减少水土流失 70%—80% 以上。[①] 因此，对于新疆这样光热资源丰富而水资源极度缺乏的地区来说，通过引草入田、草田轮作，利用冬闲田和低产田种草，是既可以保证农民经济利益，又能够发挥草地农业节水沃土等多项生态效益的最佳选择。现在，全疆中低产田总面积在 150 万公顷以上，而且随着土地盐碱化危害的加剧，面积仍在不断扩大。其中仅兵团就有低产田 26.7 万公顷和 13.3 万公顷荒地，如果全部采用草地农业模式，种植紫花苜蓿，平均周期 5 年，可实现单产 325 吨/公顷，总产 1.3 亿吨，届时仅兵团的低产田和荒地就可满足新疆畜牧业所需的饲草料缺口。

其次，随着引草入田规模的扩大，以及畜牧业发展饲草料供应问题的有效缓解，畜牧业发展将得到种植业的有力支撑，从而为优化大农业产业结构、改善人民生活发挥重要作用。此前，由于农业结构的不合理发展，种植业比重过大，已经导致畜牧业产值比重的不断下降。例如，1949 年新疆畜牧业比重为 24.3%，此后随着畜牧业的发展，到 1965 年提高到 25.8%。[②] 但改革开放以来随着种植业规模的迅速扩大，畜牧业比重不断下降，1985 年仅为 19.13%，此后至今一直在 20% 左右徘徊。究其原因，除了种植业中粮经作物比重过大外，还与多年来新疆在山前平原大规模开荒发展种植业，冬草场面积不断缩小有关，这更加剧了天然草场载畜能力的季节不平衡。[③] 因此，现在只有大力发展引草入田，草田轮作，才能一方面弥补此前大规模开荒造成的草场损失问题，另一方面为今后畜牧业的发展提供相应支撑。在优化种植业内部结构的同时，实现大农业结构的调整和优化。

最后，在促进农牧结合、实现优势互补、开辟农民多元增收途

---

① 任继周：《实行草地农业　确保粮食安全》，中国草学会第六届二次会议暨国际学术研讨会论文集，2004 年，第 8—14 页。雷元静、汪习军：《"黄土丘陵 III 区" 坡耕地粮草间混作及其效益研究》，载任继周《黄土高原农业系统国际会议论文集》，甘肃科学技术出版社 1992 年版，第 319—322 页。

② 王博、于振田、安瑞麟：《引草入田，发展新疆的草地农业》，《新疆环境保护》1994 年第 16 卷第 4 期，第 68—72 页。

③ 赵济：《中国自然地理》第 3 版，高等教育出版社 1995 年版，第 304 页。

径等方面，草地农业也将发挥重要作用。牧草种植不仅成本低，产量大，而且可以进一步发展养畜育肥、屠宰加工等后续产业。农民在这个过程中既可以将牧草收割加工销售获利，为草原畜牧业提供饲草料供应，也可以自主发展养畜育肥，从牧区购进牲畜或自主繁育，然后进入市场销售获利。这就进一步拓宽了农民的增收渠道，促进了农牧结合，使农业生产结构趋于合理，农民也将获得更多的收益。而新疆市场牛羊肉短缺的状况也将大大改善，人均的肉蛋奶等占有量自然也将不断提高，人民生活得到改善。同时，农业生态状况也将得到扭转。

二　建设人工草地，改良治理草场，支撑发展

新疆畜牧业的主体是草原畜牧业，由于其没有建立现代畜牧业发展方式，传统"靠天养畜"的发展模式正在陷入日益严重的困境中。对此，只有发展以建设人工草地、改良天然草场的草地农业模式，才能使退化的草场得以改良治理，才能支撑畜牧业的现代化发展。

新疆传统的草原畜牧业发展长期以来受到气候等自然因素的严重制约影响。这是因为在干旱区天然草地受气候等自然因素制约比较突出，表现出季节与年度间不平衡。[①] 因此，天然草场的产草量和载畜率就会随着气候、降水等的变化而大幅波动，从而使畜牧业生产难以实现长期的草畜平衡，进而造成畜牧业无法稳定发展和降低风险。例如以新疆气候和降水较好的夏季草场载畜水平为100，春秋草场则只有55左右，冬季草场为70。可见，夏季草场如果得到充分利用，则其他草场将严重超载，必然造成这些草场的过牧和退化。对此，只有建立人工草地，采用农业化的方式如灌溉、补播、施肥等手段才能最大限度改变干旱区草场的非平衡生态特征，使之成为受自然约束较小、产草量高且稳定的人工草地，这样才能真正解决草畜矛盾和最终实现草畜平衡。

---

① 何天明：《农牧结合——古代北方草原农业的突出特点》，《内蒙古社会科学》2011年第32卷第1期，第37—42页。

在国外，无论是土地资源相对稀缺的国家还是像澳大利亚这样土地资源极为丰富的国家，都通过发展人工草地，实现了草原的退化治理和现代畜牧业的大发展。实践证明，通过人工种草和草场改良，其草地生产力可以提高 6—10 倍。我国西藏那曲的人工草地建设也表明，在科学的种植和管理下，人工草地为牲畜提供的食物当量比一般未退化和退化草地提高了 10—15 倍和 50 倍以上。[①] 而贵州在建设的人工草地上纯放牧饲养多种绵羊，发现无须补充饲料绵羊就可安全越冬，同时产羔率和成活率都有所提高。[②] 可见，人工草地建设对于解决新疆草原超载过牧、牲畜越冬以及饲草料缺乏等问题意义重大。如果新疆能将天然草场面积的 8% 发展为丰产人工草地，就可以提高草原整体生产水平近 1 倍，还可以为退化草场的休牧、恢复与治理提供条件。届时新疆的草原生态问题和畜牧业发展问题都将得到解决。

另外，发展人工种草，还可以为牧民定居、草原修复提供必要条件。牧民定居有利于畜牧业发展方式从游牧向现代转变，有利于其生活改善和接受现代教育、医疗等服务。但是，定居也意味着其不可能再通过游牧来发展畜牧生产。因此，只有通过定居区域发展高产人工草地，并结合饲料及秸秆收藏储备，才能保障其畜牧生产的正常进行。这就需要通过选育优质牧草品种，推广先进栽植技术，以最小成本实现人工草地的高产和稳产。而随着定居的实现和草场围栏建设，才能为加快天然草场改良，实施禁牧、休牧、轮牧等创造条件，才能推动新疆天然草场尽快得到恢复、改良。

三　农牧结合，有机循环，提升综合效益，推动可持续发展

一方面，新疆拥有十分丰富的优质牧草种质资源和优良畜种资源，例如，新疆细毛品质不亚于世界最好的"澳毛"质量水平，而乳制品和牛羊肉的品质优势也十分明显。另一方面，新疆广阔的草

---

① 王宏辉、李瑜鑫等：《藏北高寒牧区草地及牛羊越冬情况调查研究》，《中国草食动物》2009 年第 5 期，第 36—38 页。

② 张汉武、李向林、陶肖君等：《贵州高原人工草地上的绵羊放牧越冬试验》，《草业科学》1991 年第 5 期，第 19—22 页。

原与绿洲农耕区域光热资源丰富，发展高产人工草地和牧草生产大有可为。同时，农牧交错是新疆的特色，草场和农田基本呈交错分布，在生产大量农副产品的同时，提供的饲料、秸秆数量也极为可观，可养畜量占全疆载畜量的近 1/3。① 但是，由于种种原因，现在新疆的农业却日益趋向单一种植，而畜牧业则是以单一放牧养殖为主，农牧分割没有形成优势互补和有机循环模式。因此，导致无论是农业还是牧业都面临着产业链短，收益低，废弃物无法循环利用等问题，更难以形成产业化经营，实现综合效益的提升。因此，面对当前新疆绿洲农业与草原畜牧业发展中出现的问题，只有通过农牧结合，发展牧草种植—动物养殖—畜产品加工的产业链延伸模式，才能促进有机循环和实行产业化经营，不断提升发展的综合效益，进而促进农牧业的可持续发展。

农牧结合的初级方式是种植与养殖的结合，即饲草种植资源同畜牧业养殖资源的结合。一般可以采取以下几种途径：

（1）区域内牧民养殖与种植兼营，在牧区内，牧户一方面通过建设人工高产草地，进行饲草料种植，另一方面通过休牧、轮牧等手段实现天然草场的休养恢复。同时，结合饲草料生产情况发展相应规模的畜牧养殖，所产生的有机肥等可以返回人工草地，从而实现牧草种植与畜牧养殖结合，避免了饲草料的远距离运输成本和市场价格风险，促进了有机循环和综合效益提升。在此基础上更进一步，还可以发展为区域内牧民大规模专业化养殖与大规模专业化种植的结合。即一部分牧民从草原畜牧业转为专业从事牧草种植和人工草地建设，为其他专业从事养殖的牧民提供饲草料。这样有利于专业化分工的发展和劳动效率的提高，从而提高整体效益。

（2）牧繁农育结合，即牧区繁殖的家畜销售至农区进行舍饲和育肥，以减轻牧区草场尤其是秋冬季草场压力。新疆草原和农田交错分布的便捷条件，有利于农牧之间的产品流通。再加上新疆农民有兼营畜牧养殖的优良传统，以及农区更接近城市等消费市场的优

---

① 张立中、辛国昌：《农牧结合型草原畜牧业发展模式探索——以新疆为例》，《科技和产业》2013 年第 13 卷第 11 期，第 72—77 页。

势，都使牧繁农育易于开展和获取相应效益。同时，还可以促进农区牧草种植面积扩大和有机肥还田以及缓解牧区草场的压力，节省大量向牧区运送草料的成本，可谓一举"双赢"。

（3）异地农供牧用。即引导农区大力进行饲草料种植和秸秆加工向牧区供给，使牧区实现繁育育肥销售的全部收益，有利于牧民增收。同时，农区也可以获得不菲的饲草料销售收入，优化种植业结构。但需要将饲草料精加工，压缩等以降低运输成本。如果运输距离很近，则将成为农牧结合的一种很好的选择。

农牧结合的高级方式是种植、养殖与深加工的结合，从而通过产业链延伸和产业化经营，获取更高的收益，使农牧结合模式具有效益优势和吸引力。毫无疑问，在现代市场经济中，要想实现产品深加工、产业化经营和不断延长产业链，必须依靠产业龙头企业的带动与支持。因为只有龙头企业具备先进的深加工能力，较强的抗市场风险能力，并且能够不断开拓市场，打造品牌，为产业链延伸与最终价值兑现提供保障。同时，龙头企业还可以为广大农牧民提供技术指导、资金支持和产品订购协议等，从而可以降低农牧民生产中的各种自然和市场风险。因此，要想实现种养加结合的产业化经营，大型龙头企业是关键。特别是那些具有较强带动能力，与农牧民真正形成利益共享、风险共担机制的骨干龙头企业，则至关重要。只有通过龙头企业，市场的需求及相关信息才能迅速传送给农牧民，为其及时调整生产结构提供条件。也只有通过它们，才能将生产经营方式落后、生产缺乏组织而孤立分散的农牧民组织起来，形成种养加结合一体化发展的现代产业体系，从而不断使产业链延伸和产品增值，显著提高资源利用效率，最终实现新疆农牧业的现代高效发展和可持续发展。

总之，新疆作为全国的农牧业大区，拥有全国最大的细毛羊基地和绒山羊基地等优势，完全可以通过龙头企业的带动，促进农牧结合，种养加一体化发展，实现产业化经营和综合效益提升，最终形成可持续发展的农牧业现代生产体系。

第四节　本章小结

　　本章首先对新疆草地农业发展的生态环境、社会经济状况进行了分析。其次，对新疆的农牧业发展状况进行了深入分析，发现无论在农业还是草原畜牧业发展方面，新疆都存在着严重的生态、经济等不可持续问题。因此，迫切需要改变发展方式，创新发展模式，探索新的能够实现农牧业可持续发展和生态恢复改善的发展模式。最后，结合上文分析，阐述了当前发展草地农业对新疆农牧业可持续发展的多重重要作用，如优化种植结构、改良修复草场、有机循环发展等。为下文的新疆草地农业发展模式构建奠定了前期基础。

第四章

新疆草地农业发展的模式构建

第一节　新疆草地农业发展模式构建的指导思想与基本原则

针对新疆农牧业发展现状及存在的突出问题，应从战略高度出发，以科学发展观为指导，加快农牧业发展方式转变，尽快建立以草地农业模式为特征的农牧业可持续发展方式。紧紧抓住当前全国对口援疆和丝绸之路经济带建设的时机，以市场为导向，以改善农牧业生态环境、推进农业结构调整、牧业发展方式转变、增加农牧民收入为目标，以开发应用草地农业具体模式和相关技术为重点，坚持因地制宜，科技驱动，农、林、牧相结合，经济、社会与生态效益相结合，推动新疆草地农业的快速发展，切实提高其发展质量和综合效益。

一　遵循农牧业科学发展规律，发挥综合效益

任何一种生产方式或模式的构建，都必须首先遵循自然与经济发展规律。新疆草地农业模式的构建包括农牧业发展方式的转变，结构的调整与优化等，因此必须首先符合并遵循世界农牧业发展的基本规律。唯有如此，才能使其模式构建和发展建立在科学合理的基础之上，才能真正有效地发挥其综合效益。

首先，草地农业模式构建必须遵循世界范围内农业发展的客观规律。世界农业发展经历了原始农业、传统农业、现代农业（包括常规农业和替代农业）三个重要阶段。每个阶段都有其特点和发展

模式，以及相应的技术特征和效益水平。草地农业作为现代农业发展阶段提出的一种综合替代农业模式，就应当遵循当前对农业生态化、规模化、专业化、有机化、知识化、国际化发展的规律要求，成为今后农业高新科技的生长点，改善各族人民生活福利水平的贡献点，提高农业国际竞争力的着力点。同时，通过相关技术的支撑，高效集约利用各种资源，符合当前农业生态化、有机循环发展的要求，并使土地产出率、农业劳动生产率、农产品商品率和国际市场竞争力显著提高。而不是不顾发展的生态和资源代价，以高投入、高能耗、高污染违背自然生态规律的方式寻求高产出，更不是停留在传统农业分散经营、技术落后、组织化程度低、抵御自然灾害和市场风险能力弱的阶段和水平上。而是通过资本、技术、知识、人才、管理等新型生产要素不断向农业生产领域的转移，创新发展方式和模式，发展既符合自然生态规律又符合社会经济发展规律的现代新型草地农业发展模式，使其经济、生态、社会综合效益得以充分发挥。

其次，草地农业模式构建必须遵循世界范围内畜牧业发展的客观规律。世界畜牧业发展经历了原始渔猎业、草原游牧业、现代畜牧业三个发展阶段。当前，现代生态畜牧业发展方式正在得到广泛认可和推广。畜牧业生产的集约化、技术的现代化、经营的产业化、管理的科学化、生产结构的合理化、与环境的协调化成为其基本特征，在生产中实现经济、社会、生态效益的统一和有效提升成为其内在要求。同时，各国依据自身自然、经济状况，通过先进科学技术的广泛应用和产业化经营，发展现代草地畜牧业、大规模工厂化畜牧业等不同模式类型。但无论哪一种类型，都是以遵循畜牧业发展的自然规律和社会经济规律为前提和依据的。因此，新疆的草地农业模式构建必须依据自身的自然状况和社会经济发展实际，遵循畜牧业发展相关规律，加快传统草原游牧发展方式的转变，把传统靠天养畜、技术落后、商品率低、劳动生产率低、抗风险能力低，比较收益低和产业关联度低的畜牧业发展方式尽快地转变为草原生态可持续、经济效益高、社会效益显著的现代草地畜牧业发展方式。

最后，参考发达国家草地农业发展规律，构建科学合理的新疆草地农业结构与发展规模。发达国家草地农业发展的实践规律表明，草地农业的发展并不是一蹴而就的，而是其发展规模和具体模式结构与自然生态和经济发展状况紧密相关。例如自然生态的恶化是促使其加快草地农业修复治理模式大规模发展的重要原因，而市场对畜产品品质、数量的要求是促使其加快草地农业综合模式的重要动力。因此，像加拿大、澳大利亚、新西兰这样的天然草场资源非常丰富的国家也仍在大规模发展人工种草，其人工种草面积已达到了草场总面积的27%、14%和75%以上，不仅实现了单位人工草地10倍于天然草地产草量和效益的效果，而且充分发挥了草地农业在经济、生态等方面的综合效益。因此，现在草地农业的发展状况和规模及其在大农业中所占的比重，已成为衡量一个国家农牧业发达程度的重要指标。由此，新疆的草地农业模式构建就应该针对当前农牧业生态持续恶化，而市场对畜产品需求迅速增加的状况，加快相应模式的发展和推广。在遵循新疆当地自然和经济规律的前提下，加快草地农业模式的构建和发展，尽快使其发挥综合效益。

二　因地制宜，科技驱动，以效益与市场为导向

众所周知，新疆是我国面积第一大省，其土地总面积达166万公顷，占我国国土总面积的六分之一多。同时，在这广阔的区域内，各个地区由于地形纬度、区位等的不同，自然生态状况和社会经济发展状况差异显著。例如，在自然生态方面，北疆的气候与降水状况明显优于南疆，降水量多出近一倍。[①] 而在社会经济发展方面，位于北疆的天山北坡经济带不仅聚集了全疆60%左右的经济生产总量，是新疆地区经济、社会、科技发展的重心，而且也是国家确定的重点发展区域核心综合经济带和新疆最具发展潜力和发展前景的区域。因此，新疆草地农业模式的构建，必须坚持因地制宜，与当地发展实际相结合的原则。即不仅要考虑当地的自然生态环境状况，同时也要符合当地社会、经济的发展状况和基础条件，还要兼顾当地各

---

① 根据新疆统计年鉴数据计算所得，新疆维吾尔自治区统计局编：《新疆统计年鉴2013》，中国统计出版社2013年版，第321页。

民族的传统生产生活方式与风俗习惯等。

在因地制宜的基础上，充分研究、分析、比较草地农业不同模式类型的特点、优势和发生发展规律。以效益和市场为导向，构建符合新疆各地实际的草地农业发展模式。同时，即使是同一区域，也要根据具体实际情况选取最优的模式类型，例如新疆草原特别是山区草原由于海拔、坡度等的不同，水热条件是完全不同的，草原的垂直地带性分布十分明显。因此，就不能简单构建"一刀切"的模式。而必须根据草原分布类型的实际状况，人类利用方式和程度，用相应的科学手段和技术对其进行保护、改良和建设工作。此外，因地制宜还要求我们必须做到草地农业模式的构建与当地各族群众的增产增收相结合，与其生产生活方式和风俗习惯相结合，这样才能既提高当地农牧业的发展水平，又能促进区域社会、生态效益的全面提高。可见，面对新疆复杂多样的自然生态环境和人文经济条件，必须因地制宜，综合考量，研究选择最佳的草地农业发展模式进行构建。

另一方面，坚持科技驱动的原则和方向。"科技是第一生产力"，国内外实践经验表明，草地农业相关技术的发展创新是推动其发展和效益提升的最关键要素。特别是在科学技术迅速发展的今天，科技驱动在推动草地农业发展方面的作用尤为突出。而在农牧业生产中引入牧草种植，实行一系列的生产变革和系统耦合本身就是一场技术范式的革命。因此，发展草地农业必须依靠科技驱动，技术创新，通过科技创新来解决其发展中的一系列问题，推动其效益提升。草地农业所具有的诸多优势如沃土增肥、节水保墒、生态环保、循环高效、低碳发展等，都需要相应技术的支撑和驱动。例如，只有研发出优质的牧草品种及其种植管理技术，才能使其发挥更高效的光热水土资源利用效率，生产出更多市场需要的饲草料产品。而草畜产品的精深加工技术则是草地农业实现更高经济效益的关键所在。此外，在农牧结合、林草结合的过程中，更需要相关科学技术的指导与支撑，以实现系统耦合的效益提升效果。而即使是畜禽粪便的还田利用，也只有在相关技术的指导下才能发挥最佳效果。总之，在草地农业的发展中，无处不体现了对相关科技的需求。而科技的创新驱动，则是其发展和效益提升的关键支撑。

最后，效益与市场应当是新疆草地农业发展的基本导向。新疆作为经济落后地区，各族人民迫切要求加快经济发展和收入增加。而在市场经济条件下，只有以效益与市场为导向，不断提高生产的经济效益，以市场需求为出发点进行产品生产，才能在市场中占有一席之地，实现经济收益。同时，不断发掘与开发草地农业深加工产品，打造品牌，把新疆特色草畜产品的品质优势转化为市场竞争力优势和品牌优势，从而不断开拓国内外市场，实现流通、销售价值增值。只有如此，广大农牧民才能真正从草地农业发展中实现收入增长和生活改善，而草地农业也才能为新疆经济的发展做出更大的贡献。

三　科学引导，加强服务，扶持农户发展草地农业

草地农业作为一种综合性的农业体系，涉及种植业、畜牧业、林果业等多个领域，以及这些领域生产结构的优化与系统耦合，是关系到绿洲农区、草原牧区各民族生产生活的重要发展方式转变。因此，其发展和模式构建具有涉及的社会面广、统筹协调要求高、操作难度大等特点，需要政府在宏观层面加强科学引导，提供相应的科研推广、技术支撑和配套政策服务。同时，草地农业发展中所具有的社会效益、生态效益具有显著的外部性特征，也需要政府制定相关政策如生态补偿奖励政策等来加以兑现。可见，草地农业的发展不仅仅是农牧业自身转变发展方式的内在要求和努力，更是需要政府科学引导，加强服务，提供相应条件来推动发展的庞大社会系统工程。

新疆地域广阔，地形复杂，生态多样，各地经济发展水平差异巨大，这就使得发展草地农业不可能一蹴而就，而只能根据实际情况分阶段、分步骤进行。草地农业发展所需的前期投资、自然风险、市场风险、收益周期等不但需要群众的理解与支持，还必须由各级政府多部门协调配合，制定各项配套政策，从资金、技术、市场、产业化经营等方面给予大力扶持，建立多种激励奖励补助机制，科学引导各族群众参与发展草地农业，自觉转变农牧业发展方式。而

随着草地农业的发展和产业化水平提升，其所涉及的领域将更加广泛，草地农业生产从产前、产中、产后所需的服务将更加多样，这就需要更科学的管理、协作和相关技术措施的配套。对此，只有从宏观层面上各级政府积极努力，发挥宏观调控与政策保障机能，发展草地农业才能得已实现。

发展草地农业，转变农牧业发展方式，涉及广大各族群众的切身利益和生产习惯。相比传统的种植业和畜牧业生产方式，草地农业无疑具有经济、生态、社会效益较高的优势。但同时也应看到，转变发展方式本身存在着一定的成本和风险因素，各族群众对转变发展方式，发展草地农业还需要一个逐步理解和接受的过程。因此，决不能采用简单粗暴、强制要求的行政命令做法，而必须首先以提高草地农业的经济效益为目标，科学引导，让群众在逐步扩大草地农业规模的过程中，切实享受到其经济效益成果。而草地农业改良土壤、培肥地力、改良草场等生态效益的价值，也应通过政府的相关激励政策得到兑现，从而进一步增强草地农业发展模式的吸引力。例如，新疆已经实施的草原生态保护补助奖励机制，将使新疆 130 万牧民获得 20 亿元生态保护补助。[①] 这将使牧民发展高产人工草地，改良草场的积极性大大提高。

此外，政府应当改善发展草地农业的"外部环境"。从水肥配置、技术服务、产品营销、合同执行等方面加强管理和服务，保障草地农业生产的正常进行和经济收益兑现。特别是草地农业生产中食物链长、产业链环节多、技术要求日趋复杂。因此，更需要政府从建立健全社会化服务体系入手，提供从牧草种子生产、种植管理到草畜转化、储运加工、市场营销等方面的全面服务。而随着新疆优质草畜产品的国际化发展，也需要在出口政策补贴、贸易政策支持等方面给予资金、税收、仓储等方面的优惠扶持，这样才能不断提高草地农业的经济效益和国际竞争力，实现其综合效益。

---

① 周玲：《新疆 130 万牧民将获 20 亿元生态保护补助》，2010 年 10 月 21 日，中国新闻网（ews. china. com. cn/rollnews/）。

第二节 基于经济地理区位差异选择草地农业发展模式

一 新疆不同地区生态、地理区位差异显著

新疆是我国面积最大的省区，其南北跨越 15 个纬度，东西横贯 23 个经度，166 万平方公里的总面积不亚于世界上大多数国家的领土面积。同时，"三山夹两盆"的地形地貌与分布格局，进一步导致了新疆自然地理环境的多样分化，使其生态系统更加趋于多样性和复杂化。而新疆的绿洲、草原又被众多的戈壁、荒漠、石山所分割包围，形成了更加难以计数的分散自然生态系统。这些都使新疆各地的生态条件不仅多样，而且差异明显。而即使是在同一地区内，也由于地形、海拔、坡度等因素形成了多样的生态状况。因此，新疆生态的多样性是其重要特征之一，也是发展草地农业，构建其具体模式首先要考虑的基本因素。

从大的方面来看，新疆境内从北向南可分为阿尔泰山、准噶尔盆地、天山、塔里木盆地、昆仑山系五个地貌单元，即三大山系包围两大盆地的总体格局。五个地貌单元又都是东西走向，为横向带状，[①] 形成了新疆典型的南北疆不同生态状况和环境差异。如表 4—1 所示：

表 4—1　　　　2013 年新疆不同地区自然气候状况统计[②]

类别	年平均气温（摄氏度）	年平均降水（毫米）	年平均日照时数（小时）
北疆	8.4	262.9	2775.1
南疆	13.5	87	2888.1
东疆	13.4	14	3030.3

① 中国科学院新疆地理研究所：《新疆综合自然区划概要》，科学出版社 1987 年版。
② 新疆维吾尔自治区统计局编：《新疆统计年鉴 2014》，中国统计出版社 2014 年版，第 197 页。

可见，新疆的南、北、东疆除了年平均日照时数相差不大外，年平均气温和降水差异是极为显著的。例如北疆降水是南疆的近3倍，更是东疆的18倍。而在干旱区，水资源作为最紧缺的瓶颈制约因素，无疑对当地的自然生态状况起到关键的影响作用。而在新疆主要山系、河流、沙漠等的作用下，又将新疆的主要地貌单元和生态状况进一步分割细化，形成各地千差万别的生态区域。例如，高利军、黄韶华等人以《生态功能区划暂行规程》和新疆的地理分布格局为依据，将新疆划分为5个生态区、18个生态亚区、79个生态功能区。[①] 可见，新疆不仅从整体上呈现出地貌与生态的多样性，而且由于不同地区气候、地形、山系等的区别作用，各地生态差异明显。

另一方面，在地理区位上，新疆深居西北内陆，与东部发达地区距离遥远，导致新疆与东部地区交通贸易不便，大大增加了经济贸易的成本，抑制了新疆农牧产品的市场竞争力和效益增加。例如据测算，新疆首府乌鲁木齐到全国各省会城市的平均距离达3760公里，距东部最近的港口连云港的铁路里程为3651公里，距北京为3774公里，距上海为4079公里。漫长的交通运输距离，使商品的流通运输成本高企，严重制约了新疆商品经济的发展。同时，即使在新疆区域内，也由于其广阔的地域面积而使各地区的地理区位显著不同。如乌鲁木齐与全疆13个地州中心城市平均运距为742公里，相当于全国铁路运输的平均运距。各地州到所属县（市）平均公路里程为155.3公里，是全国公路里程平均运距的2.9倍。而距离乌鲁木齐最近的地州中心城市昌吉与最远的阿图什、和田则相差近2000公里。可见，在新疆内部，各地的地理区位差异也极为显著。而且总体来看，都具有相距遥远、运输成本高等不足。

总之，新疆各地区之间在生态状况、地理区位等方面差异显著。这就要求我们在构建草地农业发展模式时必须首先考虑上述因素，

[①] 高利军、黄韶华、白金凤、杨春：《新疆生态功能区划初探》，《干旱环境监测》2003年第17卷第2期，第90—92页。

从而能够真正做到因地制宜、降低成本，符合当地实际，实现草地农业发展的综合效益。

二　新疆不同地区经济、农牧业发展差异显著

新疆地域辽阔，区域内各地区资源、人口、经济基础等差异明显，再加上近代以来各地区在经济社会发展方面所受到的内外部影响因素不同，导致新疆区域内发展不平衡性更为突出，各地区发展差距明显。例如，新中国成立后特别是改革开放以来，以天山北坡经济带为代表的北疆经济社会发展迅速，而南疆地区相对发展缓慢，进一步加剧了新疆区域内特别是南北疆的发展差距，使新疆区域内的发展不平衡性再次凸显。近年来，无论从经济还是社会发展的维度来看，新疆区域内地区间的发展不平衡和差异都明显存在。例如，进入 21 世纪以来，伴随着天山北坡经济带的加速发展，新疆人均 GDP 最高的四个地区分别为乌鲁木齐市、克拉玛依市、石河子市和巴音郭楞州，其中前三个地区位于天山北坡经济带，人均 GDP2013 年就已分别达 64695 元、149127 元、73695 元。而全疆人均 GDP 最低的地区则分别是克孜勒苏州、喀什地区、和田地区，即所谓的南疆三地州，2013 年人均 GDP 分别仅为 13694 元、16076 元和 8025 元。[①] 相比之下，全疆人均 GDP 最高的克拉玛依市比最低的和田地区高出 17 倍多，差距之大可见一斑。

而从社会发展水平来看，新疆各地区间发展差异也十分显著。例如在教育文化方面，从教学水平、师资力量、教育普及率等指标来看，位于北疆天山北坡经济带的乌鲁木齐市、克拉玛依市、石河子市等地发展水平均位于全疆前列，发展水平较高。而位于南疆地区的三地州即克孜勒苏州、喀什地区、和田地区，则排在全疆末位，发展水平较低。两者相比差距明显。造成这种巨大差距的原因，既与南疆三地州经济发展水平低、现代化发展迟滞紧密相关，又与新疆改革开放后天山北坡经济带的加速发展不无关系。例如 2013 年，

---

① 参见新疆维吾尔自治区统计局编《新疆统计年鉴 2014》，中国统计出版社 2014 年版，第 645 页。

天山北坡经济带以占全疆 39% 的人口，即创造了占全疆 69.4% 的总产值。① 而全疆其他地区总共仅创造了 30.6% 的总产值。正是不同地区在发展速度上的巨大差异，造成了现在南北疆地区发展差距的显著扩大。例如 1990 年，南疆三地州人均 GDP 相对于全疆平均水平的比例分别为 46%、54%、96%，而到了 2013 年，已下降为 36%、43% 和 21%。可见，短短二十多年间新疆不同区域发展差距不断拉大。

再从农牧业发展方面来看，新疆各地区间发展差距也十分显著。例如在乡村人口方面，南疆的喀什地区、和田地区高居第一位、第二位，乡村人口合计达 414 万人，占新疆乡村人口的一半左右。表明其农业发展水平较低，乡村人口比重较大。而在粮食单产方面，博州以 12165 公斤/公顷高居榜首，其次是克拉玛依市，粮食单产为 9431 公斤/公顷，而粮食单产最低的伊吾县仅有 2894 公斤/公顷的产量，② 仅相当于前两者单位面积产量的 24% 和 31%。而在农民家庭人均纯收入方面，各地区也有显著的差异。例如家庭人均纯收入最高的昌吉州，其数额达 13014 元，而最低的克州则仅为 3857 元，两者相差超过 2 倍③。另外，在畜牧业发展方面，由于新疆不同地区在草场资源、良种水平、商品化程度以及产业化经营等方面的巨大差异，导致畜牧业的实际发展水平在不同地区间同样差别较大。这又进一步造成其增收能力和发展速度的不同。例如 2013 年昌吉州畜牧业人均增收达到 2500 元以上，而和田地区却仅为 700 元左右，其差距显而易见。

总之，由于诸多影响因素的作用，以及新疆广阔区域内各地发展基础、资源条件、交通区位等的显著不同，造成新疆不同地区在社会经济发展水平、农牧业发展等方面差异显著。而这种差异的现

---

① 新疆维吾尔自治区统计局编：《新疆统计年鉴 2014》，中国统计出版社 2014 年版，第 28 页。

② 参见新疆维吾尔自治区统计局编《新疆统计年鉴 2014》，中国统计出版社 2014 年版，第 354、355 页。

③ 新疆维吾尔自治区统计局编：《新疆统计年鉴 2014》，中国统计出版社 2014 年版，第 297 页。

实存在，将深刻影响到其转变农牧业发展方式的速度与阶段，构建
与发展草地农业的模式选择与路径安排。

三　基于地区特点选择适宜的草地农业发展模式

由上文可见，新疆不同地区在生态、资源、区位、经济、农牧
业发展水平等方面差异巨大，这就使得新疆发展草地农业不可能采
取统一的模式和路径，而要基于各个地区的特点，选择和构建最适
宜当地的草地农业发展模式。另一方面，草地农业作为具有多层次
性、综合性的农业系统，包含多个生产层次和不同生态系统的耦合，
其本身的实践模式也是多种多样的。此外，国内外草地农业发展的
实践经验也表明，由于不同国家地区在资源、生态、经济发展水平
等方面的不同，草地农业不仅具有多种实践模式，而且其模式的发
展完善是一个长期的过程，绝不是一蹴而就的。因此，新疆在当前
条件下，必须基于各个地区的发展实际，分步骤、分阶段构建和发
展适宜当地的草地农业发展模式，从而实现各地农牧业发展方式的
平稳科学转变，最大限度地降低草地农业发展的成本和风险，使农
牧民逐步理解和自觉推动草地农业模式的发展。

首先，基于草原牧区与绿洲农区的典型差异，需要依据各自生
态、经济特点，发展构建适宜当地可持续发展的相应草地农业模式。
例如，新疆的草原牧区大多位于三大山系山坡和山前平原地带，具
有典型的垂直地带分布性特点。在不同的海拔、坡度以及朝向的影
响下，其降水、温湿度和草地生态状况截然不同，因此，需要依据
具体状况，发展构建相应的天然草地改良保护草地农业模式。同时，
结合新疆独特的历史文化资源以及各地的绮丽自然风光，选择典型
区域，发展以草原生态旅游为特征的草地农业模式，实现草原牧区
经济的转型发展。而对于绿洲农区，则应充分发挥其光热资源丰富，
具备灌溉保障等有利条件，积极开展引草入田、草田轮作，种草养
畜结合的农区草地农业模式，以发挥牧草沃土增肥、节水保墒、提
高土壤有机质含量的作用和防治因土壤水分蒸发强烈而导致次生盐
碱化。在草地农业的发展规模上，应依据各地耕地资源状况和中低
产田比例，以多年生牧草种植面积占全部耕地 25%—40% 左右灵活

确定，同时还要充分利用谷物秸秆的饲用价值，大力发展草食家畜养殖生产。

其次，对于绿洲边缘与沙漠之间的广阔荒漠草原地带，既不适宜于耕作，也不适宜于发展高产人工草地和天然草地改良建设。因此，在草地农业发展模式上，应采取以保护和维持当地生态的免耕草地农业生态模式。除积极进行退耕还草外，还应进行防风固沙、耐旱抗碱的生态草业适当补种，在典型区域建立荒漠生态保护区和国家公园，同时加强管理督察，严禁在区域内乱采滥挖，非法开垦和猎杀等。而对于林果业发达的地区，则应充分发挥林草结合的优势，大规模发展林下种草、林间种草，逐步建立以林果草畜共育和有机循环为特征的林果业草地农业模式，充分发挥不同生态系统耦合的优势，延长产业链和实现有机循环发展，不断提高其综合效益。此外，依据新疆各地不同城镇和城市的特点，因地制宜，发展以休闲观光为主的草坪景观草地农业模式，充分发挥草坪景观草地农业对城市绿化、防尘、吸收噪声等功能以及休闲观光的景观价值。这对于新疆气候干旱、多大风、多沙尘、少绿地的不足来说，无疑具有重要生态功能和景观价值。

最后，由于新疆不同地区经济发展水平、市场发育程度、交通便捷状况差别巨大，因此，决定了各地草地农业发展模式的层次性、综合性有所不同。例如，对于像南疆和田地区那样经济发展水平低、交通运输成本高的地区，草地农业模式应立足于优化当地农牧业生产结构，增加当地畜产品的供给，改善当地农牧民生活水平。主要以发展好草地农业的植物生产层和动物生产层生产为主，促进农牧结合。而对于位于天山北坡经济带上的诸地区，则可以根据自身的资源状况、区位条件与发展基础，进行草地农业多个生产层的全面发展，进行草畜产品深加工以及发展生态旅游、城市草坪景观产业等，实现草地农业系统耦合优势和综合效益的提高。

总之，基于地区特点，选择发展适宜的草地农业模式，这不仅是因地制宜、科学发展的需要，更是不同地区现实发展差异巨大，需要发展具有针对性和可行性的草地农业相应模式路径的需要。

第三节　构建以草田轮作与中低产田种草
养殖的种植业生态模式

一　种植业草地农业生态模式的提出

当前新疆绿洲农业现代化发展中存在的种植结构单一，高投入、高能耗、高污染等问题，需要通过转变农业发展方式，走引草入田、草田轮作的草地农业可持续发展方式来解决。这样才能避免绿洲农业发展陷入现代常规"石油农业"的困境之中，实现绿洲农业的结构优化和可持续发展。对此，构建相应科学合理的草地农业发展模式就显得尤为重要。因此，综合考虑新疆绿洲农业发展的实际以及中低产田比重大、畜牧业发展不足等因素，构建以草田轮作与中低产田种草养殖的种植业生态模式较为适合当前绿洲农业可持续发展的需要。

草田轮作就是在同一块土地上不同时间段，轮换种植农作物和牧草（主要是豆科牧草）的一种耕作制度。相比单一的农作物种植，实行草田轮作，可以更高效地利用光、热、水、土等自然资源和环境空间，实现农业生产中空间和时间的充分利用，从而提高农业生态系统的综合效益。例如，牧草可将光能利用时间延长1—3个月，这样通过草田轮作可大大提高农业自然资源利用率。研究表明，将多花黑麦草与玉米轮作并以玉米和黑麦草全株作为收获项，系统收获的食物当量是传统的水稻—小麦种植系统的3—4倍。[1] 同时，化肥、农药等投入大大降低，农业生产收益增加而生态状况改善。另外，冬小麦与草木樨套种轮作，既可使土壤有机质由原来的0.89%提高到1.33%，又能使冬小麦食物当量产量提高1倍以上以及生产大量优质饲草料。[2] 新疆绿洲农区土壤有机质含量低，表层土壤含盐量较高，土壤水分蒸发

---

[1]　唐羽彤、林慧龙：《食物安全的草地农业创新模式刍议》，《中国农业科技导报》2012年第14卷第5期，第7—14页。

[2]　江小蕾、高崇岳、李峻成：《庆阳站持久高效草地农业优化模式》，《草业科学》1996年第13卷第5期，第45—47页。

强烈而易发生次生盐碱化。因此，新疆绿洲种植业必须积极发展草田轮作，才能在增产增收的同时实现生态改善。

而中低产田引入牧草种植，不仅可以优化农业种植结构，避免单一农作物种植对资源和环境空间利用的不充分和养分失衡，还可以充分发挥其沃土增肥、保持水土和维护生物多样性等生态功能，以及草畜结合有效提高农业综合生产力和经济效益的经济功能。特别是对于新疆这样一年一熟的温带地区，农作物种植基本一年一茬且生长季较短，往往有相当长一段时间的光、热、水、土资源被浪费，一般只能利用水热、土地资源的 60%，严重抑制了土地生产潜力的提高。而牧草的资源利用率远远高于籽实作物，如紫花苜蓿的光能利用率比冬小麦高 2.4 倍，降水利用率提高 17.5%。[①] 同时，引入牧草和草田轮作后土地养分得以平衡和增加，农业结构得以优化，还为家畜提供了大量优质牧草，农业生产的综合效益显著提升。

二　种植业草地农业生态模式的产生过程与实践基础

新中国成立以来，党和政府十分重视新疆绿洲农业的发展。不仅在新疆组建了新疆生产建设兵团为代表的大型国有农垦集团，还通过科技推广、品种改良、政策扶持等方式推动新疆绿洲农业的发展。同时，根据新疆农牧兼营、农区畜牧业发展的实际需要，国家组织开展了多角度、多层次的牧草种植、草田轮作试验工作，使新疆这个拥有两千多年苜蓿栽培历史的区域，在新时期继续延续着绿洲农业牧草种植和草田轮作的优良传统，保证了新中国成立后近三十年新疆绿洲农业的健康可持续发展。但是，随着改革开放后市场化的迅速推进，新疆丰富土地资源的加速开发，以现代常规农业为趋向的新疆农业发展日益陷入简单追求短期收益，不惜代价获得高产的怪圈，从而导致了农业种植结构的日益单一和石化能源的高额投入，农业生产高投入、高能耗、高污染和高风险的负面因素不断累积，严重威胁到新疆绿洲农业的可持续发展和生态安全。对此，

---

① 董孝斌、张新时：《发展草地农业是农牧交错带农业结构调整的出路》，《生态经济》2005 年第 4 期，第 87—89 页。

回顾历史和借鉴实践经验，不难发现，对牧草种植和草田轮作成功实践的抛弃和忽视责无旁贷。而随着世界范围内人们对可持续发展和生态、社会等效益认识的加深，更加使世人发现，农业的发展必须走生态化、有机化的可持续发展道路。在新疆，就是要借鉴牧草种植、草田轮作的成功历史经验和实践，发展以种植业草地农业生态模式为特征的农业发展方式，在促进农业可持续发展的同时，推动农牧兼营，获取更高的综合收益。

同时，不仅是新疆，即使在全国，这一生态模式也是受到广为推崇和重视的。例如，全国农业十五发展纲要中就要求："要因地制宜地发展多种绿肥作物"，"必须生产足够的饲草饲料，种植高产饲料植物"，"在牧区要保护草原，在农区实施草粮轮作制度"等。近几年，中央与新疆维吾尔自治区、兵团也再三强调种草养畜，草田轮作，中低产田种草的重要性。例如，新疆畜牧业工作会议要求农区应通过压缩棉花种植面积，草田轮作、中低产田种草等措施实现133.3万公顷的牧草种植，使牧草种植面积达到耕地总面积的30%以上。[①] 而兵团也要求通过引草入田、草田轮作等手段，使牧草种植面积达到耕地总面积的25%以上。同时，结合现代科技和草畜品种研发，发展高效生态的现代农区养畜业，通过畜禽粪便处理、有机肥还田等实现农业的循环有机可持续发展。

国内外和新疆的实践经验证明，把草加入农业系统，大力推广"草田轮作"，是充分利用新疆绿洲农区丰富光热土等自然资源的有效途径。新疆绿洲农区属于我国西北内陆绿洲生态脆弱区，生态自我修复和平衡能力很低，常规现代农业虽然短期收益高，但其对环境的负面影响巨大，不可持续性明显。因此，面对新的经济发展要求和生态环境形势，绿洲农区必须加快农业结构的战略调整力度，在区域生态与资源条件的基础上，构建种植业草地农业高效生态发展模式。充分发挥其有效减少水土流失，培肥土壤地力，增加作物产量，同时生产大量优质草产品，带动农区畜牧养殖业的加速发展

---

① 李学森、古森、王博、陈翔：《新疆农区畜牧业与草产业协调发展》，《草食家畜》2009年第4期，第5—8页。

的作用，从而不断开拓新疆农业经济发展的新空间，推动新疆农业发展方式的转变，提高农业生产水平和市场竞争力，增加农民收入。

三　种植业草地农业生态模式的构建与功能发挥

如前文所述，种植业草地农业生态模式在国内外已有广泛的发展和大量成功实践。在国内和新疆生产建设兵团亦有不少成功实践经验。同时，随着理论与实践的发展，种植业草地农业生态模式的发展目标、技术体系、生产方式、综合效益也在日益明确。这些都为构建新疆绿洲种植业草地农业生态模式打下了良好基础。因此，借鉴国内外相关理论研究与实践进展，结合新疆绿洲种植业的发展现状与趋势，可以首先从整体上构建如图4—1的绿洲种植业草地农业生态模式体系。包括其发展目标的确立、技术体系的构成、生产方式的类型以及主要的效益优势等。

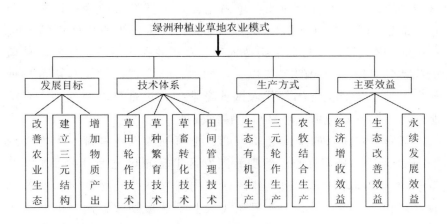

图4—1　新疆绿洲农业种植业草地农业生态模式图

在发展目标上，模式依据新疆绿洲农业发展的实际和农民增收的要求，认为首先要以增加物质产出为重要目标，即无论是轮作种草还是低产田种草养畜，都要必须保证其物质总产出比之前有所增加，这样才能保证本模式生产的效益和农民的积极性。在增加物质产出的同时，改善农业生态，保护农业生态环境也是本模式重要的

目标内容，这也是构建本模式应对当前绿洲农业高污染、高能耗的
内在要求。而建立粮—经—草三元轮作结构，即是本模式改造完善
绿洲农业结构的途径，也是发展形成复合结构，均衡利用土壤养分，
促进物质总产出增加和农业生态改善的方式手段。因此，也是本模
式的重要发展目标之一。

在技术体系和生产方式方面，本模式首先主要以草种繁育技术
为前提，以草田轮作及田间管理技术为基础，以草畜高效转化技术
为提升，形成本模式的综合技术体系，以实现在本模式下绿洲农业
的有机生态生产、多元轮作生产和农牧结合高效循环生产。这样才
能最大限度发挥本模式下草田轮作以及中低产田种草养畜的综合效
益，才能实现对绿洲农业生态的治理改善。

在主要效益上，本模式通过上述生产方式和相应技术体系，将
有效实现农民经济收益增加，促进农民增收；同时促进农业生产生
态化，农业生态环境逐步改善，实现相应的生态效益；在此基础上，
可以进一步实现促进农业可持续发展，农业自然资源永续利用的效
果和效益。因此，本模式将具有经济、生态等方面的重要效益。

另外，需要指出的是，由于新疆不同区域绿洲农业生态的特殊
性以及新疆社会经济发展的差异性，决定了在具体实践中上述模式
内容还要结合各地区绿洲农业发展的实际，有针对性地进一步调整
完善形成适宜当地的模式体系以及相应结构。对此，可以按照自然
条件、地貌形态、灌区类型、土壤类型、气象特征、农业种植结构、
中低产田比例、缺水程度及社会经济条件等作为划分不同地区农业
状况的指标体系，采用主成分分析与模糊 ISODATA 聚类分析相结合
的方法，进行农业发展状况的区划分析。经过研究计算，得出如表
4—2 的分析结果：

表 4—2　　　　　　　新疆维吾尔自治区农业分区结果

地　区	区域内主要县市分布状况	气候特征
1. 阿勒泰平原区	阿勒泰市，哈巴河、布尔津、福海、富蕴、青河等县	中温带大陆性寒冷干旱气候

地　区	区域内主要县市分布状况	气候特征
2. 准噶尔盆地西部	博乐市、塔城市，温泉、和布克赛尔、额敏、裕民、托里、吉木乃等县	温带干旱、亚干旱气候
3. 伊犁河谷盆地	伊宁市，伊宁、霍城、察布查尔、昭苏、尼勒克、巩留、特克斯、新源等县	温带亚干旱气候
4. 天山北坡地区	乌鲁木齐市、米泉、阜康、吉木萨尔、奇台、木垒、巴里坤、伊吾等县	温带、寒温带干旱气候
5. 吐哈盆地	吐鲁番市、哈密市、鄯善、托克逊等县	暖温带极干旱气候
6. 塔里木盆地北缘	库尔勒市、阿克苏市、焉耆、博湖、和静、和硕、轮台、尉犁、库车、新和等县	温带、暖温带极干旱气候
7. 塔里木盆地南缘	喀什市、阿图什市、和田市、疏附、疏勒、英吉沙、伽师、岳普湖、塔什库尔干等县	暖温带干旱气候

可见，根据区划结果，新疆可以划分为比较典型的七个农业区域。这些区域在气候、资源、区位、经济等方面具有显著不同。因此，应根据其特点发展相应的种植业生态模式。例如，在天山北坡经济发达区应构建以经济价值和生态价值较高的多年生牧草为切入点，选择适宜该区生态环境的牧草如紫花苜蓿品种，实行"紫花苜蓿—粮棉作物（小麦、棉花、玉米等）—紫花苜蓿"轮作生产模式，并在结合当地圈舍、畜禽良种繁育等的基础上，发展家庭和养殖基地畜禽养殖业。利用本区域经济发达、城市集中、交通便利的优势，实现草田轮作、草畜结合、产业化发展的高效种植业草地农业生态模式。而对于阿勒泰与准噶尔西部盆地地区，依据当地气候寒凉，中低产田面积大，荒地多而畜牧业冬春季饲草料严重缺乏的状况，构建以中低产田种草、荒地发展人工草地，选择多年生高产牧草与一年生牧草品种，结合适当的施肥与灌溉以及清除杂草，发展大规模的农区牧草种植生产生态模式，并通过向牧区、市场提供饲草料以及获得国家退耕还草、草原生态补偿奖励而获得经济和生态效益。

另外，对于伊犁河谷地区，针对该区气候较湿润，光热水土资源丰富的特点以及毗邻中亚的优越区位，构建草田轮作、牧草生产加工与大规模优质畜禽养殖生产为主的种植业农牧结合草地农业模式，并通过优质特色畜禽产品和草产品的外销获得经济收益，通过优化种植结构和农牧有机循环实现生态效益。而对于气候极为干热的吐哈盆地，主要以葡萄、瓜果、棉花等特色农产品生产为主，应构建以林草结合、棉草轮作以及盐碱地种草的生态模式，主要发挥该模式下降低土温、节水保墒、植被覆盖、防治荒漠化等生态功能和效益。最后，对于塔里木盆地周缘的农业区域，针对当地经济发展滞后，人口增长较快而水土资源日益短缺的现状，应构建以中低产田种草与草田轮作、林草结合加家庭养殖为特征的草地农业模式，充分利用当地充足的光热资源和劳动力资源，在保障粮食生产的基础上，不断增加畜禽产品产量，满足各族人民消费需要。

第四节　构建以林果草畜共育和有机循环的林果业草地农业模式

一　林果业草地农业模式的提出

新疆自古以来就以瓜果之乡而著名。改革开放以来，随着新疆对调整农业产业结构和农民增收的要求，林果业日益成为新疆农业结构调整的发展方向和支柱产业。目前，新疆林果种植面积已超过2000多万亩，占耕地总面积的三分之一以上。而通过发展新疆特色林果业，使林果产品的市场开拓能力和竞争力不断增强，不仅大大促进了新疆农民增收、推动了当地农村经济发展，还为新疆森林覆盖率的提高和生态环境改善做出了积极贡献。例如，目前林果业增收收入已占农民年增收比重的30%以上，并形成了以南疆环塔里木盆地为主的红枣、核桃、杏、香梨、苹果等林果产品主产区，以及以吐哈盆地、伊犁河谷、天山北坡为主的葡萄、红枣、枸杞等高效林果生产区。同时，形成了如"库尔勒香梨"、"吐鲁番葡萄"、"和田玉枣"、"莎车巴旦木"等林果产品优质品牌。

但同时，在林果业的发展中，也暴露出一系列突出问题。例如，栽培管理简单粗放，没有实行林果的标准化栽培管理，特别是在施肥、灌溉等关键标准和技术的执行方面问题突出，造成了较严重的浪费以及农药残留等。再加上缺乏对林草结合等复合生态系统的了解认识，导致林果业生产中以单一的林果产品收获为取向，严重缺乏对林下、林间土地的科学合理利用保护，往往导致有害生物如杂草、害虫等的大量产生，进而造成林果业的产量损失以及品质下降，严重影响到其商品率和效益提高。对此，简单依靠化学农药防治不仅成本高、影响产品品质，而且难以持久发挥作用。而采用林草结合，即通过选择适宜的优质草种，实行林下与林间种草，再通过草畜结合实现畜禽生产和有机肥还田，则可以实现林果草畜共育与增产，以及有机循环、防治病虫害和提高产品品质的多赢效果。而这也就是已在国内外获得一定成功实践的林果草畜共育和有机循环的林果业草地农业模式，对于新疆林果业的发展正当其时。

二　林果业草地农业模式的产生过程与实践基础

林草结合是自然生态系统发展演变的自然结果。在世界上，既有天然的稀树草原类型，也有多树草原和森林草原等类型。因此，将林地与草地相结合而形成林草复合系统，是符合自然生态系统发展演变规律的。自 20 世纪 80 年代以来在欧洲和大洋洲以林草结合果畜共育为特征的草地农业模式都有相当的发展，并往往被称为"农林业"（agroforestry）[①]。主要包括两大系统类型，即"林草系统"（silvipastoral system）和农林草系统（agro‑silvipastoral system）[②]。前者是将木本植物（树木）与草本植物在草地开发中相结合，而后者则是在林草系统的基础上增加农作物组分或畜产品组分而形成的农（畜）林草"三元结构"。

在林果业中引入种草，可以实现地表植被覆盖，降低土温和蒸

---

① Lundgren, B., Nair, R.K.R., "Agroforestry for soil conservation", In: EI‑Swaify, A. et al. (eds), *Soil Erosion and Conservation*, Ankenny, Iowa: Soil conservation Society of Ameriea, 1985.

② Atta‑Krah, A. N. Trees and Shrubs as Secondary Components of Pasture, Proeeedings of the XVll International Grassland Congress, New Zealand, 1993. 2045‑2052.

发、增加有机质、减少地表冲刷等功能，同时使林下和林间的空地得到充分利用，实现了林果产品和草产品的共同生产，具有显著的生态效益和经济效益。例如，20 世纪 90 年代在三峡库区所做的试验表明，柑橘园和茶园种草不仅可以增加土壤肥力、减少水土流失、降低夏季温度，同时还能实现每亩增加水果产量 180 公斤左右，每亩增加茶叶 1.6 公斤，每亩增收 300—450 元的效果，如果再加上牧草生产和养畜经济收益将更高。[①] 此外，林下种草后对于树木的生长也有明显的促进作用，研究表明，林下种植了牧草的马尾松树高和胸径比未种草的林地分别增加 1.49 倍和 1.63 倍。[②] 而同时，林草结合又可以为林间草地放牧提供如林木遮阴、生物围栏等作用，有利于家畜的健康快速成长。国内 20 世纪 90 年代的实践亦表明，在树木密度为 720 株/公顷的马尾松林下人工草地放牧 11 月龄的幼牛，在 4 月至 11 月之间的牧草生长季内，幼牛平均日增重达 478 克每天，18 月龄体重可达 200 公斤。[③]

因此，利用经济林林间空隙种植牧草，发展林果草畜共育的复合草地农业系统，已经成为一种有巨大潜力可挖的高效生态农业模式。[④]

在新疆，兵团八十七团在退耕还林的过程中，大力进行林草结合草地农业模式的实践探索。在退耕还林地套种苜蓿等牧草，获得了良好的经济与生态效益。2008 年该团在万亩退耕林上套种苜蓿草即取得了人均增收 700 元的经济效益，[⑤] 和田地区也在近年来不断积极探索和开发林、粮、草兼作的农业生产模式，在核桃树、石榴树

①　陈伟烈、张喜群、梁松药等：《三峡库区的植物与复合农业生态系统》，科学出版社 1994 年版。

②　王代军、聂中南：《森林—草地生态系统中森林生长状况的研究》，《亚热带中高山地区草地开发研究》，中国农业科技出版社 1992 年版。

③　吴克谦、周清水：《林下草地产量与家畜生产性能的研究》，载黄文惠、王培主编《亚热带中高山地区草地开发研究》，中国农业科技出版社 1992 年版。

④　李向林、任继周：《南方草地农业模式及潜力》，《2009 中国草原发展论坛论文集》2009 年版，第 111—116 页。

⑤　吕羡林、吴天奎：《八十七团苜蓿草产销两旺》，《中国特产报》2008 年 7 月 11 日第 2 版。

下推广种植苏丹草和青贮玉米，到 2013 年已推广种植 6767 亩。① 阿克苏地区则在不宜果粮、果棉间作的林果地中积极开展林草间作，2013 年实现林下种草（林草间作）18.6 万亩，农田防护林及遮阳带种植苜蓿 9.23 万亩。② 这对于气候干旱，风沙肆虐，土地荒漠化严重的新疆来说，实现林下与林间地表的牧草植被覆盖，其在防风固沙、沃土保墒、防治水土流失等方面的生态效益和作用不言而喻。而且通过林草畜结合，有机循环，可以将林果业生态系统的结构布局进一步优化升级，大大提高生态系统的环境质量、景观结构和生产功能，形成林果草畜共育的立体空间结构布局与资源的多层次利用技术体系，使在有限的空间内，通过有限的资源多层次开发利用，以及不同生物种群间的"相生互补"，提高生态系统的稳定性和生产率，实现最好的生态效益和最大的经济产出。

三　林果业草地农业模式的构建与功能发挥

如上文所述，林果业草地农业模式在国内外以及新疆已有广泛的发展和大量成功实践。这些都为构建新疆林果业草地农业生态模式奠定了有利基础。依据新疆林果业与草地农业的发展目标，以及林草复合下的技术体系要求和生产方式变化及其综合效益发挥，可以进行如图 4—2 所示的林果业草地农业模式构建。

不难看出，该模式的关键在于其复合技术体系和立体循环集约生产方式。而在发展目标上，该模式与种植业生态模式较为相似，都把增加物质产出作为重要的发展目标，而本模式的立体循环发展和林果草畜共育发展目标，其本质与种植业生态模式的轮作种草养殖也大致相同。只是由于林果业与种植业结构不同，因此其发展目标的结构略有不同。但实质都是要达到均衡充分利用资源养分，促进总产出增加和生态改善。而在技术体系和生产方式方面，本模式的特殊之处在于其复合技术体系和立体循环集约生产方式。例如林

---

① 《和田地区 2013 年畜牧业生产形势分析》，2014 年 1 月 13 日，新疆畜牧网（www.xjxmt.gov.cn/）。

② 《阿克苏地区 2013 年畜牧业生产形势及 2014 年工作计划》，2014 年 1 月 13 日，新疆畜牧网（www.xjxmt.gov.cn/）。

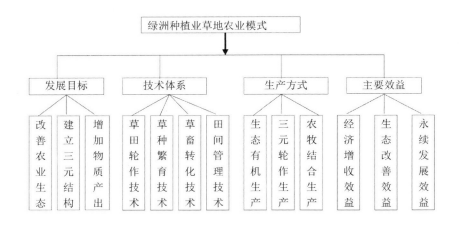

图 4—2　新疆绿洲林果业草地农业生态模式图

草复合技术和立体结构集约生产。因此在主要效益上，本模式不仅可以实现经济增收效益，促进林果业收益增加，还可以促进林果业生产的有机循环发展和资源立体高效集约利用，从而实现相应的生态效益和综合效益。

同时，由于新疆各地区在自然生态、社会经济发展以及林果种植规模和种类上的差异，决定了林果业草地农业模式构建需要在新疆草地农业总体发展战略的框架下，结合新疆各地区林果业、畜牧业发展的实际，充分考虑不同地区生态建设与经济发展等多重因素，不断调整完善适宜的林果业草地农业模式以及相应结构。

首先从新疆各地区林果业的发展状况来看，各地区的造林面积与水果、苜蓿种植面积相差很大。如表4—3所示：

表 4—3　　　　2013 年新疆主要地区林果业种植面积统计　　单位：公顷

新疆主要地区	当年造林总面积	当年水果种植面积	当年苜蓿种植面积
乌鲁木齐市	2729	642	2200
克拉玛依市	1159		530
吐鲁番地区	3994	41824	230

新疆主要地区	当年造林总面积	当年水果种植面积	当年苜蓿种植面积
哈密地区	5046	29709	4090
昌吉回族自治州	10365	13895	5560
伊犁哈萨克自治州	54468	37344	46950
博尔塔拉蒙古自治州	5161	420	760
巴音郭楞蒙古自治州	14400	107350	2230
阿克苏地区	9614	192304	14720
克孜勒苏柯尔克孜州	6593	22033	1900
喀什地区	21411	220281	37270
和田地区	12239	69544	21500
新疆生产建设兵团	17529	198629	46770

注：数据来源于新疆维吾尔自治区统计局编：《新疆统计年鉴2014》，中国统计出版社2014年版，第354、347、362、363页。

由上表可见，新疆林果业种植规模较大的地区主要为位于天山北坡经济带的昌吉州、东疆的吐哈地区、北疆西部的伊犁州以及南疆塔里木盆地北缘的巴州、阿克苏地区和南缘的克州、喀什和和田地区。而从经济发展水平和区位优势方面来看，昌吉州、吐哈地区具有明显相对优势。因此，在当地林果业草地农业模式构建与功能发挥上，应充分发挥上述地区交通便利，经济发展水平高等优势，在发展林果草畜共育的基础上，加快林果业、草产业和养畜业的产业化进程，形成新的综合产业优势。即林果种植、林果加工、牧草生产加工、畜禽养殖加工，并通过林果业和养殖业废弃物再利用，使林果草畜产业结构进一步向生态化发展，实现产品的绿色有机生产，实现林果业草地农业的高成长、高附加值生产和竞争力提升。同时，选择区位条件优越、基础设施完善的典型区域，进一步发展"种加游"循环生态产业链，发展特色的综合林果生态产业园，通过追求生态效益来实现产业效益的最大化，使林果业综合效益大幅提高。①

伊犁州无论在造林面积还是水果种植面积方面都高居各地区之首。同时当地气候相对湿润，光热水土资源丰富，农牧业均较发达，还拥有毗邻中亚向西开放的优越区位条件。因此，伊犁州应在加快林果业的标准化种植与管理的基础上，加速构建林草结合、林草畜耦合的草地农业模式。依托当地特色的优质草畜品种资源，以出口市场为导向，不断加大林果种植、林下种草、草畜生产的规模，加速推动当地林草畜产业的外向型发展。而对于南疆塔里木盆地周缘诸地区，由于这些地区气候十分干旱，植被稀少，生态环境脆弱，荒漠化严重，森林覆盖率极低。因此，结合其林果业发展，在林下和林间大量种植耐旱、抗盐碱又具有高经济价值的牧草作物，不仅可以为当地解决畜牧业急需的饲草料供应问题，还可以使退耕还林地和林果地实现良好的植被覆盖，并通过林草畜复合生态系功能的发挥，实现有机循环，促进林果生产质量的提高和生态畜牧业的发展，拓展当地农民增收渠道。因此，应在上述地区构建以林果草畜共育和有机循环为特征的，以最终产出绿色有机果品、畜产品为目标的林果业草地农业模式，形成无公害、无污染的林果草畜业发展方式和技术体系，通过牧草的沃土保墒等生态功能和林草畜有机循环的生态方式，不断减少和控制化肥、农药等投入，防治土壤染源和降低生产成本，逐步实现无公害绿色果品、畜产品的生产要求，形成知名品牌优势和市场竞争优势，实现生态效益和经济效益的最大化。

总之，根据新疆各地的不同情况，林果业草地农业模式在具体构建中应有不同的区域侧重点。特别是要与各地区的经济水平、交通区位以及生态状况相一致，以促进其林果业与草产业、畜牧业生态效益和经济效益的有机统一与效益发挥，才能构建与不断完善科学合理的草地农业发展模式，充分发挥其系统耦合、产业延伸和有机循环发展的优势。

---

① 藏旭恒、徐向艺、杨蕙馨：《产业经济学》第 3 版，经济科学出版社 2005 年版，第 73—391 页。

第五节　构建以高产人工草地建植和飞播补种结合的牧区草地农业综合治理模式

一　牧区草地农业综合治理模式的提出

新疆是我国五大牧区之一，自古以来就以发达的草原畜牧业闻名于世。但是进入近现代以来，传统的草原游牧方式日益陷入生产方式落后、效益低下、抗风险能力差的困境之中。同时，"靠天养畜"简单粗放的传统发展模式又必然会通过单一的数量型增长来实现畜牧业收益的增加，从而造成草原的严重超载过牧和退化。而随着草原退化的不断加重，其草产量、载畜力等严重下降，又会进一步加重其超载过牧程度和加速退化。对此，前文已有详细的阐述。同时，新疆的干旱区草原，由于非平衡生态系统的影响作用，在没有外界因素的干预下其草畜之间难以保持长时间平衡又是必然的。而纵观国内外，在现代畜牧业的发展方面，无一例外都采取了对天然草原的改良治理和高产人工草地的建植，通过农业化方式如补播、灌溉、施肥等手段实现草地的高产、稳产和优化。这也是应对和治理草原退化、实现草原改良治理的必由之路。

因此，结合新疆目前草原畜牧业发展的实际困难以及实施牧民定居、草原退化治理的需要，必须加快构建以天然草地改良、高产人工草地建植为代表的牧区草地农业模式，才能加速实现新疆草原的生态修复和改良治理，进而充分保障和发挥新疆草原的巨大生态功能。据测算，新疆拥有超过 5000 万公顷的天然草地资源，其生态功能价值位居我国各省区首位。[①] 而且对于新疆绿洲来说，草原不仅是其最重要的水源涵养地和补给调蓄区，更是其河流补给、气候调节和水循环净化的关键生态屏障。因此，草原的严重退化与生态恶化，不仅将造成草畜失衡、畜牧业发展迟滞等经济损失，更会使其生态功能衰减乃至丧失，危及当地生态安全乃至整个新疆的生态安全和可持续发展。从这个意义上来说，发展牧区种草，通过各种手

---

① 任继周：《草地农业生态系统通论》，安徽教育出版社 2004 年版，第 328 页。

段措施促进天然草原的生态恢复，通过高产人工草地建植实现草畜平衡、使天然草场获得休牧恢复的机会，在此基础上科学合理发展草畜产业及其深加工业，将具有生态、经济、社会等多重重大意义和显著综合效益。

　　此外，当前提出构建牧区草地农业综合治理模式，是促进新疆"退牧还草"、"定居兴牧"工程，实现现代畜牧业大发展的内在要求。虽然自 2004 年起新疆开始实施"退牧还草"、"定居兴牧"工程，实行草场禁牧、休牧、轮牧等，但由于与之相配套的高产人工草地建设长期滞后，导致牧民饲草料严重缺乏，远远不能置换出退牧草原，使草场禁牧、休牧政策遇到严重挑战。同时，缺乏农业化人工改良而仅仅依靠天然草场的自然恢复，其恢复周期和效果也都无法令人满意。而由于饲草料的严重短缺和价格不断上涨，导致畜牧业发展的成本迅速上升。例如仅从 2007 年到 2010 年，新疆玉米价格就由 1.2—1.3 元/公斤猛涨到 1.9—2.0 元/公斤；青饲料上涨 0.8 元/公斤、首蓿上涨 0.9 元/公斤，价格涨幅平均超过 1 倍。这就使得畜牧业养殖成本大幅上升，直接导致畜产品价格快速上涨。最终导致新疆畜牧业主要牲畜饲养存栏量出现大幅下降，严重影响到其健康发展。直到近年来各级政府对畜牧业发展重视程度的不断提高，这一局面才得到一定程度改观。如表 4—4 所示：

表 4—4　　　　　2005—2013 年新疆主要牲畜饲养情况①

年份	存栏数（头、只）			出栏数（头、只）		
	猪	牛	羊	猪	牛	羊
2005 年	228.5	504.2	4355.5	384.0	249.4	3081.9
2006 年	134.7	372.2	3921.5	223.4	208.4	3079.6
2007 年	137.2	376.5	3835.2	221.9	200.0	3008.8
2008 年	177.0	336.0	3025.7	265.5	207.3	2842.3

① 数据来源于新疆维吾尔自治区统计局编：《新疆统计年鉴 2014》，中国统计出版社 2014 年版，第 365 页。

年 份	存栏数（头、只）			出栏数（头、只）		
	猪	牛	羊	猪	牛	羊
2009 年	180.4	330.8	3127.5	254.2	210.9	2604.5
2010 年	172.0	330.5	3013.4	262.7	216.7	2947.2
2011 年	254.0	318.2	3016.4	411.9	203.9	2913.8
2012 年	265.4	365.3	3502.0	427.6	222.3	3001.2
2013 年	274.7	371.1	3663.2	439.5	230.2	3107.5

二　牧区草地农业综合治理模式的产生过程与实践基础

现代畜牧业的发展要求人们更集约高效地利用各种资源。而传统畜牧业靠天养畜、逐水草放牧的粗放经营方式，既无法实现对资源的高效集约利用，又由于简单追求畜群数量增长而轻质量、低投入，对草原重利用索取而轻养护改良，因此往往导致严重的超载过牧和草场退化。加上干旱区非平衡生态系统下草原降水、草产量的巨大波动，进一步加剧了草畜矛盾和草原生态恶化。因此，转变传统的畜牧业发展方式，发展集约高效的现代畜牧业成为各国的必然选择。而实现这一转变的重要前提和基础就是畜牧业发展所需的饲草料问题。对此，以高产人工草地建植和天然草地的改良治理为特征的牧区草地农业综合治理模式应运而生。也只有通过该模式，才能不断通过天然草地的改良治理和高产人工草地的发展，一方面为畜牧业发展提供充足的饲草料保障，为天然草场实行禁牧、休牧、轮牧，促进草原植被的休养和自然恢复提供条件；另一方面为草场围栏化、牧民定居化、饲草料基地化、草畜良种化创造条件，而这正是现代畜牧业发展的重要内容和基本要求。

在国外，畜牧业发达国家如澳大利亚、新西兰、美国、英国、荷兰等都进行了长期的草地农业模式建设和实践，不仅取得了超过传统畜牧业数倍以上的经济效益，而且实现了草原生态修复治理，畜牧业发展的现代化、生态化和高效化。对此，前文已有较为详尽的阐述。特别是像澳大利亚、新西兰这样天然草地资源极为丰富的国家，也在牧区草地农业模式建立与发展方面走在了世界前列。在天然草地退化治理、修复改良以及高产人工草地建植方面取得了巨大成功，并且进一步通过草畜产品的深加工，外向型发展占据了国际市场的优势地位，使本国的畜牧业产值和出口创汇能力不断提高。此外，随着草地农业模式的发展，草地农业的强大生态功能和效益也日益得到实践验证。例如，新西兰通过发展豆科牧草实现了轮牧草地年固氮量184公斤/公顷，三叶草草地年固氮量超过670公斤/公顷的效果。[①] 而随着世界对低碳发展的关注，草地农业的固氮碳汇功能也在不断得到重视和认可。在国内，较早采用牧区草地农业模式的内蒙古等省区，已经取得了显著的畜牧业发展成效。如前文所述，其畜牧业产值比重，牛羊存栏数、人均畜产品产量等指标已远远超过新疆。

在新疆，随着传统畜牧业发展中各种问题的日益暴露，摆脱靠天养畜和牺畜"秋肥、冬瘦、春死"的传统落后生产格局，逐步实现传统畜牧业向现代畜牧业的发展转变，已经成为各界的共识。近年来，各地高产人工草地建设和天然草场修复治理开始得到重视并初步推行。如表4—5所示：

表4—5　2013年新疆主要地区人工种草与禁牧、草畜平衡面积统计

单位：万亩

地　区	2013年人工种草与禁牧、草畜平衡面积等实际完成情况
和　田	标准人工饲草料地4.18万亩，草原禁牧面积936万亩，草畜平衡面积2645万亩
昌吉州	苜蓿、苏丹草等78.1万亩，禁牧面积2030万亩，草畜平衡面积4688万亩
博　州	新建饲草料地14541亩，优质牧草累计保留种植面积达6.97万亩，草原围栏80万亩，草原鼠害防治30万亩
阿勒泰	新增人工草场13.51万亩，高产苜蓿地8.31万亩，完成鼠害控制面积587万亩，虫害控制面积321.33万亩
阿克苏	新增苜蓿15.94万亩，人工种草保留面积87.17万亩，灌溉缺水草场55.7万亩，禁牧820万亩、草畜平衡4093万亩
塔　城	人工饲草料地面积64万亩，禁牧面积1618万亩，草畜平衡面积6545万亩

①　樊江文：《新西兰的草地生产》，《世界农业》1994年版第5期，第31—34页。

由上表可见，新疆各地区向着人工种草、草原禁牧、草畜平衡、草原鼠害防治等方面都在积极努力，并已经取得了一定的成效和发展规模，为今后新疆牧区草地农业综合治理模式的构建和推广奠定了一定的前期基础和实践经验积累。同时，从中也可以看出，上述努力和进展还远远不能满足新疆现代畜牧业的发展和草原大面积退化治理的要求。饲草料缺乏和草原退化的状况仍旧没有得到根本改观，而同时从1995年到2012年，新疆青饲料在种植业中的种植比例从3.94%下降到1.18%，① 大大抵消了人工种草所带来的饲草料增产效应。因此，还需要通过加快构建和发展草地农业综合治理模式来加以解决。

三　牧区草地农业综合治理模式的构建与功能发挥

综上所述，牧区草地农业综合治理模式在国内外已有长期的发展实践和成功经验。同时，新疆各地也在积极探索与尝试进行大规模的天然草场退化治理和人工草地建植工作。这些都为构建新疆牧区草地农业综合治理模式打下了很好的前期基础。因此，结合草地农业相关理论和国内外成功经验模式以及新疆草原牧区的实际状况，可以从发展目标、技术体系、生产方式与主要效益等方面出发，构建如图4—3所示的新疆牧区草地农业综合治理模式。

首先从发展目标来看，本模式以修复改良天然草场、建立高产人工草地、实现草畜平衡为主要目标。这主要是针对当前新疆天然草原退化严重，而人工草地建设严重不足，进而导致草畜严重不平衡等问题提出的。这也是目前解决新疆草原畜牧业发展面临最主要问题的关键所在。因此，把上述方面作为实现草原牧区草地农业综合治理模式的发展目标十分必要。

在技术体系和生产方式方面，本模式首先主要以草场改良技术、人工种草技术为基础，结合草料收储加工及草畜高效转化技术，以实现在该综合技术体系下，促进草场的改良治理和草畜产品产出的

---

① 新疆维吾尔自治区统计局编：《新疆统计年鉴2013》，中国统计出版社2013年版，第382页。

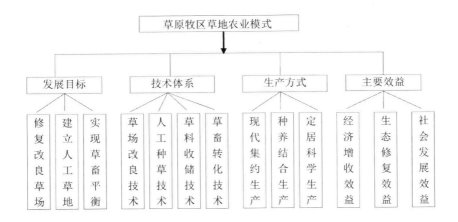

图4—3　新疆牧区草地农业综合治理模式图

增加等。在生产方式方面，本模式通过前述技术体系的运用，以实现草原牧区的高效集约生产和种养结合生产，代替传统的粗放落后、靠天养畜的生产方式。而在采用上述生产方式的同时，进一步促进牧民从游牧转向定居的科学高效生产。这样最终将最大限度地发挥本模式对草原牧区的综合治理作用和效果，实现相应的综合效益。

这样在主要效益上，本模式通过上述生产方式和技术体系，将有效实现牧民经济收益增加，草原生态改善，牧民定居融入现代社会等效益。其内容涵盖了经济、生态、社会等多个方面，真正达到了提高和实现综合效益的程度。对于草原牧区的全面协调发展、生态综合治理改善和资源永续利用将具有重大作用。

当然，新疆草原种类多样，各地区草原海拔高度及其气候相差较大。再加上不同地区在经济水平，资源禀赋方面显著不同。因此，草原牧区草地农业模式在实际的发展应用中还需要与各地实际以及当地草原类型相结合，进行必要的调整完善，以达到与当地发展实际相吻合，实现更好的功能发挥。

首先，从草原类型上来看，由于新疆草原主要分布在三大山系的山区与山前平原地带，因此，其垂直地带性分布特征明显。依据海拔高度可依次划分为荒漠草原、低地草甸草原、山地荒漠草原、山地草原、高寒草原。鉴于新疆当前各类草原均已严重超载，必须通过相应的草地农业模式构建和发展，加快开辟新的饲草料来源，以及修复改良退化草原和保护牧区生态环境。对此，需要依据各类草原的特点，构建与之相适应的科学合理的草地农业发展模式。对于荒漠草原和山地荒漠草原，在休牧、禁牧的基础上构建以补播生态型牧草为主的免耕草地农业修复模式，适当补播抗逆性强、生态效益显著的沙打旺、高冰草、碱茅、新麦草、木地肤等生态型牧草；而对于低地草甸草原，则应当充分利用其光、热、水资源丰富的优势，大力发展和建设人工饲草料基地，构建以高产人工草地建植和草畜深加工为特征的草地农业种养加综合模式，通过农业化方式大力建植粗蛋白含量高的紫花苜蓿、杂花苜蓿、鸭茅、猫尾草、小黑麦等高产优质牧草；对于山地草原，在实行轮牧、围栏化管理的基础上，选择适宜区域构建免耕半人工草地建设和天然草地改良治理模式，通过飞播种草、施肥、喷药等措施实现草地的改良和产量提高；对于高寒草原，则以生态保护为主，结合禁牧封育措施，构建免耕与适当飞播补播的天然草地修复模式，在补播草种选择上主要以披碱草、羊茅、早熟禾等多年生禾草为主。

其次，在构建牧区草地农业发展模式的基础上，结合新疆各地区的发展实际和特色畜产品，进一步加快草畜产品深开发和市场品牌打造，不断提升模式的综合效益。众所周知，新疆各地拥有众多知名地方特色畜种，具有广阔的开发前景。例如和田有和田羊、策勒黑羊，阿克苏有"萨帕乐"牌细羊毛、"拜城油鸡"、"塔里木羔羊"，伊犁有新疆褐牛、伊犁马、新疆细毛羊等。因此，结合各地的牧区草地农业模式发展，在新疆草原得以休养生息并改良治理的基础上，通过大力发展高产人工饲草料基地和草畜产品深加工，形成种养加一体，产供销联动，综合效益不断提升的现代生态畜牧业发展格局，为退耕还草、牧民定居工程的顺利实现提供坚实支撑。

最后，上述模式的构建与实施，需要政府在资金、技术、设备等方面提供全面服务。特别是飞播、补播的免耕天然草地修复模式，需要政府组织力量、投入资金和设备等加以实施，这也是由其主要发挥生态效益决定的。而对于高产人工草地建植模式，则需要政府、社会与牧民的共同努力。高产人工草地的建设需要有相对平整的土地和光热水资源的配合，对此必须有配套的灌溉水利设施，通过农业化的方式如灌溉、施肥、播种与管理才能获得其稳产高产的效果。在此基础上，大力发展草地农业种养加综合模式，建立和形成牧区优质畜牧业生产加工基地。同时，选择区位条件优越的地区，发展草畜深加工产品销售基地，实现草地农业植物生产层、动物生产层和后生物生产层等多个生产层效益的发挥和价值增值。例如，可以选择以新疆细羊毛、乳制品和牛羊肉等为重点，打造细羊毛和山羊绒生产加工基地、优质牛羊肉生产加工基地、乳制品生产加工基地，最终实现牧区草地农业模式的优质化、规模化、综合化发展，充分发挥其综合效益。

第六节　构建以休闲观光旅游为主的草坪景观与草原生态旅游模式

一　草坪景观与草原生态旅游模式的提出

自人类产生以来，人类活动就与其栖息的生态环境息息相关。生存环境的质量好坏直接关系到人类的身心健康，因此，人类总是积极对居住区的环境进行保护和改善。进入现代社会后，随着人们对生态环境保护建设认识的不断加强，加快环境的绿化美化更加得到重视。草坪所具有的净化空气、调节气候、消减噪声、保持水土等功能和绿化景观效果，不仅使人们感到舒适和有美的享受，更由于其种类的多样如运动场、休闲草坪等，发挥着其他景观难以代替的休闲、娱乐等作用。现在已成为世界各国绿化城市、改善生活及生态环境以及发展休闲、旅游、体育产业的重要基础。

新疆地处西部大开发的前沿和东联西出战略的中枢位置，其环境保护、城市景观、产业升级等已经成为发展的重要内容。特别是新疆极端干旱的气候条件下，地表蒸发极强，绿色景观严重不足。草坪所具有的重要生态功能和景观价值将更加凸显。同时，这也是新疆发展体育、休闲、旅游等高附加值绿色产业的重要基础。因此，在新疆构建以草坪建植和景观价值发挥的草地农业模式，是提升新疆城市品质，打造新疆体育、休闲观光等产业，转变增长方式的重要选择之一。

另外，新疆所拥有的多样独特自然风光和广阔的草原地域，以及新疆丰富的历史文化遗存和多元特色草原民族风情，又为新疆发展草原生态旅游，构建草原旅游草地农业模式打下了坚实基础。而这将使转变牧区经济发展方式跳出单一的畜牧业经济增长模式，从外部解决草原严重超载过牧和草原退化的问题。草原生态旅游作为新兴的具有丰富文化和地理内涵的草原可持续产业发展方式，具有保护草原生态，传承与交流民族文化，促进牧民增收，带动地区经济发展的多重功效。同时，还可以综合发挥草原休闲、观光、娱乐、美学等功能价值，减少资源的消耗性利用，实现草原资源及其生态环境和民族文化的有效保护，增加农牧民收入，实现草原资源的可持续发展和综合利用。[①] 因此，拥有丰富多样文化和独特绚丽自然风光的新疆，在当前构建和发展草原生态旅游模式正当其时。

二　草坪景观与草原生态旅游模式的产生过程与实践基础

长期以来，人们对草地的认识和利用停留在单一的畜牧生产上。草地虽然也经常成为人们玩耍、嬉戏的场所，但草地的景观、旅游等价值直到现代社会才被人们真正发现。而草地农业四个生产层理论的形成，最终从理论上完成了对草地功能价值的全面研究阐述。而草坪景观与草原生态旅游则正是其第一生产层即前初级生产层的主要内容。在这一阶段，不需要草地能量和矿物元素向下一生产环节转化，而是直接利用自然生物群体，或略加人工干预构成统一良好的草地环境景观效应，例如草地、草坪以及其他自然景观构成的草原旅游风景区、娱乐场地等。可见，正是通过对草地功能与生产层次的不断探索，才最终产生了草坪景观与草原生态旅游的草地农业模式类型。

而随着现代休闲、体育、旅游等产业的兴起，草坪与草原的价值作用得到了进一步的开发。例如，草坪在高尔夫球、足球、橄榄

---

① 杨光梅：《草原牧区可持续发展的生态经济路径》，《中国人口·资源与环境》2011年第 S1 期，第 444—447 页。

球等运动场地中的应用，以及城市绿化中对草坪景观的设计、布局与大面积应用，都使草坪的功能和价值不断增加和提升。而草原旅游也从简单的休闲观光向探险、运动、餐饮、度假等多元化发展。特别是近年来，随着人们对绿色环保和原生态认识的加强，远离现代都市和工业污染，纯天然的草原生态旅游迅速兴起。在国外，随着生态旅游的迅猛发展，在一些国家景观旅游收益已经接近农业总产值的一半。① 而世界旅游组织 2020 年国际旅游业展望预测指出，对异域文化的了解和崇尚生态旅游是 21 世纪旅游的主要趋势。② 不难看出，草原生态旅游的发展在国外已经十分可观。而草坪景观及其在休闲观光、体育运动场地中的应用，在国外的发展也已达到了很高的程度，实现了巨额的经济价值收益。

在国内，草地的生态功能在我国经过长久被忽视后，目前也受到了空前的重视。③ 而草坪景观与草原生态旅游也随着我国现代化的发展而开始得到重视。无论是东部发达地区还是西部地区，都在加快城市的绿化与草坪景观设计布局，创建生态文明城市和园林城市。现代体育产业的迅速发展也加快了国内运动场地草坪建植的速度。而在草原生态旅游方面，内蒙古等省区已经走在了前列，实现了可观的旅游业发展收入。近年来，新疆也加快了草原生态旅游的开发，先后打造了喀纳斯、那拉提、唐古拉、巴音布鲁克、江布拉克等草原生态旅游景区。当然，对于拥有丰富多样文化和独特绚丽草原自然风光的新疆来说，在草坪景观和生态旅游方面的发展还远远不够，还需要通过构建科学合理的草坪景观与草原生态旅游模式来加以推动。

三　草坪景观与草原生态旅游模式的构建与功能发挥

近年来，随着新疆各级政府对城市绿化和旅游产业发展的重

① 杨富裕、陈佐忠、张蕴薇编著：《草原旅游理论与管理实务》，中国旅游出版社 2007 年版，第 1 页。

② 张坤：《我国发展草原旅游的意义及草原旅游产品开发类型探析》，《现代经济信息》2011 年第 22 期，第 229 页。

③ 任继周：《草原资源的草业评价指标体系刍议》，载《中国畜牧业发展战略研究》，中国展望出版社 1988 年版，第 242—262 页。

视，新疆各地正在加快草坪景观的建设与草原生态旅游的发展。但由于多重因素的影响制约，当前其建设发展仍然面临着一系列的挑战与问题。对此，综上所述，依托新疆各地的优势资源，抓住当前全国对口援疆和新疆跨越式发展的历史机遇，加快开发和利用各种发展资源，通过构建和形成新疆草坪景观与草原生态旅游模式，建立现代草坪、草原生态经济产业体系，从而为实现新疆生态文明建设和草原牧区的可持续发展提供产业支撑。对此，依据草地农业的相关理论，以及国内外草坪景观与草原生态旅游模式的成功实践，可以从整体上构建如图 4—4 所示的新疆草坪景观与草原生态旅游模式。

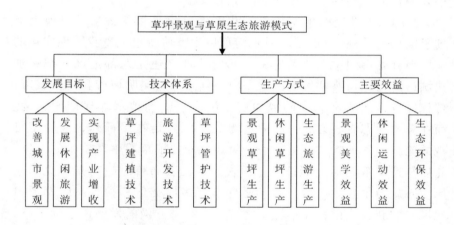

图 4—4　草坪景观与草原生态旅游模式图

　　首先，在发展目标上，本模式虽然以不向外界提供有形的产品和产出为特征，但却以优美的草坪景观，休闲、美学的价值和自然的草原风光等为社会提供多种功能的服务，从而达到既改善城市景观，发展休闲、生态旅游，又实现产业经济增收的多重发展目标。

　　其次，在技术体系和生产方式方面，草坪景观模式主要以休闲草坪、景观草坪的建植、管理、维护等相关技术体系为基础以及在此基础上的相应草坪生产管护方式；而草原生态旅游模式主要以草原生态旅游开发的相关技术如景观设计布局、生态资源有机开发等为主，其生产方式也主要以草原自然景观、有机餐饮等生态旅游服务生产为主。

最后，在主要效益上，本模式通过充分发挥草本植物的生长以及和周边环境景观相结合，将获得显著的景观美学价值和相应的生态效益。同时，通过对种植草本植物品种的选择和有效的培植管护，景观草坪模式还将实现为休闲、运动提供高品质场地的价值，实现经济效益。而草原生态旅游模式通过对草原的生态化利用和开发，不仅可以实现保护其生态环境的生态效益，而且可以实现可观的旅游发展经济效益。

（一）草坪景观模式的构建与功能发挥

草坪可以分为城市景观草坪、休闲运动草坪等多种类型。因此，草坪景观模式的构建需要将草坪建植发展与城市发展，体育、旅游产业发展有机结合，通盘考虑。依据新疆各地区城市绿化发展的现状以及体育、旅游产业发展的实际，构建以城市景观草坪、休闲运动草坪建植与开发为主的草地农业景观模式。

由表4—6可以看出，新疆主要城市人均绿地面积不仅相差较大，而且总体上人均绿地面积偏低。这就需要加快草坪草地农业模式的发展。同时，近年来新疆各地的足球、高尔夫球以及赛马等体育项目加速发展，而相关的训练、比赛场地的草坪建设却相对滞后。因此，根据各地现实发展需要，各有侧重地发展以城市景观草坪、休闲运动草坪建植与开发为主的草地农业景观模式势在必行。例如，乌鲁木齐等中心大城市可以在发展城市景观草坪的同时，加快高尔夫球场、足球场、赛马场等体育和休闲场所的草坪建设，而中小城市如北屯等则应首先着眼于城市景观草坪的建设发展。此外，喀什、伊宁等城市则可以依据当地足球、赛马等运动项目的优势，在发展城市景观草坪的同时，积极发展相关休闲运动场地的草坪建植。这样，既可以充分发挥景观草坪的生态、休闲、娱乐等功能，又可以发挥运动场地草坪对体育产业发展的支撑功能。此外，在促进旅游发展、提升城市品质等方面也将发挥重要功能作用。

表 4—6　　　　　2013 年新疆主要城市人均公园绿地面积统计　单位：平方米

城市名称	人均绿地面积	城市名称	人均绿地面积	城市名称	人均绿地面积
乌鲁木齐市	10.05	奎屯市	7.88	阿图什市	1.73
克拉玛依市	10.2	塔城市	13.26	喀什市	11.11
吐鲁番市	14.8	乌苏市	6.22	和田市	7.37
哈密市	8.55	阿勒泰市	18.09	石河子市	10.7
昌吉市	10.37	博乐市	10.15	阿拉尔市	9.1
阜康市	13.75	库尔勒市	11.73	图木舒克市	10.09
伊宁市	9.5	阿克苏市	10.45	北屯市	1.22

注：数据来源于新疆维吾尔自治区统计局编《新疆统计年鉴 2014》，中国统计出版社 2014 年版，第 314 页。

（二）草原生态旅游模式的构建与功能发挥

在草原生态旅游模式的构建方面，要在天然草原改良治理和景区景观建设的基础上，结合各地草原民族民俗风情、特色手工艺产业以及相关旅游资源，构建具有新疆区域特色的草原生态旅游模式，并形成产业化发展体系。

首先，新疆草原塔塔尔、蒙古、哈萨克等各族独特的民俗节庆、歌舞服饰、饮食文化，以及牧区草原优美的景观风光，都为构建和发展民族特色草原生态旅游模式奠定了坚实基础。同时，还可以起到展示与保护草原文化，增强文化交流与传播，合理利用自然生态资源的多重效果。例如，可以把哈萨克族特有的纳吾鲁孜节、塔塔尔族特有的"萨班节"，打造成开放的旅游节庆活动。通过举行赛马、叼羊、姑娘追、马上摔跤等富有情趣、独具特色的民族传统体育活动和表演，发展以民族传统活动和民俗节庆歌舞表演等民族风情为主要内容的旅游服务，再加上哈萨克族特色饮食"库吉"、"包尔沙克"[①] 和塔塔尔族特色饮食"古拜底埃"、"伊特白里西"、"卡

---

① 哈萨克族特色食品，"库吉"是一种用肉、大米、小麦、大麦、奶疙瘩等混合煮成的稀粥食品；"包尔沙克"是用酥油、牛奶、面粉等混合制成的油炸食品。

特列提"① 以及 "克热西曼"、"科赛勒"② 等特色饮品服务，将大
大增强当地草原生态旅游模式产业的吸引力，推动其快速发展壮大。

其次，结合各地草原民族特色工艺产业的发展壮大，构建文化
内涵丰富的草原生态旅游模式。草原民族蒙古、塔塔尔、哈萨克等
族的特色工艺产品如花毡、挂毯、珍珠绣、马鞭、饮食器皿、木制
餐具等，种类多样、工艺精美、特色鲜明，既是新疆草原各民族优
秀文化遗产的典型代表，也是草原历史文化在当代传承的符号象征。
如塔塔尔族妇女绣制的精美装饰绣品，以及特色手工艺品如 "库
涅"、"塔力彦"、"曼达林" 等，③ 其工艺之精、制作之巧、艺术之
高都早以闻名遐迩。而新疆草原生态旅游纪念品产业要想提升竞争
力和品位，开拓市场，就必须通过发展壮大和融合塔塔尔等各族特
色工艺产业，来拓展提升草原生态旅游产业的文化内涵，增强旅游
产业提供服务的种类、范围与品位。这样既可以增加旅游产业收益
途径，又可以实现保护与传承民族优秀文化遗产，还可以拓宽牧民
参与旅游产业发展的途径与增强参与能力。总之，只有这样，才能
不断做大做强旅游产业规模和丰富其内涵，才能在旅游产业发展的
同时实现民族文化传承与交流、牧民有效参与、草原保护与可持续
发展的多重效果。

最后，在草原生态旅游模式构建的基础上，通过区域旅游合作
和联合打造特色鲜明、内涵丰富的黄金旅游线路，最大限度地发挥
草原生态旅游模式的功能作用，不断增强草原生态旅游以及区域旅
游产业的吸引力和市场拓展能力。这也是解决旅游产业发展的外部
性问题，以合作整合做强、做大区域旅游产业的有效途径。对此，
各级政府应该积极协作磋商，推动引导整个新疆地区进行旅游线路、

---

① 塔塔尔族特色食品，"古拜底埃" 是一种用奶酪、杏干、大米制作的糕点；"伊特白
里西" 是一种用南瓜、肉、大米焙烘的糕点；"卡特列提" 是一种用面、米、土豆制成的风味
食品。

② 塔塔尔族特色饮品，"克热西曼" 是一种用苹果等水果和蜂蜜发酵制成的饮品，"科
赛勒" 是一种用葡萄酿制的饮品。

③ 塔塔尔族特色乐器，"库涅" 形似手风琴，最小的比火柴盒稍大，有两个或三个键
盘、四个或六个音；"塔力彦" 是一种两孔直吹的木箫；"曼达林" 种类繁多，主要为椭圆形
或扁形音箱，琴把较短、琴声高亢。

产品、品牌合作开发。例如依托天山成功"申遗"的绝佳机遇，可将天山北坡草原旅游景区同周边唐古城、吐呼玛克故城遗址、魔鬼城、恐龙沟、硅化木园、千佛洞、车师古道、北庭博物馆等名胜巧妙衔接串联，共同打造文化内涵丰富、历史遗产厚重、景区变幻多样、风光异彩纷呈的国内外一流黄金旅游线路。在提升区域旅游产业发展和竞争能力的同时，实现各旅游景区的"发展共赢"和共同保护天山世界遗产的效果。只有这样，新疆的草原生态旅游产业才能充分发挥当地自然景观、民族特色、历史文化等复合优势，才能不断发展壮大，为当地经济发展、环境保护、文化传承交流等做出应有的贡献。而这也是构建和发展草原生态旅游模式的最终目的所在。

第七节　本章小结

本章在前文研究的基础上，围绕新疆草地农业发展模式的构建展开深入研究。首先，提出了新疆草地农业发展模式构建的指导思想与基本原则。其次，在此基础上，充分考虑新疆各地区显著的经济地理区位差异，进一步指出要依据新疆各地区特点选择适宜的草地农业发展模式构建类型。最后，分别对新疆绿洲农业、林果业、草原畜牧业等进行了相应的草地农业模式构建，提出构建以草田轮作与中低产田种草养殖的种植业生态模式，构建以林果草畜共育和有机循环的林果业草地农业模式，构建以高产人工草地建植和飞播补种结合的牧区草地农业综合治理模式，以及构建以休闲观光旅游为主的草坪景观与草原生态旅游模式，并对其产生过程、实践基础、功能发挥等进行了研究分析。

第五章

新疆草地农业发展模式案例研究

第一节 绿洲农区草地农业发展模式实证研究——以玛纳斯河流域为例

一 流域概况及绿洲农业发展现状分析

（一）流域概况

玛纳斯河流域位于新疆准噶尔盆地南缘，北依古尔班通古特大沙漠，南临天山，流域总面积约为 2.66 万平方公里。多年以来，以发达的绿洲农业著称，是新疆重要的农垦经济区和棉花产区。在气候方面，流域内整体上气候干燥少雨，属于典型的大陆性干旱气候。不过由于天山的地形作用，因此流域内存在一定的垂直气候和山区小气候特征。在光热方面，流域内光照充足，热量丰富，再加上总面积达 7680.97 平方公里的丰富土地资源，都为当地发展绿洲农业提供了良好条件。不过从行政区划上看，流域内包括玛纳斯县、沙湾县、石河子市与八师的多个团场等，行政隶属关系复杂，给当地发展带来了一定不利影响。

新中国成立以来，玛纳斯河流域在各族人民的共同努力下和新疆生产建设兵团的积极推动下，取得了辉煌的社会经济发展成就，经济增长极为迅猛。例如，流域内国内生产总值 1952 年仅为 0.1 亿元，到 2013 年已增长到 559.40 亿元，其增长幅度可见一斑。尤其是近 10 年以来，随着国家西部大开发战略的深入实施和全国对口援疆的推动，流域经济发展速度不断加快，第二、第三产业增加值迅速增长。同时，流域内人口也由 1952 年的 6.7 万人，增加到 2013

年的 101 万人，六十多年来人口增加近 14 倍。

　　流域内经济发展中农业长期占有重要地位，农业产值占总产值的比重长期保持在 40% 以上。近年来，随着新疆现代化、工业化进程的加快，以及天山北坡经济带的迅速崛起，流域内第二、第三产业发展有所加快。到 2013 年流域三大产业增加值分别达到：第一产业 153 亿元，第二、三产业 234 亿元和 181 亿元，三次产业结构比为27：42：31。表明随着工业的迅猛发展，农业产值比重已经有所下降，产业结构正在日趋合理。但农业所占 27% 的比重和 153 亿的产值表明其仍然占有重要地位。

　　同时，由表5—1 可见，流域内除石河子垦区外，玛纳斯县和沙湾县农业增加值所占的比重都远远超过第二、第三产业。而同时，当地的人均 GDP 却仍然高达 58411 元和 39691 元，表明其虽然主要依靠农业产业，但其人均 GDP 却并不低，这与当地农业发展快、商品化程度高和人均占有量多不无关系。

表 5—1　　　　　　玛纳斯河流域 2013 年经济发展情况　　　　单位：亿元

	玛纳斯县	沙湾县	石河子市	流域
第一产业增加值	62. 9242	78. 9062	11. 5764	153.39
第二产业增加值	52. 2324	34. 9358	147. 6482	234. 80
第三产业增加值	33. 5005	41. 5070	96. 1058	181. 10
人均 GDP（元）	58411	39691	73695	

　　注：资料来源于新疆维吾尔自治区统计局编《新疆统计年鉴 2014》，中国统计出版社2014 年版，第52—55 页。

（二）流域绿洲农业发展现状分析

　　由上文可知，玛纳斯河流域光热资源丰富，有发展绿洲农业的良好条件。同时，由于日照长，光热资源超过国内同纬度地区，该流域又成为国内棉花种植的最北区域。除棉花外，流域内还适宜种植小麦、玉米、甜菜和多种瓜果蔬菜。而且由于当地特殊的气候条件，不仅生产的棉花品质优良、产量高，广受市场欢迎，而且其他作物也具有品质好、含糖量高等特点，如流域内种植的甜菜含糖量居全国之首，西瓜、甜瓜等瓜果也以上佳品质享誉国内。

六十多年来，在各族人民的共同努力下，流域内绿洲农业发展十分迅猛。例如，流域内耕地面积从 1949 年的 50 万亩增加到 2013 年的 550 万亩，增长了近 10 倍，流域内棉花生产从无到有，呈现出高速发展的态势。2013 年仅玛纳斯县棉花种植面积就达 62.5 万亩，实现节水灌溉面积 45 万亩，棉花皮棉单产达到 150 公斤/亩左右。同时，当地现代设施农业近年来发展也十分迅猛。2013 年全县设施农业大棚投产率达到 100%，完成万元棚 800 座，特色农作物种植面积达到 16 万亩。再如石河子垦区，截至 2013 年年末，农业总播种面积达 20.75 万公顷，实现国内生产总值 153.99 亿元，其中种植业产值 113.63 亿元，林业产值 4.79 亿元，牧业产值 20.55 亿元，渔业产值 0.53 亿元，农业服务业产值 14.49 亿元。同时，石河子垦区还是兵团和新疆现代农业发展速度最快、水平最高的垦区。2013 年农业机械化程度达 95% 以上。同时，垦区在发展节水高效农业、现代设施农业等方面也已走在了全疆前列。而沙湾县凭借境内丰富的水土、光热等自然资源，在农业发展方面也取得了显著成就，已成为塔城地区棉花、粮油、蔬菜、林果等农产品的重要生产基地。全县耕地面积 120 万亩，农业机械总动力达到 33.95 万千瓦，机耕作业面达到 98%，农作物良种覆盖率达 100%。

现在，流域内正在抓住有利时机，不断加快当地现代农业的规模化经营、标准化种植、信息化管理和社会化服务步伐，通过农业高产高效创建活动，提升流域现代农业发展水平。例如通过卫星导航农机技术、机采种植模式以及节水灌溉、测土施肥和病虫害综合防治等技术措施，创建了如表 5—2 所示的一系列作物万亩高产示范区。

表 5—2　玛纳斯县 2014 年农业部万亩棉花、玉米高产示范区分布统计

单位：亩、公斤

乡 镇	村	棉花万亩示范区			村	制种玉米万亩示范区	
		面 积	单 产	整建制单产		面 积	单 产
乐土驿镇	下庄子村	10000	170		长胜村	10000	580

续表

乡镇	村	棉花万亩示范区			村	制种玉米万亩示范区	
		面积	单产	整建制单产		面积	单产
包家店镇	塔西河村	10000	170		塔西河村	10000	580
凉州户镇					吕家庄村	10000	600
广东地乡	整建制乡	30000	160				
兰州湾镇	下桥子村	10000	180				
北五岔镇	沙窝岛村	10000	190				
	黑沙窝村	10000	180				
六户地镇	闯田地村	10000	190				
	三岔坪村	10000	180				
旱卡子滩乡					头渠东岸村	10000	600
合计		100000			合计	40000	

注：资料来源于玛纳斯县人民政府网公布的相关数据资料（http：//www. mns. gov. cn/）。

　　但同时，随着流域内现代常规农业的加速发展，一系列生态环境问题也在不断暴露。首先，随着流域灌溉面积的增加，以及农业发展中不合理的高投入化肥、农药以及地膜等，造成了农业生态环境的加速恶化，土壤板结以及地膜残留和严重的次生盐渍化等问题。例如，由于地膜残留污染严重，2014 年仅玛纳斯县实施农田废旧地膜污染综合治理试点项目就花费投资 3045 万元。而随着蘑菇湖、大泉沟等一批水库的建成和大面积农田灌水，导致地下水位上升，引发大面积的土地次生盐渍化。石河子垦区耕地盐渍化土地占 38.1%，达 21 万公顷，荒地中盐渍化土地更高达 84.2%；而玛纳斯县、沙湾县盐渍化土地占耕地面积分别达到 47.2% 和 66.8%。[①] 其次，农业用水过量，造成水资源过度开发利用和绿洲外围严重的生态危机。随着流域内耕地面积迅速扩大，地表水引用利用殆尽，地下水开始被加速开采并造成水位持续下降。特别是 1995 年以来，地下水位以

----

　　① 王庆英：《新疆玛纳斯河流域生态环境研究初探》，《内蒙古水利》2011 年第 3 期，第 6—7 页。

平均每年 1.05—1.52 米的速度下降，并形成采空漏斗，如一三三团农场 20 世纪 70 年代地下水可自流，80 年代需打井 100 米，90 年代达 120—130 米，现在超过 180 米。[①] 同时，绿洲外围由于缺乏水资源补给而使生态严重退化，例如由于玛纳斯湖来水日益减少乃至最终干涸，引起周围地下水位下降，沿岸的沼泽植被因缺水而枯死。而修建的防渗渠道，不仅人为改变了水资源的流向，更造成地下水补充不断减少，从而引发周围植被死亡和生态退化。最后，流域内种植结构高度单一，高耗水农作结构没有得到根本改观。虽然农业种植结构调整在加快，但以棉为主的粮—经二元生产结构仍然占据绝对主体地位。目前棉花种植面积占总播种面积的比例仍然高达60% 左右。由于种植结构相对单一，加上棉花耗水量大，极易造成水资源的相对短缺和耗竭。同时，棉花生产连作普遍，造成土壤养分失衡和病虫害频发等问题。

二　流域草地农业发展状况及主要模式

毫无疑问，新中国成立以来，玛纳斯河流域在农垦开发上创造了辉煌成就。例如，1949 年流域内人工绿洲面积仅有 17.55 万亩，且零星分布，经过 60 多年的开发建设，截至 2013 年全流域人工绿洲总面积达 550 万亩，人工植被代替了天然植被。耕地代替了荒漠草原，实现了流域内工农业经济发展的奇迹。但同时不可否认的是，随着多年来流域内农业的快速发展，大量山前和沙漠边缘草场被开垦利用，造成流域内草场面积严重萎缩和退化。例如据统计，约有40%—45% 的平原草场被开垦，而未开垦的草场也由于水源减少或枯竭而严重退化。同时，随着牧区人口的增加和发展经济的要求，有限的草场遭到严重超载过牧。总之，过度的开垦、引水和放牧使流域内有限的天然草场严重退化，并进一步加剧了流域内生态环境的恶化。

因此，自 20 世纪 90 年代初期开始，玛纳斯河流域开始出现南

①　李玉义、逢焕成等：《新疆玛纳斯河流域节水农作制发展模式》，《农业工程学报》2009 年第 25 卷第 6 期，第 52—57 页。

部山区严重超载过牧、北部绿洲边缘垦荒过度而植被破坏等日益严重的生态环境问题，迫使当地必须加快转变发展方式，探索和发展以草地农业为核心的生态治理模式。对此，以玛纳斯县为例，该县确立了"北治沙漠、中保绿洲、南护天山"的生态治理规划，先后投入 5000 多万元在北部沙漠边缘大力进行种草造林治沙，在中部绿洲农区推行退耕还林还草，在南部山区加快实施天然草场恢复保护工程，全面通过草地农业模式整治生态环境。以南部山区为例，玛纳斯县 3 年间共投入 1200 多万元，对 200 万亩退化天然草场进行了生态恢复和治理保护，包括将 80 万亩草场人工围栏化加强管理，以及对 40 万亩严重退化的天然草场实施飞播补播种草，取得了良好的天然草场生态恢复与改良治理效果。同时该县还结合牧民"定居兴牧"工程的实施，对 3 个牧区乡镇的 210 万亩天然草场实行划区轮牧、禁牧，使南部山区数百万亩天然草场得以休养生息。同时，根据当地畜牧业发展的需要，玛纳斯县还通过大量种植苜蓿、青贮玉米等措施发展种植业草地农业模式，并取得了良好效果。如表 5—3所示：

表 5—3　　　　　　　　　2014 年玛纳斯县玉米种植情况　　　单位：亩、公斤

乡镇	制种玉米		饲料玉米		复播玉米		合计
	连片面积	单产	连片面积	单产	连片面积	单产	面积
乐土驿镇	35000	580	4000	1100	2000	680	41000
包家店镇	35000	580	4000	1100	1000	680	40000
凉州户镇	20000	590	5000	1100			25000
兰州湾镇	10000	580	5000	1100	3000	680	18000
广东地乡			5000	1100	500	680	5500
塔西河乡	2000	580	2000	1050			4000
旱卡子滩乡	10000	600					10000
清水河乡			1000	1000			1000
北五岔镇					1000	650	1000
六户地镇			2000	1000			2000
合 计	112000		28000		7500		147500

注：资料来源于玛纳斯县人民政府网公布的相关数据资料（http://www.mns.gov.cn/）。

2014 年，玛纳斯县青贮玉米亩产鲜草达到 4000 公斤以上，一定程度上解决了当地发展畜牧业所需的饲草料问题。为其培育"百万肉羊产业"，打造全国"萨福克之县"提供了条件。总之，通过利用草地农业模式实施生态环境综合治理，玛纳斯县取得了县域经济的持续健康发展。农民人均纯收入连续 17 年位居全疆第一。实行定居后的牧民人均纯收入也较 5 年前净增了 1600 多元。[①] 而沙湾县也在近年来通过草场围栏，轮牧、休牧以及牧民定居等手段对其 758 万亩可利用草场进行生态恢复治理。同时，大力进行人工饲草料种植，每年种植各类饲草料面积均在 100 万亩以上，可实现资源综合载畜能力 183 万头标准畜。

在石河子垦区，随着人口增加和经济发展，农业的农药化肥、地膜等污染和工业"三废"污染不断加重，同时，单一的、不合理的种植业结构使得土壤养分、病虫害防治等问题日益突出。再加上农林牧渔比例结构的长期失衡造成的畜牧业发展比重过低等问题，都使垦区开始认识到发展草地农业，以及在此基础上做强、做大畜牧业的重要性。近年来，垦区引草入田、中低产田种草，种植苜蓿规模不断扩大，同时在沙漠边缘、盐碱地进行生态种草，在林果业发展中进行林下种草以及在城镇草坪建设中都取得了很大成效。2013 年，石河子垦区实现苜蓿种植 9540 公顷（约 14.31 万亩），实现总产草量 14.9145 万吨，单产达到 15.634 吨/公顷，为垦区畜牧业发展，调整农林牧结构做出了重要贡献。同时，垦区通过西部牧业等龙头企业的带动作用，以建立和打造草地农业种养加综合产业链为目标，着力推进草地农业从饲草种植、青贮加工、畜禽养殖、生产加工、产品营销、废弃物处理的全产业链体系，构建"公司+基地+职工"等经营模式，不断提升产业集聚度和融合度；推进草地农业向综合化、规模化、标准化发展，提升资源综合利用水平和产业核心竞争力。

综上可见，玛纳斯河流域近年来草地农业发展有所加速，并且根据流域内不同地区特点，发展了各有侧重的草地农业不同模式类

---

① 唐人：《玛纳斯以生态治理换取可持续发展》，《新疆日报》2007 年 12 月 7 日。

型。如表5—4所示：

表 5—4　　　　　玛纳斯河流域草地农业主要模式统计　　　　单位：万亩

区 域	主要模式	发展面积
中部农区	林下种草与中低产田种草养殖加工的综合模式	40
农牧结合区	人工草地建植和草、畜、沼有机循环的草地农业模式	150
南山牧区	飞播补种与轮牧结合的免耕草地农业生态修复模式	400
城区、牧区	休闲观光为主的湿地、草坪景观与草原生态旅游模式	10

　　注：表中资料数据根据玛纳斯河流域各县区相关部门调查数据计算所得。

三　流域草地农业模式与常规农业模式投入比较分析

　　由上文可知，近年来玛纳斯河流域草地农业模式开始快速发展。同时，常规现代农业也在不断发展壮大。尤其是棉花种植业，长期占据了农业种植业的主体地位，无论在种植规模、资本投入、水肥使用等方面都在持续增加。因此，究竟是继续选择发展常规农业方式还是转向草地农业模式，对农户而言，其关键参考指标就是其最终收益状况，而对于政府、社会来说，则可能还需要考虑不同发展模式下的社会与生态效益。但无论怎样，对草地农业模式和常规农业模式在投入产出方面进行分析比较，计算其收益状况和收益率，都是各方首先关注的参考指标。因此，对草地农业模式，特别是以苜蓿为代表的牧草种植模式，与当地以棉花为代表的常规农业模式，进行生产投入与产出比较，是分析草地农业模式是否具有经济上的发展优势和现实可行性的关键。对此，本书根据实际调研数据和当地公布的相关数据，对当地的苜蓿、棉花种植进行投入产出分析。

　　苜蓿种植生产周期较长，其生产环节主要包括整地、耕地、播种、施肥、灌溉、除草、收割以及后期处理等环节。播种当年一般可收割1—2次，2年后每年可收割3—4次，生长期限一般为4—5年。因此，其投入成本如种子、耕地、播种等费用需要平均分摊到整个生产周期中。苜蓿种植生产成本的构成包括直接成本和间接成本。直接成本包括如种子、肥料、农药、燃料动力以及其他直接材料投入，直接人工指直接从事生产经营人员的工资等职工薪酬，其他直接支出包括机械作业费、灌溉费等。间接成本包括农场房屋及机械设备等固定资产折旧费、修理费、水电费、运输费以及其他等。此外，土地成本费作为生产投入成本外的主要成本单独列出，与生产投入成本构成总成本。如表5—5所示：

表5—5　2014年玛纳斯河流域苜蓿单位面积生产成本以及成本构成比例

项　目	单位成本（元）	成本构成（%）	项目	单位成本（元）	成本构成（%）
一、物质费用	424	84.1	（二）间接费用	53	10.5
（一）直接费用	371	73.6	1. 固定资产折旧	21	4.2
1. 种子费	65	12.9	2. 修理维护费	32	6.3
2. 化肥费	70	13.9	3. 其他间接费用	0	0
3. 农家肥费	0	0	二、期间费用	30	5.95
4. 农药农膜费	42	8.5	1. 保险费	0	0
5. 人工费	52	10.3	2. 销售运输费	30	5.95
6. 租赁作业费	64	12.7	三、家庭用工折价	50	9.9
7. 机械作业费	38	7.5	四、土地成本费	450	89.2
8. 排灌费	40	7.9	总成本费用合计	954	

注：表中数据来源于2013—2014年对玛纳斯县以及八师一四七团、一四八团种草农户的调查资料，经计算所得。

从表中可以看出，在整个生产过程中，物质费用在苜蓿生产成本中占比例最高，达到了生产成本的84.1%，其中种子、化肥、租赁作业费等环节费用比例较高，分别占生产成本的12.9%、13.9%和12.7%。不过，总体来看，苜蓿的生产成本比较平均且都较低，这应该与其节水节肥，田间管理简单，劳动投入少有关。除生产投入外，土地成本较高，需要亩均450元，占比相当于生产投入成本的89.2%，使其总成本达到954元。

棉花是我国重要的经济作物，其生产成本及其构成在《中国农产品成本收益资料汇编》中有明确规定。主要包括物质费用、用工作价（人工成本）以及期间费用等。每种费用又包括一系列子项目，如期间费用包括保险费、管理费、销售费和财务费。此外，土地成本费作为生产投入成本外的主要成本单独列出，与生产投入成本构成总成本。如表5—6所示：

表5—6   2014年玛纳斯河流域棉花单位面积生产成本以及成本构成比例

项 目	单位成本（元）	成本构成（%）	项目	单位成本（元）	成本构成（%）
一、物质费用	534.7	50.4	（二）间接费用	23.04	2.17
（一）直接费用	511.7	48.2	1. 固定资产折旧	4.7	0.44
1. 种子费	42.3	4	2. 工具材料费	17.9	1.69
2. 化肥费	171.4	16.2	3. 修理维护费	0.44	0.04
3. 农家肥费	35	3.3	4. 其他间接费用	0	0
4. 农药费	30	2.8%	二、期间费用	21.23	2.00
5. 农膜费	48	4.5	1. 保险费	2.97	0.28
6. 租赁作业费	69	6.5	2. 管理费	1.27	0.12
7. 机械作业费	81	7.6	3. 财务费	7.22	0.68
8. 排灌费	35	3.3	4. 销售费	9.77	0.92
其中：水费	27.5	2.6	三、用工作价	504	47.5
畜力费	5.3	0.5	1. 家庭用工折价	303	28.5
燃料动力费	1.66	0.15	2. 雇工费用	201	19
技术服务费	0.165	0.02	四、土地成本费	543	51
其他直接费用	0.375	0.03	总成本费用合计	1603	

注：表中数据来源于2014年对玛纳斯县以及八师部分团场植棉农户的调查资料，参照当年价格计算所得。

从表中可以看出，在整个生产过程中，物质费用在棉花生产成本中占比例最高，达到了生产成本的50.4%，其中机械业务费和肥料费的比例最高，分别占生产成本的7.6%和16.2%，剩下的几项费用，如种子费、化肥、农家肥费、农膜费、燃料动力费、技术服务费及修理费等比重较小；其次是用工作价（人工费用）达到生产成本的47.5%。期间费用所占比例最小，占比重为2%。从成本总体上看，在生产过程中棉花的生产投入成本（包含期间费用）总额为1060/亩，加上土地成本的总成本为1603元/亩。

将苜蓿与棉花的生产成本进行比较，可以明显看出，棉花无论在总成本还是生产成本方面都大大超过苜蓿。棉花总成本为1603元/亩，苜蓿总成本为954元，仅为棉花的59.5%。除去土地成本，棉花生产成本为1060元/亩，苜蓿为504元/亩，仅为棉花的47.5%。具体来看，两者在化肥、农药农膜、排灌、租赁作业、机械作业以及人工费等方面差异明显，棉花在这些方面的生产成本大大高于苜蓿，例如化肥费棉花为171元/亩，苜蓿仅为70元/亩，棉花超过苜蓿近2倍。而机械作业费棉花81元/亩，苜蓿仅为38元/亩，棉花超过苜蓿近2倍和1倍。此外，在人工费用方面，棉花总计504元/亩，是苜蓿总计82元/亩的6倍多。

从上述对比可以看出，以棉花为代表的化肥农药高投入、高能耗常规农业模式，在生产投入方面远远超过以苜蓿为代表的草地农业模式。同时，由于劳动需求多，田间管理难度大也增加了其生产成本。而苜蓿由于具有节约水肥、劳动力和田间管理简单等优点，使其生产成本显著降低。同时苜蓿对土地的要求也低于棉花，这使其土地成本费也略低于棉花。总之，在生产投入方面，以苜蓿和棉花为代表，草地农业模式比常规农业模式明显具有投入低、耗能少等优势。

四　流域草地农业模式与常规农业模式产出与效益比较分析

（一）投入产出经济效益比较分析

与常规农业模式相比，草地农业模式在生产投入上的低成本优势明显。那么，在产出方面情况又如何呢？是否在产出方面草地农业模式还具有相应的竞争优势呢？特别是在市场经济条件下，农民的种植选择首先要考虑其经济收益。而经济收益取决于其成本投入与产出所得。而产出所得又主要由其产量和价格决定。对此，我们首先来看草地农业模式与常规农业模式的产出所得情况。仍然以苜蓿和棉花为例，其产量和产值如表5—7所示：

表 5—7　　　　　2014 年玛纳斯河流域苜蓿与棉花产值收益比较

种 类	单产 （公斤/亩）	价格（元）	总收益（元）	总成本（元）	纯收益（元）
苜蓿	900（干草）	2.1	1890	954	936
棉花	352（籽棉）	6.5	2288	1603	685

　　需要说明的是，棉花产出包括主产品皮棉和副产品如棉花秸秆、棉籽等项。同时，还有国家给予的棉花种植面积与产量补贴。为了计算方便，表中已将棉花副产品产值及棉花补贴合并计入主产品价格之中。同时，价格的波动是影响上述产出分析的重要因素。特别是近年来，棉花的价格波动极为剧烈。对此，表中的价格为 2014 年的平均价格情况。此外，苜蓿的生产周期长，因此产量在不同年份是有显著波动的。对此，上表采用一个周期内的年平均产量数值进行计算。

　　由表中可见，2014 年玛纳斯河流域农户种植苜蓿单位面积产量为干草 900 公斤/亩，单价为 2.1 元/公斤，实现总产值 1890 元/亩，扣除成本费用 954 元，共实现纯收益 936 元/亩，收益率为 49.5%。而同期玛纳斯河流域农户种植棉花单位面积产量为籽棉 352 公斤/亩，单价为 6.5 元/公斤，实现总产值 2288 元/亩，扣除成本费用 1603 元/亩，共实现纯收益 685 元/亩。收益率为 29.9%。可见，种植苜蓿的纯收益明显高于棉花，超过棉花 251 元/亩。同时，苜蓿的收益率也远远高于棉花，是棉花的 3 倍多。当然，棉花的总产值收益高于苜蓿，只是由于其成本较高，超过苜蓿，因此导致其纯收益和收益率都低于苜蓿。这与其化肥农药高投入、高耗水、高耗能和劳动需求量大不无关系。另外，价格的剧烈波动也是影响上述分析结果的重要因素。特别是两者价格的相对波动会造成分析结果的显著变化。如果棉花价格上涨而苜蓿价格下跌，棉花的纯收益将可能超过苜蓿。这应该就是随着近年来棉花价格的不断上涨，玛纳斯河流域棉花在不断增高的成本面前仍然保持扩张的重要原因。此外，农民对生产成本的理解则是造成其种植模式选择偏差的重要成因。在调查中我们发现，农民一般很少将家庭的劳动投入视为生产成本，这就使得在农民看来劳动投入量较大的棉花成本显著降低，而劳动投入小的苜蓿生产成本则变化不大，这样棉花的收益和收益率自然有所提高，竞争力增强。

（二）生态效益比较分析

在农业模式的选择上，不仅要考虑其经济效益，同时，还要考虑其生态效益和对生态的影响。这也是当前世界范围内提倡可持续农业发展方式的重要原因。对于玛纳斯河流域来说，长期以来的大规模农垦开发以及常规现代农业的发展方式，已经带来了一系列显著的生态问题。如水资源的日益短缺和枯竭、农业生态环境的污染等。因此，从生态效益方面来考虑和比较分析，也是衡量草地农业模式和常规农业模式优劣的重要方面。首先从耗水方面来看，当地常规农业模式的主要作物耗水量均大于草地农业模式。

由表5—8、表5—9数据可见，常规农业模式无论是棉花、小麦还是甜菜、葡萄，平均耗水量都明显大于草地农业模式的苜蓿。而农田的用水量无论是哪个时期，都明显高于林果用水和草地用水，甚至超过近1倍。因此，针对玛纳斯河流域目前的水资源短缺状况，发展草地农业模式显然在节约水资源、维护其生态稳定和安全方面具有显著优势，即具有更好的生态效益。这也是目前该区域要加快转变以棉为主的粮—经二元结构系统，发展粮—经—草三元结构系统的根本原因。而且即使从经济方面来看，以棉为主的粮—经二元结构也缺乏足够的抵御各种风险的能力，也缺乏更深层次的经济拉动力。[①] 另外，草地农业模式不仅对水资源的需求低于常规农业生产，还可以利用咸水、灌溉回归水进行灌溉，因此，为保障区域的水资源安全和生态安全，应加快从以棉为主转向实行以棉—粮—草的综合三元甚至多元产业结构的战略转变，以充分发挥草地农业模式所具有的生态效益优势。

---

① 董孝斌、张玉芳、严茂超等：《天山北坡山盆系统耦合与农业结构调整》，《农业现代化研究》2006年第27卷第5期，第377—379页。

表 5—8　　　　　　　　主要作物全生育期耗水量　　　单位：毫米/平方米

作物	耗水量	作物	耗水量
小麦	639.99	棉花	563.59
玉米	540.15	葡萄	1436.66
甜菜	555.36	甜瓜	1272.37
苜蓿	253.14	马铃薯	369.32

表 5—9　　　　　　　石河子垦区农业灌溉用水状况　　　单位：立方米/公顷

年份	农田用水	林果用水	草地用水	万元 GDP 用水量
1985	6630	3000	3450	5068
1990	7620	3450	4320	4747
1995	6915	5100	4575	3974
2004	7215	5265	3510	3312

数据引自《石河子水资源规划》，2004。

其次，从生态适应性和化肥农药需求方面来看，草地农业模式牧草作物的耐旱耐碱等性能远远优于常规农业模式的粮棉作物。这不仅使其生产投入的成本明显较低，而且较少的化肥农药使用意味着对农业生态环境的较小影响和污染。同时，豆科牧草如苜蓿等还具有生物固氮、沃土增肥、改良土壤结构以及植被覆盖地表时间更长等优点，这些对于当地防治土壤的盐碱化、水土流失和扬尘等都具有有利作用。而常规农业模式在这些方面不仅难以发挥相应作用，而且很容易由于高化学品投入造成生态污染和土壤养分失衡。因此，在改善土壤结构和农业生态环境方面，草地农业模式所具有的生态效益显然优于常规农业。

最后，通过草地农业模式的发展还可以为进一步发展集约化的生态畜牧业，实现产业链延伸和价值增值奠定基础。同时还可以营造良好的人工生态环境来保护绿洲。目前，流域内产业结构不合理，无法发挥产业优化组合的综合效益。例如，石河子垦区畜牧业产值仅占大农业产值的 13.3%，不仅大大低于国内平均水平，也低于疆内平均 23% 的水平。对此，只有通过发展种植不同品种和性能的牧草如苜蓿、黑麦草、芨芨草、高冰草等，发展草地农业模式，才能优化农业产业结构，将该区建成新的高产、优质、高效畜牧业基地；利用当地龙头企业实现产业化经营，最大限度发挥其生态、经济效益。同时，发展过程中产生的有机肥，又可以使种植业走上有机化、农产品实现绿色化。从这个意义上说，草地农业模式不仅在生态效益、经济效益方面优于常规农业模式，而且还可以为常规农业模式的有机化、生态化发展提供有力支撑。

五　基于能值理论的草地农业模式与常规农业模式综合效益比较分析

能值分析理论和方法最早提出于 20 世纪 80 年代的美国。由于该理论方法实现了将生态经济系统内流动和储存的各种不同性质的能量和物质转换为同一标准的能值（一般为太阳能值），因此对于生态经济系统的定量分析和比较研究作用明显。同时也使得对特定系统的能流、物流等整合分析成为可能，并为分析系统的发展可持续性、环境负载率等提供了科学方法。因此，选择以能值理论方法对玛河流域草地农业模式与常规农业模式的综合效益进行比较分析，有助于进一步揭示二者的发展差异与综合效益优劣。

对此，依据 2014 年新疆统计年鉴、兵团统计年鉴等资料数据，以及对玛河流域常规农业与草地农业种植农户的调查整理数据，运用能值理论方法和计算公式，以太阳能值及其转换率为标准，首先计算分析玛河流域常规农业模式与草地农业模式生态系统的投入与产出能值。为了比较方便，同样选择以单位面积（亩）为研究单元，在此基础上进行能值计算与对比分析。具体计算结果如表 5—10 所示：

表 5—10　　　　亩均草地农业模式能值投入—产出分析表

项　目		原始数据（J）	太阳能值转换率（sej·J^{-1}）	太阳能值（sej）
可更新环境资源	太阳能	3.94E+12J	1	3.94E+12
	雨水势能	6.12E+08J	8888	5.44E+13
	雨水化学能	6.34E+09J	15444	9.79E+13
	地球循环能	1.24E+09J	29000	3.59E+13
	灌溉能	3.60E+07J	15400	5.54E+11
	风能	3.04E+06J	663	2.01E+09
	小计			1.92E+14
不可更新环境资源	表土流失	5.76E+08J	62500	3.60E+13
	小计			3.60E+13
可更新有机能投入	人力	6.7E+06J	3.80E+05	2.54E+12
	有机肥	2.0E+07J	2.70E+05	5.40E+12
	种子	1.2E+07J	2.00E+05	2.40E+12
	小计			1.03E+13
不可更新工业辅助能投入	农业机械	2.12E+06J	7.50E+07	1.59E+14
	电力	3.54E+07J	1.59E+05	5.62E+12
	柴油	1.80E+08J	6.60E+04	1.18E+13
	化肥			
	1. 氮肥	1.20E+04J	4.62E+09	5.54E+13
	2. 磷肥	0.71E+04J	1.78E+10	1.26E+14
	3. 钾肥	1.12E+04J	2.96E+09	3.31E+13
	4. 复合肥	0.62E+04J	2.80E+09	1.45E+13
	农药	0.23E+03J	1.62E+09	3.72E+11
	农膜	0	3.80E+08	0
	小计			4.01E+14
能值总投入	总计			6.57E+14
能值总产出	苜蓿	4.4E+09J	2.7E+05	1.19E+15
	总计			1.19E+15

表 5—11　　　　　　亩均常规农业模式能值投入—产出分析表

项　目		原始数据（J）	太阳能值转换率（sej·J⁻¹）	太阳能值（sej）
可更新环境资源	太阳能	3.94E+12J	1	3.94E+12
	雨水势能	6.12E+08J	8888	5.44E+13
	雨水化学能	6.34E+09J	15444	9.79E+13
	地球循环能	1.24E+09J	29000	3.59E+13
	灌溉能	3.60E+07J	15400	5.54E+11
	风能	3.04E+06J	663	2.01E+09
	小计			1.92E+14
不可更新环境资源	表土流失	1.44E+09J	62500	9.00E+13
	小计			9.00E+13
可更新有机能投入	人力	1.68E+08J	3.80E+05	6.35E+13
	有机肥	4.12E+07J	2.70E+05	1.11E+13
	种子	8.10E+06J	2.00E+05	1.62E+11
	小计			7.47E+13
不可更新工业辅助能投入	农业机械	5.12E+06J	7.50E+07	3.84E+14
	电力	1.62E+08J	1.59E+05	2.57E+13
	柴油	4.90E+08J	6.60E+04	3.23E+13
	化肥			
	1. 氮肥	4.20E+04J	4.62E+09	1.94E+14
	2. 磷肥	1.71E+04J	1.78E+10	3.04E+14
	3. 钾肥	3.82E+04J	2.96E+09	1.13E+14
	4. 复合肥	0.84E+04J	2.80E+09	2.35E+13
	农药	0.63E+03J	1.62E+09	1.02E+12
	农膜	2.60E+08J	3.80E+05	9.88E+13
	小计			1.07E+15
能值总投入	总计			1.42E+15
能值总产出	棉花	2.93E+09J	8.60 E+05	2.52E+15
	总计			2.52E+15

　　由上表中可以看出，虽然草地农业模式（以苜蓿为例）的能值总产出低于常规农业模式（以棉花为例），但同时，草地农业模式所需的各种能值投入也大大低于常规农业模式。尤其是在不可更新资源能值、工业辅助能投入等方面。例如由于草地农业模式所具有

的沃土保水、防治水土流失等功能，可以使不可更新资源（表土流失）投入相对于常规农业模式降低60%左右。而在工业辅助能方面，由于草地农业模式相较常规农业在化肥、农药、农膜、机械等方面的投入大大减少，使其在这些方面的能值投入远远低于常规农业。

其次，进一步我们通过建立主要的能值指标体系来比较分析两种模式的状况。对此，我们主要选取可更新资源能值、不可更新资源能值、工业辅助能值、有机能值以及系统净能值产出率、环境负载率、可持续发展指数等作为主要指标，通过构建两种模式生态经济系统的能值指标体系，进而比较分析两种模式的差异。经过数据测算与能值指标比较分析，得到如表5—12所示结果：

表5—12　玛河流域草地农业模式、常规农业模式主要能值指标比较

项目	符号	单位或公式	草地农业模式	常规农业模式	前后比较
可更新资源能值	R	sej	1.92E+14	1.92E+14	1∶1
不可更新资源能值	N	sej	3.60E+13	9.00E+13	1∶2.5
工业辅助能值投入	F	sej	4.01E+14	1.07E+15	1∶2.7
有机能值投入	T	sej	1.03E+13	7.47E+13	1∶7.25
能值总投入	U	sej	6.57E+14	1.42E+15	1∶2.16
能值总产出	Y	sej	1.19E+15	2.52E+15	1∶2.11
能值产投比	Y/U		1.81	1.77	1∶0.98
净能值产出率	EYR	Y/（F+T）	2.89	2.21	1∶0.76
能值投资率	EIR	（F+T）/（R+N）	1.85	4.04	1∶2.18
环境负载率	ELR	（N+F）/（R+T）	2.16	4.36	1∶2.02
可持续发展指数	ESI	EYR/ELR	1.34	0.51	1∶0.38

由上表不难看出，草地农业模式在不可更新资源能值、工业辅助能值、有机能值投入等方面显著低于常规农业模式，特别是由于草地农业模式所需的劳力、种子投入很少，因此其有机能值投入更是远远低于常规农业模式。这些都使得草地农业模式在能值总投入

方面大大低于常规农业模式。而在能值产出方面，草地农业模式虽然低于常规农业模式，但由于投入相对更低，因此在能值产投比和净能值产出率方面仍然高于常规农业模式。这表明相对于常规农业模式，草地农业模式是具有更高效率的农业模式。这也与前文相关研究相吻合。而在能值投资率方面，草地农业模式则显著低于常规农业模式，说明草地农业模式所需要投入的工业辅助能值等较少，这也是其综合效益更高的重要原因。此外，在环境负载率方面，草地农业模式的环境负载率水平仅为常规农业模式的一半左右，说明草地农业模式对环境的压力较小，具有更好的生态效益。而在可持续发展指数方面，草地农业模式的值为 1.34，是常规农业模式的近3 倍，表明草地农业模式的可持续发展能力更强。

　　总之，利用能值理论对单位面积草地农业模式与常规农业模式投入产出及其主要指标的比较分析，结果表明，草地农业模式在能值产投比、环境负载率、可持续发展指数等方面都具有相对优势，表明草地农业模式具有更好的综合效益和可持续发展能力。

六　农户对草地农业发展模式的意愿与满意度分析

　　作为一种新型的生态农业发展模式，农户对发展草地农业模式的意愿与满意度究竟如何？这是关系到草地农业模式持续发展的重要因素。特别是在现代市场经济条件下，农户拥有农业生产的经营自主权，是采用何种农业生产方式的主要决策者。因此，对流域内农户发展草地农业模式的意愿和满意度进行调查分析十分必要。对此，2013 年 7 月至 2014 年 11 月，笔者对玛纳斯县、沙湾县等地区开展了关于草地农业模式发展意愿与满意度的实地调查。调查采取问卷调查和访谈的形式，采用随机抽样的方法抽取农户样本 120 个，获得有效样本 104 个。样本的选取中，包括种植大户、一般种植户、村干部、养殖户等，调查数据涵盖了农户经营基本情况、农户收入与支出情况、农户对草地农业模式的了解、需求及满意程度等方面的内容。同时还对调查地的区域市场状况进行了调查，同相关政府部门进行了访谈，了解有关情况和政策。在深入调查获取相关数据的基础上，通过运用数理统计方法，用 Excel 软件和其他计算工具进行数据的分析与统计计算，得到结果如表 5—13 所示：

表 5—13　玛纳斯河流域农户对发展草地农业模式的意愿和满意度统计

问题（变量）	可选答案	百分比（%）	问题（变量）	可选答案	百分比（%）
是否已发展草地农业模式	是	11	是否清楚草地农业模式相关政策	是	5.40
	否	89		否	94.60
是否愿意发展	愿意	26.20	是否满意草地农业模式收益（以已发展草地农业农户为100%，下同）	满意	78
	视棉花价格而定	54.50		一般	16
	无所谓	12.20		不满意	6
	不愿意	7.10			
明年是否愿意	是	34.60	是否熟悉草地农业的配套技术	是	74
	否	63.40		否	26
不愿意发展的主要原因	不熟悉相关技术	26.20	对草地农业模式的发展前景是否看好	看好	66.80
	可能销售不出去	13.70		不看好	13.40
	可能收益不高	29.30		不知道	19.80
	以上都有	31.50			

注：表中数据来源于 2013—2014 年对玛纳斯县以及八师部分团场农户的调查资料经计算所得。

从统计结果（即上表）可见，农户对发展草地农业模式的意愿和满意度受多重因素的影响，呈现出一定的规律性特征。首先，从农户对发展草地农业模式的意愿来看，调查结果表明，已经参加发展草地农业模式的农户占比约为 11%，说明当地草地农业模式尚在初步发展阶段，参与的农户数占比还不是很多。而愿意参加发展的则占到 26.2%，说明还有一部分农户有发展草地农业模式的意愿。同时，选择视棉花价格而定的农户占到 54.5%，说明在当地棉花长期占优势的情况下，农户在考虑种植安排时会首先以棉花的价格和收益为参照。而选择不愿意的农户比例仅为7.1%，说明从心理上对草地农业模式发展有抵触的农户数量很少。同时，可以看出，明年愿意发展草地农业模式的农户比重明显增加，达到了34.6%，这与今年棉花价格大幅下跌而收益明显减少有直接关系，也与草地农业模式收益近年来开始凸显有关。而对不愿意发展草地农业模式农户的主要原因调查发现，对草地农业模式技术的不熟悉、对其产品的销售出路以及效益不高的担心，是其主要原因。其中，对收益的担心占比最高，其次是技术的缺乏，最后是销售。而更多的农户选择了以上原因都有。可见，在影响农户不愿意发展草地农业模式的意愿中，不仅是上述三种因素分别在起作用，更是其综合作用的结果。

　　而对已发展草地农业模式农户的满意度调查分析表明，有78%的农户选择了对发展草地农业模式收益满意，不满意的比例仅为6%，说明草地农业模式下其收益还是得到了大多数农户的认可。这与国内外相关实践和本书的理论研究分析结果基本一致。同时，有66.8%的农户对草地农业模式的发展前景看好，选择不看好的仅占13.4%，而选择不知道要看市场变化而定的则占19.8%。表明在转变农业发展方式和做强、做大畜牧业的背景下，多数农户看好草地农业模式发展的前景，持谨慎态度即选择不知道的农户也占有近五分之一的比重，选择不看好的农户最少。可见，随着参加草地农业模式农户的成功实践，对草地农业模式收益的满意度和前景看好的比重显著提高。此外，对草地农业模式相关政策和技术的调查结果大相径庭，农户对技术选择熟悉的占到了74%，而选择对相关政策了解的农户仅有5%。从中不难看出，农户对草地农业模式技术的熟悉程度远远大于对相关政策的了解程度。这也说明草地农业模式相关政策的制定、发布和宣传是相对滞后的。特别是与农户生产息息相关的补贴政策、扶持政策还不是很到位。而大多数农户选择熟悉草地农业模式相关技术，说明草地农业模式的技术要求是农户较易接受的，同时也说明不少农户具有草地农业模式生产的传统经验。

七　流域草地农业模式的发展完善与推广

玛纳斯河流域的草地农业发展模式实践，摆脱了单纯常规农业发展的二元结构模式，探索建立粮—经—草三元结构和农、林、牧多种产业协调发展的草地农业模式综合结构，增加了农业系统物质流动的环节，增强了系统的稳定性，提高了生产效益以及物质循环和能量利用效率，有助于实现当地资源的综合利用，既节约了能源和投入，又保护了生态环境。同时，通过投入产出和效益的分析，可以看出，草地农业模式无论在投入方面还是产出方面，都优于常规农业。而在生态效益以及综合效益方面，能值分析的结果也是如此。因此可见，当地草地农业模式具有诸多优势。当然，由于当地草地农业模式发展时间还不长，规模还不大，还存在不少问题和不足。例如，当地大多数被调查农民（94.6%）表示对草地农业模式的相关政策不清楚，而对技术的不熟悉、销售与效益的担心则构成了农民不愿意发展草地农业模式的主要原因。因此，还需要进一步发展完善相关制度、技术和政策支持，使该模式的优势和效益能够充分发挥，并通过其示范和借鉴作用，实现向新疆其他区域的推广应用。

为此需要政府进一步推动草地农业模式的发展，出台相关扶持政策和补贴制度，推动草地农业模式向更大规模、更高层次发展。同时，加快相关技术、品种的研发实验力度，探索总结出适合新疆气候、生态特征的草地农业模式实用技术、优势品种以及科学合理的田间管理措施等。同时，通过加快草畜产品的深加工以及产业化经营，不断提高草地农业模式的综合效益和竞争力，使草地农业模式的比较优势充分发挥和得到社会认可。在此基础上，首先不断完善草地农业模式相关技术的组合配套，良种生产、良法改进，形成草地农业模式高效、优质、高产生产综合技术体系，为其向全疆其他地区推广应用准备条件。其次，结合新疆发展观光休闲农业和生态农业生产加工园区建设，加快草地农业模式的推广示范。根据新疆农牧业可持续发展要求，通过建立基础设施配套的草地农业模式生产加工园区，形成特色和绿色生产加工产业群，发挥示范和宣传推广作用。总之，在草地农业模式的推广方面，需要通过相关技术、制度和政策的改进完善以及借助产业园区的建设经验，充分发挥其示范带动作用、科技与信息辐射作用，以快速推动草地农业模式在全疆其他地区的发展。

第二节　畜牧业区草地农业发展模式实证研究——以尼勒克县为例

一　尼勒克县概况及畜牧业发展现状分析

尼勒克县位于新疆西北部的伊犁河上游，中天山西段喀什河河谷地带。尼勒克县早期也被称为巩哈县，全县轮廓形如柳叶，由东向西延伸，地势四周高山环绕，东北高西南低。境内有高、中山地和低山、湖四大地貌以及喀什河、巩乃斯河等河流。从气候上看，属北温带大陆性气候，山区气候特征明显，日照长，年均气温5.7摄氏度，年均降水353毫米。全县辖11个乡（镇）2个国营农牧场，总人口2013年年末为18.98万人，由汉、哈、维、回、蒙等32个民族构成，其中哈萨克族8.69万人为最多。农业人口13.64万人，非农业人口5.34万人，农业人口占比达70%左右。

近年来，尼勒克县借助国家西部大开发战略的深入实施和全国对口援疆的有利时机，紧紧围绕跨越式发展和长治久安两大主题，积极转变政府职能，团结依靠全县各族人民，努力克服各种不利因素影响，千方百计破解发展难题，统筹做好稳增长、调结构、惠民生、促和谐等各项工作。2013年全县共完成生产总值42亿元，比上年增长16%；全社会固定资产投资达到57亿元，比上年增长26.7%；公共财政预算收入达到4.26亿元，比上年增长18%；乡及乡以上工业增加值13亿元，比上年增长10%；社会消费品零售总额达到6.36亿元，比上年增长14.8%；城镇居民人均可支配收入达到1.59万元，比上年增加1830元，增长13%；农牧民人均纯收入首次超过万元，达到1.0003万元，比上年增加1580元，人均纯收入万元乡达到8个、万元村达到53个。

在畜牧业发展方面，长期以来，畜牧业都是尼勒克县的重要支柱产业，也是广大农牧民的衣食之源。这与尼勒克县境内草原辽阔、水草丰茂、草质优良有着紧密关系。2013 年，全县草场面积达 67.76 万平方公里，占全县土地总面积的 65.31%，其中可利用草场面积 65.39 万平方公里，占草场总面积 96.5%。按季节分，夏草场面积 30.26 万平方公里，占草场总面积的 44.7%；冬草场面积 13.74 万平方公里，占草场总面积的 20.3%；春秋草场面积 5.56 万平方公里，占草场总面积的 8.2%；四季草场面积 0.88 万平方公里，占草场总面积的 1.3%。2013 年，全县共有各类牲畜 92.76 万头，人均达 5 头之多。其中，牛 20.29 万头，马 7.01 万匹，绵羊 60.45 万只，山羊 2.93 万只。全年共实现肉类产量 3.82 万吨，畜牧业产值 14.02 亿元，占农林牧渔总产值 21.03 亿元的比重达 66.7%。可见，畜牧业在尼勒克占有极其重要的地位。

为进一步支持畜牧业发展，2014 年尼勒克县共安排财政资金 3000 万元用于畜牧业各项投入。不断加大优质品种引进和改良力度，全年完成黄牛冷配 3.3 万头，引进种公牛 200 头，引进母牛 3000 头，繁育种公羊 500 只。同时加快马产业发展，以尼勒克马场为中心组建伊犁马核心群，在克令乡、喀拉托别乡、木斯乡、乌拉斯台乡等乡镇建设 60 个肉用马扩繁群，组建规模为 500 匹生产母马的肉乳兼用马改良繁育基地。此外，加快实施哈萨克羊种羊场，新疆褐牛良种繁育基地建设，以及县级饲草料储备库、养殖小区等重点项目建设。

二　尼勒克县草地农业发展状况及主要模式

众所周知，尼勒克县是伊犁地区的畜牧业大县，也是拥有草场资源最为丰富的县区，有各类天然草场 980 万亩，而且不乏产草丰富、草质优良的草场。但是由于长期以来在传统畜牧业生产方式下当地对天然草场重利用轻保护，再加上在利益的驱动下少数谋利者对草场的非法乱垦乱挖等破坏，导致草场植被破坏和毒害草蔓延。而随着市场经济的发展，大量增加畜群和代牧等使草场载畜量猛增，草场过度放牧、超载放牧现象大量出现，以致部分区域草场破坏严重，草场的载畜量严重下降。草场的加速退化不仅严重影响到当地畜牧业的可持续发展，也使牧民之间、牧民与农民之间的关系趋于紧张。对此，为实现对草原的治理和永续利用，也为了发展现代畜牧业生产和提高牧民生活，自21世纪初，尼勒克县就积极响应国家退耕还草、退牧还草等政策，加强草场的保护，探索草地农业发展之路。近年来，更是借助国家全面实施草原生态保护补助奖励政策，结合禁牧、轮牧等措施，大力进行天然草场治理与改良建设。例如尼勒克县已把近百万亩退化严重的草原和水土涵养区划定为禁牧区域，并为剩余草场核定了合理载畜量，禁牧和限牧区占到草原总面积的90%左右。

同时，借鉴现代畜牧业发展经验和要求，大力发展人工种草草地农业模式。2003年，尼勒克县在国家退耕还草的推动下，即已完成退耕还草2.7万亩，实现各类牧草种植2.6万亩，种草面积达到整个种植业面积的10%，初具规模。此后，随着国家对草原生态问题的关注和相关扶持政策的推出，尼勒克县结合自身实际，完善相关优惠政策，不断加大鼓励农牧民人工种草、发展现代畜牧业的力度，进一步推动了人工种草面积的扩大和草地农业模式的发展。例如，尼勒克县已制定100万元资金奖励政策，每年以以奖代补的形式鼓励农牧民大力发展人工草场建设。同时，投入专项资金，通过人工种草模式促进退化草场的恢复和改良。例如，自2012年以来，尼勒克县每年投入专项经费50万元，以草场退化严重的胡吉尔台乡乌图兰草场为试点，推行人工种草和草场改良建设。目前，尼勒克县胡吉尔台乡乌图兰2.3万亩人工草场试点牧草长势良好，不仅使退化荒芜的草原植被得到了良好恢复，而且实现了亩均一茬收获300公斤干草的效果，有效解决了当地畜牧业发展的圈养饲草需求问题。

此外，尼勒克县还通过资金补贴等优惠政策鼓励农区发展苜蓿种植。仅2013年当地就采购牧草种子91吨，并按半价出售给农牧民种草，全年共实现耕地苜蓿种植2.52万亩（1680公顷），完成牧区人工种草25万亩，为全县牲畜基本实现"冬季舍饲、暖季放牧"的生产方式奠定了坚实基础。另外，尼勒克县还通过充分发挥境内草原优美、河谷密布、山川秀丽的优势，大力发展草原生态旅游产业模式。特别是长达 100 多公里的唐布拉河谷草原，素有"百里画卷"之称，伊犁河支流喀什河横贯其间，两边是景色秀美的天山雪峰云海，使草原、河谷、温泉、溪流、云杉融为一体，再加上总面积达 21.3 万亩的西北地区保护最完整、生态效益发挥最好的河谷次生林，使当地具有了发展草原生态旅游以及绿色有机草畜产品的天然优势。现在，除了迅速发展的草原生态旅游外，当地还形成了具有年产 4000 吨优质乳品、5 万吨特色肉食、2000 吨黑蜂有机蜜等特色有机草畜产品的生产能力。

总之，随着尼勒克县传统畜牧业发展方式各种问题的暴露，以草地农业的发展模式改造传统生产经营方式，发展现代畜牧业成为当地的必然选择。在具体的模式选择和实践上，尼勒克县根据自身实际，主要发展了以人工饲草料地建设、苜蓿种植为主的人工种草模式，同时结合禁牧、轮牧等措施促进天然草场的植被恢复和改良。另外，充分发挥当地草原的景观优势，大力发展草原生态旅游模式，并同时打造具有当地特色的有机草畜产品产业链，发展草地农业深加工模式。

三　尼勒克县草地农业模式与传统牧业模式投入比较

由上文可知，近年来尼勒克县人工种草等草地农业模式开始快速发展。同时，传统畜牧业靠天养畜模式依旧占有较大比重。而且在文化和生产生活习惯上，传统的游牧转场方式也仍然受到部分牧民的推崇。因此，究竟是继续选择传统牧业方式还是转向草地农业模式，就摆在了所有人的面前。对农牧民而言，选择靠天养畜还是种草养畜、发展现代畜牧业，在当前市场经济条件下，其关键参考指标就是其最终经济收益状况。而对于政府、社会来说，则可能还需要考虑不同发展模式下的社会与生态效益。但无论怎样，对草地农业模式和传统牧业模式在投入产出方面进行分析比较，计算其收益状况和收益率，都是各方首先关注的焦点。因此，对草地农业，特别是牧区种草模式，与当地靠天养畜模式的生产投入与产出进行比较，是分析草地农业模式是否具有经济上的发展优势和现实可行性的关键。对此，本书根据实际调研数据和当地公布的相关数据，对当地的草地农业模式与传统牧业模式进行投入产出分析对比。

　　草地农业模式与传统牧业模式的投入成本主要可以从三个方面进行计算。即劳动力投入成本、物质投入成本和资金投入成本，统一以货币单位计算，计算数据以 2014 年笔者对尼勒克县部分牧户的调查资料，参照当年物价计算所得为基础，以一百只羊在两种模式下一年内的生产投入状况为标准，进行计算分析。结果如表 5—14 所示：

表 5—14　　　　　2014 年尼勒克县传统牧业模式与草地
农业模式生产成本投入及对比

	项　目	费用 1（元）	费用 2（元）	费用增加额（元）	增加比例（％）
劳动投入成本	1. 放牧管理成本	12450	11370	−1080	−8.6
	2. 饲草料用工成本	1530	6590	5060	267
	3. 饲喂用工成本	1560	8030	6470	414
	小计	15540	25990	10450	92.7
物质费用	1. 草、畜种费	10458	17850	7392	70.6
	2. 饲草料费	5576	1523	−4053	−72.6
	3. 燃料费	120	640	520	472
	4. 水电费	32	382	350	1093
	5. 防疫等用药费	253	253	0	0
	6. 其他物质消耗费	0	0	0	0
	小计	16439	20648	4209	80.8
资金投入	1. 运输费	251	50	−201	−79.9
	2. 畜牧机械购置费	0	1420	1420	
	3. 圈舍建设费	230	1350	1120	487
	4. 机械能源费	0	730	730	
	小计	481	3550	3069	638
总成本合计		32460	50188	17728	46.4

　　注：费用 1 为传统牧业模式，费用 2 为草地农业模式，表中数据来源于 2014 年对尼勒克县部分牧户的调查资料，参照当年价格计算所得。

　　由表中可以看出，草地农业模式相比传统牧业模式，在劳动投入、物质费用和资金投入上成本费用都明显增多。增加比例分别达92.7%、80.8%和638%，导致其总成本费用远远超过传统牧业达15908元，总成本增加比例达46.4%。这主要是因为草地农业模式作为现代农牧业生产方式，在生产投入上比传统牧业模式增加了诸如饲草料种植加工、舍饲用工、机械设备购置、圈舍建设以及相关的能源、水电等成本费用。而传统牧业模式靠天养畜的单一自然生产方式在这些方面的投入很少或者没有。这就使得在成本投入方面传统牧业明显低于草地农业模式。具体来看：

　　（1）劳动力用工投入对比方面，在传统牧业模式下，牲畜实行全年放牧，即随季节在春、夏、秋、冬草场转场游牧，且多为合群放养，一般以100只到300只羊为单位，主要采取家庭放牧或雇人放牧方式。而在山区草场，多数时间放牧者只需要间隔数天查看一次牲畜放养情况。同时，在纯放牧的生产方式下，饲喂主要用于夜间及母羊产羔期，饲草料加工及饲喂用工投入相对较少。因此，传统牧业模式所需的劳动投入总体明显少于草地农业模式。而草地农业模式劳动用工投入相对较多。变化主要体现在饲草料用工即种草用工、打草用工，以及饲喂用工和饲草料加工投入的新增用工变化上。例如，仅饲草料用工、饲喂用工投入就分别比传统牧业增加成本267%和414%。而随着草地农业模式下草场围栏建设和舍饲时间的增多，放牧管理的用工成本有所下降，但幅度不大。说明在放牧用工成本方面，可以改进的空间不大。总体而言，草地农业模式比传统牧业模式下，劳动用工投入成本有较大幅度上升，由年均15560元/百只增加到25590元/百只，成本增加幅度达92.7%。

　　（2）物质投入成本对比方面，传统牧业模式以放养和自然繁殖为主，草、畜种质投入相对较少，但是随着近年来草场退化和季节性的饲草料严重缺乏，导致其外购饲料成本猛增。而同时游牧和简单的生产方式又使其水电、能源燃料等费用成本较低。而草地农业模式注重牧草的人工种植和畜种改良，因此，在草、畜用种成本方面大大超过前者，成本增加比重达70.6%。同时，由于牧草的人工种植和有效供给，在饲草料成本方面显著低于传统牧业模式，成本下降幅度达 72.6%。当然，由于草地农业模式生产经营的定居化和现代化，在水电、燃料等方面的费用成本显著增加。总体来看，在物质投入成本方面，草地农业模式仍然明显高于传统牧业模式。传统牧业模式物质投入总成本仅为年均 10420 元/百只，而草地农业模式则增加到 20648 元/百只，成本增加幅度达 80.8%。

（3）资金投入对比方面，资金投入主要包括运输费、圈舍建设和机械购置费、购买和饲草料加工过程中投入的油、电等能源费用上。传统牧业模式在资金投入方面近年来主要表现为运输费和圈舍建设费，分别为年均 251 元和 230 元。草地农业模式由于实行牧草种植与加工、舍饲育肥等，因此在圈舍建设和机械设备购置上成本大大超过传统牧业模式。而与之相关的能源费用也占有一定比重。这些都使得草地农业模式在资金投入方面也明显超过传统牧业模式。例如，仅圈舍和机械投入就分别超过传统牧业模式分别达 1120 元和 1420 元，再加上能源费用 730 元，使其资金投入总成本远远超过前者，超过比重达 638%。

总之，从投入成本方面来看，传统牧业模式和草地农业模式差异显著。传统牧业模式靠天养畜的简单生产方式所需的劳动力、物质与资金投入都相对较少。可见，传统牧业模式是一种低投入、简单生产的产业模式。而草地农业模式无论在哪方面投入都相对较多，特别是在机械设备、圈舍建设等前期投入方面更是远远超过前者。当然，随着投入的增加，草地农业模式可以有效地实现饲草料的生产供给、提高饲草料利用率和劳动生产率，降低养殖中的风险损失和增加草畜产品产出。因此，草地农业模式是一种相对投入较多、发展起点高的产业模式。在发展初期需要政府对圈舍建设和饲草料加工机械的购买等实施相应的补助和扶持政策。

四　尼勒克县草地农业模式与传统牧业模式产出与效益比较分析

（一）投入产出经济效益比较分析

与传统牧业模式相比，草地农业模式在生产投入上显然成本较高。但任何产业模式的选择不仅要看其成本投入，还要看其产出收益状况。那么，在产出方面情况又如何呢？是否在产出和收益方面草地农业模式具有相对更大的竞争优势呢？特别是在市场经济条件下，牧民的生产模式选择首先要考虑其最终经济收益，而经济收益取决于其成本投入与产出所得，而产出所得又主要由其产量和价格决定。对此，我们首先来看草地农业模式与传统牧业模式的产出所得情况。仍然以百只绵羊为例，其产量和产值如表5—15所示：

表 5—15　　　　草地农业模式与传统牧业模式产出收益比较

模式	肉产量（公斤）	价格（元/公斤）	皮、毛等副产品收益（元）	总收益（元）	总成本（元）	纯收益（元）
传统牧业	800	52	16000	57600	34280	23320
草地农业	1500	52	25000	103000	50188	52812

　　需要说明的是，绵羊产出包括主产品羊肉和副产品如羊毛、皮张、粪便等项。为了计算方便，表中已将绵羊副产品产值收益合并计算。同时，传统牧业模式生产中存在着较严重的风险损失，如冬春季因饲草料缺乏、圈舍简陋等导致的牲畜大量死亡和生长发育受到影响等。对此，在产出计算时已按其发生概率和损失情况进行了相应处理。这也是表中传统牧业下其肉产量和副产品产量收益都较低的重要原因。

　　由表中可见，2014年尼勒克县在传统牧业模式下每百只羊肉产量为800公斤，单价为52元/公斤，实现羊肉总产值41600元，同时实现皮、毛等副产品收益16000元，共实现总收益57600元。扣除成本费用34280元，共实现纯收益23320元，收益率为68%。而同期尼勒克草地农业模式下羊肉产量为1500公斤，单价同样为52元/公斤，实现羊肉总产值78000元，同时实现皮、毛等副产品收益25000元，共实现总收益103000元。可见，在草地农业模式下，无论是在肉产量还是在羊毛、皮张等副产品收益上，都远远超过前者。这主要是因为草地农业模式保证了羊只的饲草料供应，再加上羊只良种的引进和现代圈舍的建设，大大提高了养殖效率并降低了风险损失。因此，不仅绵羊的产肉量大幅增加，同时副产品毛皮等产量也得以提高。这样，即使扣除其较高的成本费用 50188 元后，仍可实现纯收益 52812 元，收益率也提高为 105.2%。

可见，草地农业模式虽然生产成本大大高于传统牧业模式，但由于其总产出大幅增加，其总收益、纯收益都远远高于传统牧业模式。例如，从总收益来看，草地农业模式超过传统牧业模式近 1 倍，而纯收益更是传统牧业模式的 2.3 倍。同时，草地农业模式的收益率也明显高于传统牧业模式近 40 个百分点。这些都表明，相比传统牧业模式，草地农业模式具有经济收益上的巨大优势。这也是世界各国都通过草地农业模式大力发展现代畜牧业的重要原因。因此，要增加牧民收入，转变落后的传统牧业发展方式，就必须发展牧区草地农业模式。当然，正如前文指出的那样，草地农业模式具有相对较多的前期投入成本，这对于收入较低的牧民来说是一个不小的挑战。因此，还需要从政策层面加大扶持与相关补贴力度。

（二）生态效益比较分析

在发展模式的选择上，不仅要考虑其经济效益，同时，还要考虑其生态效益和社会效益。这也是当前世界范围内提倡可持续发展的重要原因。对于尼勒克县来说，长期以来的靠天养畜、超载过牧的传统牧业发展方式，已经带来了一系列生态问题，如草原大面积退化、草原生态环境遭到破坏等。因此，从生态效益等方面来考虑和比较分析，也是衡量草地农业模式和传统牧业模式优劣的重要方面。从生态效益方面来看，当地传统牧业模式不仅造成了一系列生态问题，而且进一步影响到牧民的收入增长和区域生态安全。例如，随着草原的持续退化，不仅将导致荒漠化、降低草产量和生物多样性，还将增加沙尘暴的发生，[①] 最终将严重影响牧民的生产生活、草原的可持续发展利用和区域生态安全。而在草地农业模式下，不仅畜牧业发展所需的饲草料得到了有效解决，而且通过人工种草和草场改良建设，将大大促进天然草场的恢复和改良治理。而生态状况

---

① Tong, C., Wu, J., Yong, S., Yang, J., Yong, W., "A landscape-scale Assessment of Steppe Degradation in the Xilin River Basin, Inner Mongolia, China", *Arid Environ*, Vol. 59, 2004, pp. 133-149.

良好的草场将有效发挥其生态功能，实现其生态效益。例如，据美国学者 Costanza 等测算，生态良好的草地生态功能价值约为 200—230 美元/公顷。[①] 这样，在草地农业模式下，尼勒克县天然草场可实现生态价值 1300 万美元，约合 7900 万元人民币。

（三）社会效益比较分析

在社会效益方面，随着草地农业模式的发展，牧民定居、定居兴牧得到切实保障。牧民生产、生活环境得到改善，牧民生活水平得以提高。定居后牧民的就医、入学、购物等境况得到极大改善。另外，随着人工种草、草畜生产的现代化进程加快，有效促进了牧民与外界的联系沟通，收入的增加和交流的频繁正在日益改变着牧区的社会生活。例如，以前在传统牧业模式下牧民基本没有农业生产，且牧区离城市较远，很难采购到新鲜的蔬菜，因此牧区牧民的饮食生活非常单一，社交范围十分有限。而在草地农业模式下，牧民不仅实现了牧草种植，还增加了瓜果蔬菜生产，改善了饮食结构。随着在生产生活中与外界联系的增多和融入市场经济，对当地的社会开放、发展进步提供了前提。牧民子女获得的教育资源也越来越丰富。

总之，随着草地农业模式的发展和牧民定居的实现，不仅加强了牧区内部各要素之间的联系，而且促进了当地更多地与外界进行交流。各种外部相关要素在草地农业模式发展的过程中也在不断进入或引入，大大促进了科学文化知识的传播以及相关先进实用技术的推广，并使牧民的素质得到提升。

五　基于能值理论的尼勒克县人工草地与天然草地综合效益比较分析

对于尼勒克牧区来说，究竟是发展以人工草地为代表的现代草地农业模式还是继续延续传统的以天然草地利用为主的游牧模式，除了考虑经济上的投入产出效益和社会效益外，还需要考虑生态效

①　Costanza, R., Arge, R., Groot, R., "The Value of the World's Ecosystem Services and Natural Capital", *Nature*, Vol. 386, 1997, pp. 253−260.

益和资源的可持续利用。对此，仍然可以运用能值分析理论进行进一步的分析比较。特别是对人工草地和天然草地在能值投入产出方面的比较以及在能值指标体系方面的分析，可以有效揭示二者的综合效益优劣和可持续发展能力等。

对此，在前文比较分析的基础上，依据对尼勒克县人工草地与天然草地使用农牧户的调查整理数据，首先计算出单位面积（亩均）的各种物质投入与产出数据。在此基础上，按照相关折算系数，将亩均各种数据折算为能值分析原始数据，再运用能值理论方法和计算公式，以太阳能值及其转换率为标准，计算分析单位面积尼勒克县人工草地与天然草地生态系统的投入与产出能值，在此基础上进行能值指标计算与对比分析。具体计算结果如表5—16、表5—17所示：

表 5—16　　　　　　亩均人工草地能值投入—产出分析表

项　目		原始数据（J）	太阳能值转换率（sej·J⁻¹）	太阳能值（sej）
可更新环境资源	太阳能	3.94E+12J	1	3.94E+12
	雨水势能	6.12E+08J	8888	5.44E+13
	雨水化学能	6.34E+09J	15444	9.79E+13
	地球循环能	1.24E+09J	29000	3.59E+13
	灌溉能	1.60E+07J	15400	2.46E+11
	风能	3.04E+06J	663	2.01E+09
	小计			1.92E+14
不可更新环境资源	表土流失	5.76E+08J	62500	3.60E+13
	小计			3.60E+13
可更新有机能投入	人力	6.7E+06J	3.80E+05	2.54E+12
	有机肥	2.0E+07J	2.70E+05	5.40E+12
	种子	1.2E+07J	2.00E+05	2.40E+12
	小计			1.03E+13

项　目		原始数据（J）	太阳能值转换率（sej·J^{-1}）	太阳能值（sej）
不可更新工业辅助能投入	农业机械	1.64E+06J	7.50E+07	1.23E+14
	电力	2.76E+07J	1.59E+05	4.38E+12
	柴油	1.40E+08J	6.60E+04	0.92E+13
	氮肥	1.18E+04J	4.62E+09	5.45E+13
	复合肥	0.80E+04J	2.80E+09	2.24E+13
	小计			2.13E+14
能值总投入	总计			4.51E+14
能值总产出	优质牧草	2.6E+09J	2.7E+05	7.02E+14
	总计			7.02E+14

表 5—17　　　　　　　亩均天然草地能值投入—产出分析表

项　目		原始数据（J）	太阳能值转换率（sej·J^{-1}）	太阳能值（sej）
可更新环境资源	太阳能	3.94E+12J	1	3.94E+12
	雨水势能	6.12E+08J	8888	5.44E+13
	雨水化学能	6.34E+09J	15444	9.79E+13
	地球循环能	1.24E+09J	29000	3.59E+13
	灌溉能	0	15400	0
	风能	3.04E+06J	663	2.01E+09
	小计			1.92E+14
不可更新环境资源	表土流失	1.44E+09J	62500	9.00E+13
	小计			9.00E+13
可更新有机能投入	人力	1.1E+06J	3.80E+05	4.18E+11
	有机肥	1.0E+06J	2.70E+05	2.70E+11
	种子	0	0	0
	小计			6.88E+11

续表

项　目		原始数据（J）	太阳能值转换率（sej·J⁻¹）	太阳能值（sej）
不可更新工业辅助能投入	农业机械	6.53E+03J	7.50E+07	4.89E+10
	柴油	5.10E+05J	6.60E+04	3.36E+10
	氮肥	0	4.62E+09	0
	复合肥	0	2.80E+09	0
	小计			8.25E+10
能值总投入	总计			2.82E+14
能值总产出	牧草	1.3E+08J	2.7E+05	3.51E+13
	总计			3.51E+13

　　由上述表中不难发现，虽然人工草地的能值总投入大于天然草地，尤其是工业辅助能和有机能投入远远大于天然草地，例如人工草地不仅在农业机械、人力、柴油等方面的投入显著高于天然草地，而且还有一定的种子、化肥等投入，而天然草地没有这些方面的投入。这表明人工草地是加入了较多经济能值投入的生产模式，而天然草地则是主要依靠自然环境能值投入的生产模式。这样，在能值总投入方面，人工草地显著高于天然草地。而在能值总产出方面，人工草地更是大大高于天然草地。那么究竟是哪一种模式在综合效益方面更有优势呢？还需要通过运用能值指标体系做进一步的深入比较分析。

　　对此，通过主要选取可更新资源能值、不可更新资源能值、工业辅助能、有机能以及系统净能值产出率、环境负载率、可持续发展指数等作为主要指标，通过构建两种模式生态经济系统的能值指标体系，进而比较分析两种模式的差异。经过数据计算与能值指标比较分析，得到如表5—18所示的结果：

表 5—18　　　尼勒克县单位面积（亩）人工草地模式、天然
草地模式主要能值指标比较

项目	符号	单位或公式	人工草地模式	天然草地模式	前后比较
可更新资源能值	R	sej	1.92E+14	1.92E+14	1：1
不可更新资源能值	N	sej	3.60E+13	9.00E+13	1：2.5
工业辅助能值投入	F	sej	2.13E+14	8.25E+10	1：0.003
有机能值投入	T	sej	1.03E+13	6.88E+11	1：0.068
能值总投入	U	sej	4.51E+14	2.82E+14	1：0.63
能值总产出	Y	sej	7.02E+14	3.51E+13	1：0.05
能值产投比		Y/U	1.55	0.13	1：0.08
净能值产出率	EYR	Y/（F+T）	3.14	45.5	1：14.5
能值投资率	EIR	（F+T）/（R+N）	0.98	0.0027	1：0.003
环境负载率	ELR	（N+F）/（R+T）	1.23	0.47	1：0.38
可持续发展指数	ESI	EYR/ELR	2.55	96.8	1：38.0

　　由上表可以看出，人工草地与天然草地在能值投入与产出等方面存在显著差异。特别是在不可更新资源、工业辅助能值、有机能值投入和能值总产出等方面更是有着相差数倍乃至数十倍的不同。这主要是由于人工草地相较天然草地增加了大量的工业辅助能值、有机能值等投入，进而使其能值总产出大大增加。同时植被良好的人工草地在防止表土流失方面也具有更强的能力。而在能值产投比方面，虽然人工草地的能值投入大于天然草地，但由于其产出远远高于天然草地，因此其能值产投比超过天然草地 10 倍以上。这说明人工草地具有更高的效率和效益。当然，由于天然草地投入的工业辅助能值、有机能值相对很少，因此在净能值产出率上远远大于人工草地，这也是其主要依靠自然环境资源生产、发展落后的必然结果。同样其环境负载率也较小，表明其开发利用程度较低，对环境的压力较小，是经济不发达的表现。与之相应，在可持续发展指数方面，其数值也远远高于人工草地，达到 96.8，而人工草地仅为2.55。研究表明，该指数超过 10 是生态经济系统不发达的表现，而

在 1—10 之间是草地农业生态系统富有活力和发展潜力的表现。① 因此，虽然天然草地的可持续发展指数很高，但这恰恰表明其原始落后的本质。这也是其净能值产出率较高的原因。因此，与天然草地相比，虽然人工草地的能值投入有所增加，但其产出增加更加显著，主要能值指标更加科学合理，表明人工草地在效率和综合效益方面优于天然草地。

总之，利用能值理论对单位面积人工草地与天然草地投入产出及其主要指标的比较分析，结果表明，人工草地在能值产投比、环境负载率、可持续发展指数等方面都具有相对优势，表明人工草地模式具有更高的综合效益和可持续发展能力。

六　牧户对草地农业模式的意愿与满意度分析

草地农业模式与传统牧业模式差异明显，作为一种新型的现代畜牧业发展方式，牧户对发展草地农业模式的意愿与满意度究竟如何？这是关系到草地农业模式持续发展的重要前提因素。特别是在现代市场经济条件下，牧户拥有采用何种畜牧业生产方式的自主决定权。因此，对尼勒克牧户发展草地农业模式的意愿和满意度进行调查分析十分必要。对此，2013 年 7 月至 2014 年 8 月，作者对尼勒克县等地区牧民开展了关于草地农业模式发展意愿与满意度的实地调查。调查采取问卷调查和访谈的形式，采用随机抽样的方法抽取牧户样本 82 个，获得有效样本 76 个。样本的选取中，包括牧业大户、一般牧业户、养殖户等，调查数据涵盖了牧户经营基本情况、牧户收入与支出情况、牧户对草地农业模式的了解、需求及满意程度等方面的内容。同时还对调查地的区域市场状况、相关政府部门进行了访谈，了解有关情况和政策。在深入调查获取相关数据的基础上，通过运用数理统计方法，用 Excel 软件和其他计算工具进行数据的分析与统计计算，得到结果如表 5—19 所示：

---

① 林慧龙、任继周、傅华：《草地农业生态系统中的能值分析方法评介》，《草业学报》2005 年第 14 卷第 4 期，第 1—7 页。

表 5—19　尼勒克县牧户对发展草地农业模式的意愿和满意度统计

问题（变量）	可选答案	百分比（%）	问题（变量）	可选答案	百分比（%）
是否已发展草地农业模式	是	34	是否清楚草地农业模式相关政策	是	85.4
	否	66		否	14.6
是否愿意发展	愿意	46.2	是否满意草地农业模式收益（以已发展草地农业牧户为100%，下同）	满意	68
	无所谓	24.5		一般	18
	不愿意	29.3		不满意	14
明年是否愿意	是	38.6	是否熟悉草地农业模式配套技术	是	44
	否	61.4		否	56
不愿意发展的主要原因	缺乏相关技术	26.2	对草地农业模式的发展前景是否看好	看好	71.4
	投入多太辛苦	43.7		不看好	13.7
	可能收益不高	19.3		不知道	14.9
	出租土地更划算	11.8			

注：表中数据来源于 2013—2014 年对尼勒克县部分牧户的调查结果计算所得。

　　从统计结果（即上表）可见，牧户对发展草地农业模式的意愿和满意度受多重因素的影响。首先，从牧户对发展草地农业模式的意愿来看，调查结果表明，已经参加发展草地农业模式的牧户占比约为34%，说明在传统牧业模式发展陷入困境的情况下，在政府的倡导和努力下，当地草地农业发展模式已经获得了一定程度的发展，参与的牧户数占比已经超过了总数的三分之一以上。而愿意参加发展的则占到46.2%，说明还有一部分牧户有发展草地农业模式的意愿。同时，选择不愿意的牧户也占到29.3%，说明当地在传统牧业长期占主体的情况下，牧户已经习惯了这种生产方式，即使在当前传统牧业模式受到严重挑战的情况下仍有近三分之一的牧民愿意继续沿用传统牧业生产方式，而不希望改变。另外，可以看出，明年愿意发展草地农业模式的牧户比重虽然有所增加，达到了38.6%，但还是低于选择愿意发展草地农业模式的牧户比例，说明牧民虽然认可草地农业模式，但要立刻转变牧业生产方式还有一定顾虑和困难。而对不愿意发展草地农业模式牧户的主要原因调查发现，对草地农业模式技术的缺乏，对其投入多太辛苦以及效益不高的担心，是其主要原因，同时选择将土地出租获得收益也成为牧民不愿意发展草地农业模式的原因之一。其中，对投入多太辛苦的担心占比最高，其次是缺乏相关技术的，最后是出租土地更划算。可见，在影响牧户不愿意发展草地农业模式的意愿中，对投入的增加和劳动的增多是其主要原因，这可能与传统牧业模式低投入低劳动量，生活较为简单安逸有关。由于牧民已经习惯了传统牧业模式下的生产生活方式，想要转变为高投入高劳动量的草地农业模式显然不易接受。这也是一部分牧民宁愿将分配的饲草料土地出租获取租金的原因。因此，加大在草地农业模式发展中的政策扶持和补贴非常必要。而加快草地农业模式发展中的机械化、自动化，降低生产中的直接劳动需求，也十分重要。

而对已发展草地农业模式牧户的满意度调查分析表明，有68%的牧户选择了对发展草地农业模式收益的满意选项，不满意的比例仅为14%，说明草地农业模式下其收益还是得到了大多数牧户的认可。这与国内外相关实践和本文的理论研究分析结果基本一致。同时，有71.8%的牧户对草地农业模式的发展前景看好，选择不看好的仅占13.7%，而选择不知道要看草场变化而定的则占14.9%。表明在天然草场退化严重和传统牧业难以为继的前提下，转变牧业发展方式和发展草地农业模式以做强、做大现代畜牧业已得到多数人的认可。因此，多数牧户选择看好草地农业模式发展的前景，持谨慎态度即选择不知道的牧户仅占有14.9%的比重，说明相信草场会自动恢复变好的牧户只占少数。此外，对草地农业模式相关政策和技术的调查结果表明，牧户对政策的了解程度远远高于对技术的熟悉程度，说明在政府的倡导和草原生态保护奖励金等的激励下，牧民对保护与改良草场，发展草地农业模式的政策较为熟悉和关注，而对草地农业模式相关技术的熟悉程度则相对较低。这说明草地农业模式在相关技术的普及和推广应用上还需要加强。

七　尼勒克县草地农业模式的发展完善与推广

尼勒克县的牧区草地农业发展模式实践，摆脱了简单靠天养畜的传统牧业发展模式，探索建立人工种草、草场改良和草畜产品加工的现代畜牧业产业体系。通过农业化方式增加了草地系统的物质能量投入和循环流动，增强了系统的稳定性和抗风险能力，提高了生产经营效益以及物质循环和能量利用效率，有助于实现当地自然资源的综合高效利用，既促进了草原生态环境保护和改善，又发挥了保障牧民定居，推进牧区社会开放和进步的社会效益。同时，通过投入产出和综合效益的分析，可以看出，草地农业模式虽然前期投入较多、劳动需求量大，但是在产出方面，远远超过传统牧业模式，纯收益和收益率也明显优于传统牧业模式。而在生态效益以及社会效益方面，显然作为能够促进草原生态恢复和改良，保障牧民定居与社会开放进步的草地农业模式，大大优于简单粗放、封闭落后的传统牧业模式。因此可见，当地的牧区草地农业模式具有诸多优势。当然，由于当地草地农业模式发展时间还不长，规模还有限，还存在不少问题和不足。例如，缺乏相关技术（占 26.2%）和担心前期投入多太辛苦（占 43.7%）构成了当地被调查牧民不愿意发展草地农业模式的主要原因，而对于已发展草地农业模式的牧民来说，仍有 56% 的人不熟悉其相关技术。因此，急需通过进一步发展完善相关制度、技术和政策支持措施，扶持牧民获得相应资金、技术支持和制度保障，从而使该模式的优势和效益能够充分发挥，并通过其示范和借鉴作用，实现向新疆其他牧区的推广应用。

对此，需要各级政府积极努力，不断加大投入和引导力度，出台相关扶持政策和补贴制度，推动草地农业模式向更大规模、更高层次发展。首先，牧区草地农业模式前期投入成本高，其生态效益和社会效益具有明显的外部性特征，对此，需要政府从政策层面加大扶持力度，出台实施如草畜良种补贴、机械购置补贴、圈舍建设补贴等补贴措施。同时，结合草原生态补偿奖励机制的实施，积极争取国家项目资金，努力争取对草地农业模式生态效益、社会效益的价值兑现。其次，加快相关技术、品种的研发推广力度，探索总结出适合新疆气候、生态特征的草地农业模式实用技术、优势品种以及科学合理的人工种草管理措施等。同时，通过加快草畜产品的深加工以及产业化经营，不断提高草地农业模式的综合效益和竞争力，使草地农业模式的比较优势充分发挥和得到社会认可。最后，在前期基础上不断完善草地农业模式相关技术的组合配套，形成草地农业模式高效、优质、高产生产综合技术体系，为其向全疆其他牧区推广应用准备条件。同时，结合新疆发展草原生态旅游和现代畜牧业生产加工园区建设，加快草地农业模式的推广示范。

总之，在草地农业模式的推广方面，需要通过相关技术、制度和政策的改进完善以及借助产业园区的建设经验，充分发挥其示范带动作用、科技与信息辐射作用，以快速推动草地农业模式在全疆其他牧区的发展。

第三节　本章小结

本章对新疆草地农业发展模式进行了案例实证研究分析。首先，选取新疆典型的玛纳斯河流域绿洲农业区和伊犁州尼勒克县草原畜牧区作为实证研究的对象，通过大量实地调查，获取其发展草地农业状况及模式类型的第一手资料信息，为实证分析奠定数据、资料基础。其次，通过运用投入—产出分析法、能值分析法等，对其草地农业模式与常规农（牧）业模式发展进行广泛深入的比较分析，结果表明，无论是玛河绿洲农区还是尼勒克草原牧区，草地农业模式都具有比较优势，经济收益和综合效益更高，生态、社会效益显著。同时，农牧民对发展草地农业模式的意愿和满意度也在不断提高，对其未来发展前景积极乐观。最后，无论是玛纳斯河流域还是尼勒克县，还需要进一步努力促进草地农业模式的发展完善，才能有助于其在更大范围内推广和应用。

第六章

国内外草地农业发展实践及模式借鉴

第一节　美、荷、日、法等国草地农业
发展状况及模式

一　美国、荷兰草地农业发展状况及模式

（一）美国草地农业发展状况及主要模式

众所周知，美国是世界上工业和农牧业最为发达的国家。早在20世纪初，美国就已成为世界上最大的工业化国家。此后，随着草地农业模式在美国的不断发展壮大，使美国进一步成为世界上最大的农业和畜牧业出口国。当前，美国已成为世界上农牧业最为发达的国家，仅其牧草种子就占据了世界市场份额的50%以上。[①] 而多年以来，美国的牛肉、牛奶等畜产品产量也长期位居世界第 1 位。美国发达的畜牧业不仅使其产值达到农业总产值的 63% 左右，还有效改善了居民的膳食结构和农业生态环境，形成了完整的产业链，促进了国民经济协调健康发展。

毫无疑问，美国拥有发展草地农业的优越自然条件。美国土地肥沃，平原面积广阔，气候温和，海拔在 500 米以下的平原占国土面积的 55%，大部分地区降雨充沛且分布均匀，年均降雨量达 760 毫米。这些都为美国发展草地农业提供了良好自然条件。但这并不意味着美国从一开始就认识到草地农业的重要性而走上该发展道路。

---

① 王堃、韩建国、周禾：《中国草业现状及发展战略》，《草地学报》2002 年第 4 期，第 293—297 页。

事实上美国是在吸取 20 世纪 30 年代严重的"黑风暴"生态灾难的基础上才逐步认识到发展草地农业的重要性的。此后，随着对发展草地农业重要性认识的不断加强，美国陆续制定了一系列相关法律法规。如 1978 年颁布了《公共草地改良法》，运用法律手段推动草地改良和草地农业发展。1985 年，美国农业部又提出保护和储备计划（CRP）对自愿退耕还林还草的农民提供 10—15 年的补贴，此后进一步发展为对农田、草原、牧场等土地按英亩的农业保护计划，并通过设立基金等保障所有的人都有资格获得土地质量保护的技术、资金以及规范化生产协助。① 2009 年美国更是提出了"以草地农业振兴美国新农业"的未来农业新发展战略。通过这些努力，大大推动了美国草地农业的发展和技术创新。

这样，美国通过大力发展草地农业，进行高产人工草地建设和在农业中进行苜蓿等牧草种植，不仅实现了生态治理与恢复，还提供了本国 70% 的畜禽饲料。现在，美国年均种植牧草的耕地面积占其总面积的 28% 以上，特别是苜蓿的种植面积和产量多年位居世界第一，这又进一步为美国饲料产业的发展奠定了坚实基础。2008 年，全美饲料总产量达 15450 万吨，居世界第 1 位。同时，美国对草地农业的技术和装备支持不断加大，大大推动了草地农业机械化水平和劳动生产率的提高，为其现代化发展和走在世界前列提供了条件。

同时，美国草地农业在发展过程中形成了一系列典型模式，主要包括高产人工草地建设模式、草原保护维持模式、农区草田轮作与种草模式、草产品深加工模式等。例如在高产人工草地建设方面，美国已将降水在 250—500 毫米之间的草原基本改造为高产人工草地。牧草已成为美国的三大种植作物之一，牧草种植面积为 0.47 亿公顷，占草地面积的 19.5%，相当于农作物种植面积的三分之一。2005 年，全美各类青干草收割面积 2500 万公顷，产量达 1.5 亿吨，

①　舒畅、乔娟：《欧美低碳农业政策体系的发展以及对中国的启示》，《农村经济》2014年第 3 期，第 125—129 页。

产值达到 122 亿美元。① 而在草原维持保护方面,美国将占全部草原 40% 的国有草场进行有效保护,通过设立自然保护区、国家公园,颁布《泰勒放牧法》等措施,以保证公有草原的保护维持和发挥其生态、景观、休闲等功能,同时对退化草原实行围栏封育、轮牧、人工种草、改善水文条件、公有化等措施来加强保护。②

在农区草田轮作与种草方面,美国仅苜蓿种植面积就达到 900 万公顷,产量 760 万吨,平均产量达到 8.35 吨/公顷,产值达 81 亿美元,同时还有各类牧草种子田近 57 万公顷,年生产各类牧草种子 45 万吨,现在苜蓿在美国已成为仅次于玉米和大豆的第三大种植作物。③ 随着草地农业的迅猛发展,美国草产品深加工业迅速崛起。通过新技术和新产品研发,采用高效率的经营模式和管理方法,美国草产品深加工业实现了资源的高效转化。例如,在饲草料的生产、加工、运输、销售、包装、储存和使用等各个环节都有严格的技术标准和要求,从而保证了产品的质量和市场竞争力。2009 年全球饲料产量超过 1000 万吨的企业有 5 家,美国就占了 3 家。因此,草产品的深加工已成为美国农牧业出口创汇的重要支柱产业。

(二)荷兰草地农业发展状况及主要模式

荷兰是一个位于欧洲西北部的小国。其国土面积仅有 4.15 万平方公里,人口密度却高达 392 人/平方公里,是世界上典型的人多地少的国家。但就是这样一个欧洲小国,却创造了农牧业发展的奇迹。不仅农牧业高度发达,而且其农牧产品出口能力也高居世界第二位。究其原因,不难发现,这主要得益于其草地农业模式的推广和发展。现在荷兰不仅将国内天然草原全部改造为高产人工草地,还用 53% 的耕地发展草地农业。不仅有效改善了本国生态环境和农业结构,而且还极大降低了生产成本尤其是饲草料成本,④ 促进了其农牧业发

① 王坚:《美国牧草产业饲料产业考察报告》,《草原与草业》2013 年第 25 卷第 2 期,第 10—14 页。
② 任榆田:《美国草地资源管理现状》,《中国畜牧业》2013 年第 23 期,第 50—52 页。
③ 王坚:《美国牧草产业饲料产业考察报告》,《草原与草业》2013 年第 25 卷第 2 期,第 10—14 页。
④ 司智陟:《荷兰畜牧业生产概况》,《畜牧与兽医》2011 年第 7 期,第 94—95 页。

展和效益提升。

从自然条件看，荷兰境内地势低洼平坦，河流渠道纵横交错，气候温暖湿润。世界最大的墨西哥湾暖流直达荷兰海岸，带来了大量热量和降水，使荷兰常年气候温和湿润，且较其他同纬度国家和地区温暖。这些都为荷兰发展草地农业提供了良好的自然条件。再从社会条件看，早在19世纪末，当欧洲发现谷物产量开始下降，便意识到没有牧草和畜牧业的农业是不完备的农业，于是开始注重牧草和饲料作物的栽培种植，并大力推行粮草轮作，从而既提高了农业产量，改良了土壤结构，又促进了畜牧业的发展。因此，在这些有利条件的推动下，荷兰的草地农业起步早，发展迅速，取得了巨大发展成就。

在草地农业发展模式上，荷兰一方面利用优越的自然条件，大力发展高产人工草地建设模式，将全国的天然草原通过补播、混播优质牧草，科学管理和补充肥料，改造为高产的人工草地。牧草每年可刈割4次，每公顷年产干草10吨左右，不仅有效保障了本国畜牧业的发展，还通过草产品深加工大量出口。同时，为保证获得充足优质的牧草种子，荷兰建立了专业的牧草品种与种子生产研发机构，如百绿公司、丹农集团的英诺公司等。每年仅英诺公司就有10个左右的牧草和草坪品种通过审定注册。而全国年均生产优良牧草种子达25万吨，出口到45个国家和地区，创汇高达10亿荷兰盾。另一方面，荷兰还不断发展农区种草和草产品深加工模式，例如荷兰全境共有农用地201.4万公顷，而其中109万公顷用于种植牧草，再加上27.6万公顷饲用玉米地，两者合计约占全国农用地面积的2/3以上，并像种植粮、经作物那样对牧草实行精耕细作。[①] 同时，根据畜牧业发展的需要和家畜的营养需求，不断改进牧草品种搭配和饲草料深加工。通过建立集约型现代畜牧业不断延伸草地农业产业链，以高品质的畜禽肉、乳制品、皮革加工等出口实现价值增值。

此外，荷兰也注重草地农业生态休闲模式的发展和其景观旅游等功能的发挥。例如，荷兰政府要求牧场主在各牧场附近建立自然

---

① 廖兴其：《荷兰的草地及牧草繁育》，《中国草地》1996年第5期，第76页。

景观保护面积，并规划从 2000 年到 2013 年自然景观的保护面积要
达到 15 万公顷。① 因此，荷兰的草地农业不仅历史悠久，规模大，
集约化程度高，而且具有多种实践模式。这些模式与荷兰的自然环
境和经济发展水平紧密结合，创造了小国发展现代高效农牧业的成
功范例。

二　日本、法国草地农业发展状况及模式

（一）日本草地农业发展状况及主要模式

日本是一个位于亚欧大陆东部、太平洋西北部的岛国，其国土
由北海道、本州等 4 个大岛和其他 7000 多个小岛组成，陆地总面积
不过 37.79 万平方公里，人口却高达 1.29 亿之多。因此，日本是一
个人多地少、人均资源非常匮乏的国家。而且由于境内多山，平原
和可耕地较少，给其农业发展带来了许多不利条件。但就是在这样
的不利条件下，日本却创造了亚洲经济发展和农业现代化的奇迹。
不仅经济发达，现代化水平高，长期位居世界第二经济强国，而且
国内生态环境良好，森林、草原密布，实现了经济与生态的协调发
展。特别是在农业领域，在国家的倡导和保护政策下，以草地农业
为代表的生态农业迅速发展，直接推动了其农牧业的生态化发展和
效益提升。

第二次世界大战前，日本农业发展模式较为单一，基本以水稻等
种植业为主，因此有"无畜农业"之称。当时受日本传统的"四足牲
畜不洁净"思想影响，除鸡以外，日本很少食用畜产品。只是由于农
耕中需要大量使用牛、马等畜力，因此进行少量的饲草种植和放牧也
是存在的。二战前后，特别是战争中对畜产品的需求迅速增加，促使
日本开始强制推行"畜牧大农论"。再加上对欧美草地农业发展的借
鉴学习，日本开始进行草地农业发展模式的尝试。战后随着日本经济
的迅速恢复发展，畜产品市场需求持续增长，同时为解决农村劳动力
过剩问题和适应国民消费需求的变化，政府鼓励在水田地带引种饲草

---

①　原京成：《荷兰的草地畜牧业管理模式》，《中国农业通讯》2007 年第 5 期，第 72—
73 页。

料，饲养奶牛，进一步推动了草地农业的发展。20 世纪 50 年代中期，日本又先后颁布了《牧野法》、《酪农振兴法》等旨在推动草地农业发展的法律法规，为草地农业的发展提供了法律保障。

随着日本对发展草地农业重要性认识的不断加强，日本草地农业迅速发展。到 20 世纪 90 年代，日本全国牧草、饲料作物栽培总面积达 150 多万公顷，是 1950 年的 18.75 倍，单位面积产量为 44.50 吨/公顷，是 1950 年的 2.8 倍。[①] 特别是 20 世纪 70 年代，在市场的强劲需求下，仅这 10 年日本的草地农业面积就增加了 91%。现在，日本在天然草地改良治理、高产人工草地建植、草田轮作和牧草饲料栽培育种方面都取得了公认的显著成就。作为同在东亚和人多地少、多山的国家，日本在草地农业的发展过程中所形成的宝贵经验和实践值得我国借鉴。

首先，注重以立法等手段保障和引导天然草原改良和人工草地建设，为草地农业发展提供法律保障。虽然战后日本畜牧业迅速兴起和规模不断扩大，但却并没有造成草原的严重退化和生态灾难，反而促进了天然草地的开发改良和人工草地的建设以及草田轮作和牧草种植的发展，这主要得益于日本从一开始就注重以法律手段规范和保障草地农业的发展。例如，从 1950 年日本通过新的"草地法"开始，日本先后颁布了多部旨在促进草地农业发展的法律法规。不仅保障了天然草地的合理开发和改良建设，避免了对草原的过度开发破坏，还为积极引进国外优良牧草品种，引导广大农民大力进行天然草地改良和人工草地建设指明了方向，促使全国草地栽培面积、总产草量和单位面积产量得到了大幅提高。其次，对草地农业发展模式提供强有力的全面技术支持与服务，例如日本仅以牧草栽培为对象的农业服务事业体就有 1464 个，从不同角度为草地农业生产经营提供服务。同时不断加大对新技术、新品种的研发力度，以提高草地农业的效益和竞争力。例如，日本开发的高效集约放牧技术，利用移动式电动牧栅，把牧场分为放牧区和采草区，根据季节

---

① 赵来喜：《日本牧草饲料作物育种工作概述》，《中国草地》1991 年第 1 期，第 76—79 页。

调节牧草产量，比传统放牧相比，不仅牧草产量增加了 1 倍，而且牲畜体重更增加了 2 倍。① 同时，随着优质牧草品种的开发和养殖技术的改进，大幅度提高了日本的畜产品产量。以牛奶产量为例，1965—1985 年平均每头奶牛的实际产奶量增加了 25%，每头奶牛的饲养劳动时间却降低了 77%，牛奶单产超过西欧和大洋洲达 30%—50%，更超过发展中国家数倍。② 因此，发达的草地农业为日本畜牧业发展和人民生活水平改善做出了巨大贡献。

（二）法国草地农业发展状况及主要模式

法国是世界上传统的草地农业大国，其草地畜牧业尤其发达。这与法国得天独厚的自然环境和地理位置不无关系。法国位于欧洲大陆的西部，西靠大西洋，南临地中海，优越的地理位置不仅使法国成为欧洲的"十字路口"，而且也使法国形成了以海洋性气候和典型地中海气候并存的优越气候环境。冬季多雨雪，夏季凉爽湿润，年降水量 700—1000 毫米，全国 80% 的国土面积地处海拔 500 米以下的平原及丘陵区域。③ 这就为法国发展草地农业提供了优越的自然条件。再加上法国政府的大力倡导和政策激励，经过长期的发展，法国农业已经由传统的种植农业转变为现代草地农业。例如，近年来法国牧草面积达 1490 万公顷，占农业土地面积 2800 万公顷的 53.2%，而草场面积中经过改良的永久性草场面积达 1100 万公顷，占草场总面积的 73%。在草地农业大规模发展的推动下，法国畜牧业产值占农业总产值的比重已达 70% 以上。④

法国发展草地农业不仅历史悠久，而且长期以来得到政府和社会的重视。早在 1850 年，法国用于畜牧业生产的土地已近 800 万公顷，其中有 260 万公顷为人工栽培的豆科牧草草地，其余为天然草场，从 19 世纪末到 20 世纪中期，法国牧草料种植进入高速发展阶

---

① 赵芳：《日本畜牧业的产销经营及发展趋势》，《现代日本经济》1994 年第 3 期，第 39—42 页。

② 同上。

③ 吴凯锋、张明富、罗健、赵忠、姬洪亮：《值得借鉴的法国草地畜牧业》，《草业科学》2008 年第 25 卷第 10 期，第 124—127 页。

④ 胡成波：《法国畜牧业的特色》，《当代畜牧》2004 年第 4 期，第 43—44 页。

段，至 1950 年饲草料种植总面积已达到 1850 万公顷①。此后，随着法国对农业集约化、专业化、现代化发展的要求不断加强，草地农业发展开始从规模扩张转向集约化发展。草地农业面积一度有所下降，但由于混播等相关技术的改进和饲草料新品种的推广，草地农业产出仍保持了持续增长，致使后来法国畜产品市场严重过剩，而高度集约化的草地农业生产也暴露出对生态的某些负面影响。对此，法国提出草地农业发展应回归为"粗放"经营传统，以减少对环境的影响。到 20 世纪末，随着世界对可持续发展和生态农业认识的加强，法国科学家在总结草地农业优势的基础上提出了《豆科牧草：新的农业政策，新的机遇》的法国农业未来发展主张。② 此后的 2011 年，《欧盟共同农业政策》改革草案中进一步提出鼓励农户进行多元化轮作，对采用种植牧草和草田轮作等草地农业模式给予每公顷 250 欧元的高额补贴。从而在农业发展政策和补贴上全面加大了对发展草地农业的支持。法国作为欧盟的重要成员，不仅直接参与和推动了该政策草案的出台，而且也是该政策草案的主要受益者之一。

法国在草地农业发展的过程中形成了多种发展模式，在牧草种植栽培、科学管理、产业化经营等方面取得了突出成就。例如，在牧草种植栽培方面，法国拥有近百余种牧草或饲料种植植物，并根据这些植物的生长特性以单播或混播的形式发展临时草地、高产人工草地等栽培草地类型。在实践中，有时甚至将 10 种左右的牧草混播，以实现混播草地的高产和高效利用。特别是将多年生禾本科牧草混合种植和禾本科牧草与豆科牧草的多种混播，在法国草地农业生产中占有重要地位。同时，法国极为重视牧草新品种的研发和牧草的深加工，而草地农业生产的区域化和专业化、经营管理的集约化、生产过程的机械化等不仅加快了牧草及饲料作物新品种的迅速推广利用，而且大大提高了其经济效益，推动了法国草地农业的

---

① 米福贵：《法国牧草及饲料作物的生产》，《国外畜牧学》（草原与牧草）1997 年第 2 期，第 7—9 页。

② 周禾：《法国的草地农业》，《世界农业》1995 年第 11 期，第 19—20 页。

发展。

在经营管理方面，法国以家庭经营为主的大牧场经营方式，融生产、休闲、旅游、教育等为一体，通过发展人工高产草地和饲草料深加工，获得了较高的经济效益和生态效益。而在产业化经营方面，法国在草地农业发展过程中，以龙头企业为中心不断延伸产业链，同时牧场主、企业以及科研人员联合成立了各种合作组织和合作社，不仅克服了家庭经营与大市场的矛盾，推动了技术创新及新成果的推广应用，而且实现了产、加、销一体化，有效提高了市场竞争力和效益提升，促进了整个产业的协调发展。例如，孔戴奶酪行业委员会就是联合了孔戴地区上千个家庭养牛场和 117 家乳品加工厂成立的大型合作组织，在合作组织内资金、物资、信息、成果等资源实现了共享，促进了生产、加工、经营的一体化发展。此外，法国通过发展草地农业，严格执行欧盟的农业共同政策标准，获得了可观的农业政策补贴收入。2005 年法国仅获得的农业补贴收入就高达 100 多亿欧元，成为欧盟农业政策补贴的最大受益者。[①]

三　上述国家草地农业模式的发展成效及趋势

由于草地农业所具有的多重优势和极强综合效益，在发达国家很早就已得到重视和发展，并随着时间的推移而不断加强。近年来，随着全球生态环境的日益恶化和能源枯竭等问题的凸显，发达国家更进一步加强了对草地农业发展模式的重视程度。而且正在探索新的现代草地农业发展方式，从发展战略、标准制定、经营模式、消费引导等多个层面积极谋划部署，为新一轮现代农业产业竞争奠定了基础。

（一）草地农业模式不断发展壮大，成效显著

由于草地农业所具有的诸多优势与现实可行性，美国、荷兰、新西兰、日本等都先后对其大力倡导和推广，使该模式迅猛发展并取得了显著成效。例如，美国通过将 28% 的耕地采用草地农业模式

---

① 吴凯锋、张明富、罗健、赵忠、姬洪亮：《值得借鉴的法国草地畜牧业》，《草业科学》2008 年第 25 卷第 10 期，第 124—127 页。

以及人工草地建设，不仅实现了生态治理与恢复，还提供了本国
70%的畜禽饲料，并使其畜牧业产值占农业总产值的62%。同时，
草地农业的发展还使其占据了世界50%的草产品和牧草种子市场份
额，使之成为美国农业的重要支柱产业。① 荷兰用53%的耕地发展
草地农业，并将天然草地改造为高产人工草地，不仅有效地改善了
生态环境和农业结构，而且还极大降低了生产成本尤其是饲料成
本，② 支撑了其位居世界前列的农业出口能力。

　　此外，日本、法国、英国乃至天然草场资源极为丰富的澳大利
亚、新西兰等都在积极发展和推进草地农业发展。例如仅20世纪70
年代日本草地农业面积就增加了91%，而加拿大、英国、新西兰等
国的人工种草面积更是达到了草场总面积的27%、59%和75%以上，
不仅实现了单位人工草地10倍于天然草地产草量和效益的效果，而
且充分发挥了草地农业在经济、生态等方面的综合效益。现在草地
农业的发展规模和面积及其在大农业中所占的比重，已成为判断一
个国家农牧业发达程度的重要衡量指标。

　　（二）将草地农业发展模式作为农业发展战略方针

　　美国在经历了20世纪30年代"黑风暴"生态危机后，对草地
农业发展模式重要性的认识持续加强，并制定了一系列草地农业发
展战略。如1978年美国颁布了《公共草地改良法》，建立了运用法
律手段确保对草地状况进行调查、评价以及通过发展草地农业来改
良保护草地的基本制度。1985年，美国农业部又提出保护和储备计
划（CRP）对自愿退耕还林还草的农民提供10—15年的补贴，此后
进一步发展为对农田、草原、牧场等土地按英亩的农业保护计划，
并通过设立基金等保障所有的人都有资格获得土地质量保护的技术、
资金以及规范化生产协助。③ 2009年，美国更是提出了"以草地农
业振兴美国新农业"的未来农业新发展战略。同时欧洲也有多个国

---

① 王堃、韩建国、周禾：《中国草业现状及发展战略》，《草地学报》2002年第4期，
第293—297页。

② 司智陟：《荷兰畜牧业生产概况》，《畜牧与兽医》2011年第7期，第94—95页。

③ 舒畅、乔娟：《欧美低碳农业政策体系的发展以及对中国的启示》，《农村经济》2014
年第3期，第125—129页。

家制定或着手研究通过发展草地农业应对气候变化和生态恶化的新战略方针。如荷兰先后制定了《暂行土地净化法》、《土地保护法》、《环境税法》以及《二号国家环境政策规划》（NEPPZ）等，确立了以草地农业等低碳环保方式来实现可持续发展的战略措施。法国、西班牙、瑞典、芬兰、英国、挪威等也制定了相似的发展战略，如法国科学家提出了《豆科牧草：新的农业政策，新的机遇》的主张。① 此外，俄罗斯在颁布的《2008—2012 年农业发展、农产品市场调节、农村发展规划》中，也将改变常规农业发展方式、保护自然资源和恢复生态环境作为发展目标之一，并资助草地农业等生态农业的相关科技创新。

（三）充分发挥草地农业固碳固氮低碳环保优势

由于草地农业具有固碳固氮低碳环保等多重优势，因此，发达国家正在通过各种措施来充分发挥草地农业的这些优势，以推动草地农业的进一步发展提升。例如西方国家正在尝试以低投入高物种多样性（LIHD）的乡土草为原料生产生物能源来代替玉米，② 以发挥其温室气体排放低、污染小和保护环境以及物种多样性等优势。③ 到 2004 年欧盟生物能源草地农业面积已达 140 万公顷。同时，西方国家还利用搭建碳交易平台等手段，加快草地农业固碳固氮低碳环保价值的实现。例如，2003 年全球首个温室气体减排量交易市场平台——芝加哥气候交易所在美国成立，为草地农业的低碳环保价值体现和向现代有机草地农业发展提供了市场动力。例如通过碳排放交易平台，美国农民每年每英亩至少可获得 2 美元的碳汇收入，而现代有机草地农业相比传统草地农业 CO_2 排放量将进一步降低 40%—60%。④ 因此通过碳交易可获得的碳汇收入将更高。总之，草地农业的免耕少耕特性，以及牧草的固氮沃土性能，以及更高效的

---

① 周禾：《法国的草地农业》，《世界农业》1995 年第 11 期，第 19—20 页。

② Tilman, D., Hill, J., Lehman, C., "Carbon-negative Bio-fuels from Low-input High-diversity Grassland Bio-mass", *Science*, Vol. 314, 2006, pp. 1598-1600.

③ 徐磊、侯扶江：《以草地农业系统观分析猪肉价格问题》，《草业科学》2010 年第 6 期，第 123—128 页。

④ F. Lies, Bach, A. "Microorganism in Okoboden Zeigen Gross ere Vielfalt und Hohere Abba-uleistung", *Okologie und Land-bau*, Vol. 106, 2004, pp. 38-40.

光热水土利用和更强的光合作用碳汇功能，都使草地农业成为重要的碳汇减排环保项目。这也是美国等国家发展保护性的草地农业耕作方式以及在休耕地覆盖草地植被的重要原因。例如，加拿大利用豆科牧草固氮减少氮肥投入的特性，把农作物与豆科牧草适度轮作，大大减少了氧化亚氮的排放，提高了土壤碳汇能力。而新西兰更是通过发展豆科牧草实现了轮牧草地年固氮量 184 公斤/公顷，三叶草草地年固氮量超过 670 公斤/公顷的效果。①

（四）建立草地农业产品标准与技术服务体系

早在 1997 年，欧洲零售商协会就制定了"良好农业规范"食品标准，明确了农产品的可追溯性、食品安全、环境保护乃至动物福利等，标志着草地农业产品质量与卫生标准的诞生。例如在该标准的"环境保护"条目中提出重点要降低作物施用农药量，有效改善自然资源使用效率，保护自然资源与野生动植物等，最大限度地减少对环境的负面影响。与此同时，还制定了农民的行为守则，其中包括草地农业品种种类与来源、土壤管理、灌溉与施肥管理、植物保护措施、废弃物处理及设施等问题。这些都从各个方面为草地农业发展指明了方向。1999 年，美国农业部又在召开的牧区可持续行业标准研讨会上，建立了可持续牧区发展圆桌机制，并着手制定相关标准与指标。此后 2003 年与 2007 年，美国先后发布了关于牧场资源评估的标准和农业林业的"杜克标准"。现在，美国、欧盟、日本等已建立了相对完善的草地农业产品质量安全体系和检验检疫标准。

在草地农业技术服务体系建设方面，发达国家也取得了突出成就。通过技术服务体系和推广机构，指导农民对草地农业生产的各个环节进行技术创新和方式转变，不仅有效降低了生产成本和温室气体排放，而且使草地农业的生产水平和转化率大幅提高。例如日本通过加快畜种和草种的改良及加强养殖管理等技术服务来推动草地农业发展与效益提升。而美国农业部农业研究中心更是开发了一种基于 Wiki 网络的交互式技术服务体系，该体系整合了大量研究结

① 樊江文：《新西兰的草地生产》，《世界农业》1994 年第 5 期，第 31—34 页。

果、机构指南和报告、比较研究、专家经验和建议等，为专业化草地农业生产与管理提供便捷的多种技术方法和数据服务。① 这些都有效提高了发达国家的草地农业综合效益。例如澳大利亚、美国、荷兰的草地综合生产力已分别达到我国的 10 倍、12.5 倍和 50 倍。②而美、法、英、德、日等国植物产品转化为动物产品的转化率也达到 5.7∶1 的高水平。③

第二节　澳大利亚草地农业的发展演变及模式启示

一　澳大利亚草地农业发展的背景分析

澳大利亚是位于南半球南太平洋和印度洋之间的畜牧业大国，其国土由澳大利亚大陆、塔斯马尼亚岛等岛屿组成。其国土面积约为 796 万平方公里，而全国人口仅为 2200 多万人，是世界上典型的地广人稀、人均土地面积较多的国家，人均耕地和放牧地分别高达 2.7 公顷和 30 公顷，此外还有人均林地约 2.2 公顷，这些都为其发展农牧业提供了充裕的自然基础。同时，由于人均农畜产品占有量远远超过自身消费量，为其农畜产品大量出口创汇提供了前提，例如现在澳大利亚不仅是世界贸易体系中最大的羊毛和牛肉出口国，而且其奶产品、谷物和饲草料在世界农产品贸易中也占有非常重要的地位。究其原因，除了澳大利亚拥有得天独厚的丰富天然草场资源外，还与其草地农业的不断发展密切相关。

从天然草地资源看，澳大利亚大概是世界上人均天然草地面积占有量最大的国家，其草地资源总面积达 49070 万公顷，占全国土地总面积的 63.6%，占世界草场总面积的 12.4%。④ 这就为澳大利

---

① 李志强：《美国草地资源合理利用与信息化管理的启示》，《中国畜牧业》2012 年第 21 期，第 56—59 页。

② 陈东华：《草地农业系统与西部农业的可持续发展》，《青海草业》2008 年第 2 期，第 21—25 页。

③ 张明华：《略论草地农业系统》，《草地学报》1994 年第 1 期，第 83—88 页。

④ FAO. STATE, (2006-12-10), 2011-10-20 (http:／www. fao. org).

亚草地农业发展提供了广阔的自然空间。再从水资源方面来看，澳大利亚虽然四面环海，但由于地形等原因，其大多数地区仍然降水不多，尤其是内陆地区干旱少雨，年均降水量在 200 毫米以下，是最为干旱的大陆之一。不过澳大利亚拥有十分丰富的地下水资源，且分布广泛，在很大程度上解决了其发展草地农业的水资源问题。而在光热资源方面，澳大利亚年平均气温北部达 27 摄氏度，南部也在 14 摄氏度左右，而且四季温差小，无霜期长，日照充足，光热资源十分充裕。这些都为其草地农业发展提供了有利自然条件。

　　但是，这并不意味着澳大利亚从一开始就走上了草地农业的发展道路。而恰恰相反，丰富的自然资源和有利的条件，助长了人们对资源的掠夺式开发和毫无节制的利用，并最终造成了农牧业发展的严重危机，在此背景下，澳大利亚才逐步认识到发展草地农业的重要性。首先，随着 18 世纪后期欧洲大批移民涌入澳大利亚，造成澳大利亚人口短期内迅速增加。而由于土地价格低廉，移民大量毁林、毁草开荒、过度放牧等掠夺式开发行为迅速蔓延，并随着人口的进一步增加和向内陆迁移不断扩展，最终造成大量林地、草地被破坏，沦为了不毛之地，严重阻碍了农牧业的可持续发展。同时，随着生态被严重破坏，各种自然灾害开始频繁发生，进一步打击了农牧业的发展。例如，1895—1903 年严重的旱灾，给绵羊生产造成了致命打击，绵羊由约 1.06 亿只大幅降至 0.53 亿只。[①] 下降幅度达 50%，且长期难以恢复。

　　在农业生产方面，由于缺乏对土地肥力的保持和长远考虑，普遍实行连作种植和掠夺式开发，结果导致土壤肥力和作物产量不断下降。从 1860 年到 1890 年，澳大利亚谷物产量平均每公顷由 860 公斤下降为 490 公斤。[②] 下降幅度达 43% 以上，给农业生产造成了严重打击。再加上由草地重牧与过牧造成的草原严重退化，以及由此引发的沙尘暴、水土流失问题日益严重，迫使澳大利亚不得不重新考虑农牧业的发展问题。草地农业发展模式正是在这一背景下被

---

　　① 阎永玉：《澳大利亚的草地开发》，《自然资源研究》1984 年第 2 期，第 87—90 页。

　　② 陈唯真：《澳大利亚的草地农作制》，《国外畜牧学》（草原与牧草）1987 年第 2 期，第 56—59 页。

提出和不断发展完善的。这也表明，无论是自然资源如何丰富的国家或地区，如果不能合理开发利用，仍然会造成严重的环境灾难。而建立科学合理的发展模式，对于任何国家或地区都是至关重要的。

二　澳大利亚草地农业发展的主要模式

从 20 世纪 30 年代开始，澳大利亚开始重新审视农牧业的发展方式，并逐渐加大了对草地农业发展模式的推广应用。经过数十年的发展和相关技术、规定等的完善，澳大利亚农牧业发展获得了前所未有的成就。特别是在草地农业大发展的支撑下，其农业、畜牧业不仅长期保持了稳定增长的态势，而且农业生态环境和草原生态环境得到了有效改善。农畜产品在产量和品质上也都得到了显著提高，使其国际市场竞争力进一步增强。同时，牛、羊、鹿等草食家畜产值占畜牧业总产值达 90% 以上，而且实现了生产的区域化、专业化和机械化。例如牧草的种植和管理、饲料加工、剪羊毛、屠宰、运输、冷冻等方面，都实现了机械化乃至自动化生产，有效提高了劳动生产率和草地农业的效益。

在草地农业发展模式方面，澳大利亚通过积极探索，不仅积累了丰富的实践经验，而且发展了一套适合本国国情的草地农业发展模式。主要包括天然草地保护改良模式、高产人工草地建植模式和草田轮作模式。同时，通过制定相关法律法规、技术标准、补贴政策等规范和促进这些模式的发展。以天然草地保护改良模式为例，澳大利亚不仅于 1934 年颁布了《草原保护法》，还特别规定干旱区草原土地属政府所有，从而为发展有效的天然草地保护改良模式提供了法律保障。而牧场主租用这些草原牧地必须遵守法律和政府相关规定，一旦发生过牧导致的草场退化问题，政府即可将土地立即收回。这就对牧场主形成了严格的制约，促使其自觉合理利用草地资源。同时，政府对牧场主改良草场给予低息或无息贷款优惠。而草原牧区的水、电、路等基础设施，则全部由政府无偿投资建设。随着政府、社会和牧场主对天然草地保护改良的不断加强和技术进步，发展水利灌溉、补播牧草、施肥等措施手段也在不断发展。在大面积的天然草地区域通过飞机播种、施肥，利用发展自喷井并进行喷灌，从而有效促进了天然草地的保护和改良，大大提高了其生产力。

在高产人工草地建植方面，澳大利亚根据本国不同地区的气候状况，以及畜产品外向型发展的需要，主要选择降水量丰富的沿海地区作为高产人工草地的建植区域。此外，在降水高于 500 毫米的其他地区，也鼓励大量发展高产人工栽培草地，以实现通过高产人工草地促进草畜平衡，既保护了生态环境又促进了畜牧业集约化发展。现在，澳大利亚已拥有大约 3000 万公顷的高产人工栽培草地，[①]以三叶草、苜蓿和黑麦草混播为主，不仅保证了全年产草量的均衡发展，支撑了畜牧业的稳定发展，而且在相关技术和品种研发上走在了世界前列。例如，在栽培草地优质牧草品种的引进和研发上，从 18 世纪后半期开始，澳政府就积极引进牧草品种，进行试种和品种改良。一百多年来，引进的牧草种类多达 16000 多种，其中驯化成功的种类 1300 多种。[②]现在，澳大利亚已成为世界上牧草种质资源最丰富的国家和最大的牧草种质基因库。

同时，澳大利亚研发出大量适合当地的特色优质牧草新品种，如 1939 年阿德雷德大学农学院培育出筒状苜蓿新品种，不仅产量高且其荚果不带逆刺，不会造成羊毛污染，大大推动了养羊业的发展和羊毛品质的提高。[③]另外，澳政府对高产人工草地建设给予大力扶持，如政府给新建的人工草地提供 30%—50% 的资金补助，同时还提供 10—20 年的长期低息贷款以及免收其所得税。总之，通过大力发展高产人工草地建植模式，极大地提高了草地的利用率和产出率，而优质牧草的种植和科学草地利用制度的建立，进一步提高了牧草的蛋白质含量和畜产品的产量、品质，为澳大利亚畜牧业的发展和国际竞争力提高奠定了坚实基础。现在全澳畜产品出口额占总出口额的比重高达 30%，而人工草地占草地总面积 67% 的新西兰则更是

---

① 张立中、辛国昌：《澳大利亚、新西兰草原畜牧业的发展经验》，《世界农业》2008 年第 4 期，第 21—23 页。

② 阎永玉：《澳大利亚的草地开发》，《自然资源研究》1984 年第 2 期，第 87—90 页。

③ 陈唯真：《澳大利亚的草地农作制》，《国外畜牧学》（草原与牧草）1987 年第 2 期，第 56—59 页。

达到了 70%。

在草田轮作模式方面，澳大利亚也取得了突出的成就。20 世纪 30 年代，随着国际市场对牛肉、羊毛、乳制品等畜产品需求的增加，以及豆科牧草种子的商品化，草田轮作这一草地农业新模式开始产生，并很快显现出诸多优势而迅速推广。经过 30 年的发展，到 60 年代该模式已在全澳普遍实行。在该模式下，豆科牧草如苜蓿与谷物进行轮作，通常是先种一年牧草再改种一季或两季作物。这样既避免了作物生长季过短造成的光热资源浪费，又有效发挥了苜蓿等豆科牧草的固氮功能，改善了土壤结构和肥力。例如，一年生苜蓿在生长季内每公顷可增加土壤氮素至少 60—70 公斤，相当于 300 公斤硫氨。[①] 此外，澳大利亚培育出一种具有大量硬籽的苜蓿品种，不仅生长快产量高，更重要的是其硬籽具有在改种一两季作物后仍可萌发生长为高产草地的能力，这就不仅大大节约了劳动力与投资，而且使草田轮作种植计划可以实现灵活性和针对性。例如，农民可以根据市场的变化灵活调整草田轮作种植计划，从而实现更高的收益。因此，草田轮作模式不仅改善了澳大利亚的土壤肥力和农牧业生产，而且使其抗市场风险能力显著提高。例如，当 20 世纪后期以来国际市场剧烈波动，畜产品价格下跌时，农民通过延长谷物种植可以有效降低风险和损失，反之则可以延长牧草生产来增加畜产品与饲料生产，实现效益增加。

三 澳大利亚草地农业模式的成效分析

作为世界上最干旱的大陆，澳大利亚在农牧业发展方面无疑面临着诸多挑战。澳大利亚不仅大部分区域属于干旱地区，沙漠、半沙漠面积占国土总面积的 35%，而且由于地处南半球太平洋和印度洋之间，频发的厄尔尼诺和拉尼娜气候现象使澳大利亚的气候状况更为糟糕。持续的干旱和周期性的洪涝灾害都在严重威胁着当地的农牧业生产。但是，随着草地农业模式的发展和不断完善，澳大利

---

① 陈唯真：《澳大利亚的草地农作制》，《国外畜牧学》（草原与牧草）1987 年第 2 期，第 56—59 页。

亚不仅实现了农牧业的长期稳定发展和产量增长，而且其农牧业的国际竞争力和可持续发展能力也显著增强。这不能不说是其发展草地农业模式所取得的巨大成效。同时，随着草地农业模式的发展，其在草地生产率、畜产品产量与品质、草地科学管理、相关技术研发等方面都取得了巨大成功，为澳大利亚成为国际公认的农牧业发达国家奠定了坚实基础。

首先，随着澳大利亚天然草地改良与人工种草模式的发展，极大提高了其草地生产率和支撑整个畜牧业发展的能力。占澳大利亚天然草地总面积14%的3000万公顷高产人工草地，以其高产稳产的优质牧草和机械化生产体系，不仅保障了畜牧业发展的大部分饲草料需求，使得经济发展与天然草地保护与自然恢复的矛盾冲突大大缓解，促进了草原生态的恢复与治理，而且进一步为载畜率和畜产品品质的提高提供了可能。现在，澳大利亚以占世界9%（约1.7亿只）的绵羊放牧量创造了占世界27%的羊毛产量（约10亿公斤），而且品质优良，在国际市场上占有三分之二以上的份额，其竞争力之强可见一斑。此外，还有牛2740多万头，年产牛肉204万吨、牛奶1140万吨。按人均计算，超过我国人均产量达20倍左右。究其原因，除其他因素外，与草地农业模式在两国的巨大发展差异不无关系。研究表明，澳大利亚通过大力发展草地农业模式，大大提高了家畜饲养和饲草种植的效率，使其草地综合生产力达到我国的10倍以上。① 因此，在国际上一般认为，一个国家的畜牧业发展水平，很大程度上取决于其栽培草地和半天然草地所占草原面积的比重，② 也就不足为奇了。

其次，在草地科学管理和技术研发上，澳大利亚通过草地农业发展实践，探索出一整套高效、科学的管理方法和应用技术，进一步提高了草地农业的发展成效。例如，在高产人工草地的建设和管理上，通过多年实践，已总结出一套清理、施肥、播种（特别是豆

① 陈东华：《草地农业系统与西部农业的可持续发展》，《青海草业》2008年第2期，第21—25页。
② 侯军岐、李晓宁：《中国加入世界贸易组织对畜牧业的影响及对策》，《农业经济问题》2002年第5期，第27—30页。

科牧草与禾本科牧草混播）和草地围栏化及轮牧管理的技术措施，从而促进了草地农业发展成本的降低、管理的便捷和效益的提升。同时，通过整个生产过程中机械化的应用和严格科学的围栏化轮牧管理，极大降低了劳动力的使用，促进了草畜平衡和畜产品品质的提高。另外，为促进草地农业模式的发展，澳政府极为重视高产优质牧草品种的选育工作，长期以来不断引进各种牧草品种，进行试种和品种改良。现在，澳大利亚已成为世界上牧草种质资源最丰富的国家和公认的草产品世界研发中心。通过采用先进的实验手段和生物基因工程技术进行牧草（饲料作物）的育种，不断探索草地农业低成本、高产出的理想模式。同时，澳大利亚培育和生产的大批优质牧草草种，也早已远销世界各地，使其成为世界主要的草种生产国和出口国，常年出口量占其生产量的70%—80%。

最后，草田轮作模式的发展有效促进了其农业和畜牧业的发展，并使其能够灵活应对市场变化，增强了抗风险能力和收益，成效显著。草田轮作下不仅使牧草的固氮增肥、保水沃土等作用得到发挥，节约了大量化肥的使用成本，改良了土壤结构，为农业增产增收提供了有利条件，而且同时为附加值更高的畜产品生产提供了原料，为农牧结合增加收益以及灵活应对市场变化准备了条件。例如，仅南澳大利亚州每年因豆科牧草土壤中增加的氮就在150万吨左右，节约化肥成本达3亿澳元。[①] 而南澳州自1950年全面实行草田轮作以来，不仅谷物产量由1930年的100余万吨增加到1970年的200余万吨，增长了1倍；同时，绵羊只数也由800万只增加到1700万只，增长超过1倍，羊毛产量更是增长了将近3倍。[②] 可见，草田轮作对促进澳大利亚农牧业发展作用巨大，成效显著。

---

① 阎永玉：《澳大利亚的草地开发》，《自然资源研究》1984年第2期，第87—90页。
② 陈唯真：《澳大利亚的草地农作制》，《国外畜牧学》（草原与牧草）1987年第2期，第56—59页。

第三节　我国草地农业的发展实践与成效分析

一　甘肃草地农业的发展实践与成效分析

甘肃省地处我国西北地区，位于黄河中上游，地域辽阔且地貌复杂多样，境内山地、高原、平原、河谷、沙漠、戈壁等交错分布。由于深居内陆，甘肃省气候较为干燥，年均降水量 300 毫米左右，但光照充足，光热资源丰富，年均气温在 0—14 摄氏度之间。这些都为甘肃发展多种形式的农牧业生产提供了相应条件。同时，甘肃还拥有占其土地资源总面积 34.67% 的各类草地资源面积 1575.29 万公顷，使之成为我国的主要牧区之一。近年来，在大力发展草地农业模式的推动下，甘肃农牧业发展迅速。2013 年，甘肃省仅玉米种植面积就达 92.46 万公顷，产量达到 5041 万吨，秸秆资源总量达到 1900 万吨，加工利用率达到 60%；实现草畜平衡面积 940 万公顷，占其草场总面积的 59.6%，人工种草面积 147.46 万公顷；牛、羊饲养量分别达到 690 万头、3203 万只，养殖规模超过新疆等主要牧区。

甘肃是我国最早发展草地农业的省区之一。早在 20 世纪 80 年代初，以任继周等为代表的老一辈科学家就在甘肃多地广泛开展草地农业的实验和推广工作。随着研究的深入，草地农业沃土增肥、节水保墒、防治水土流失、促进农牧业增产增收的优势不断显现，为甘肃地区农民脱贫致富、开展多种经营、改善生态环境做出了巨大贡献。因此，日益引起甘肃乃至全国的重视，草地农业发展模式也在实践中日益丰富多样。现在甘肃已把草地农业模式的发展作为转变农牧业发展方式的重要内容，把发展以饲草种植和草食家畜养殖为核心的草地农业模式作为促使农业结构优化调整的着力点。对此，甘肃省还出台了《甘肃省草地农业发展试点方案》，规定要"粮草兼顾、牧草与秸秆利用并重、草畜协调发展"，同时强调人工种草，通过树立"立草为业"，坚持耕地种草、"荒地"种草、草田轮作、复种套种结合，推动农业种植结构由"粮—经"二元结构向

"粮—经—饲"三元结构转变。①

在草地农业发展成效方面，甘肃已经探索形成了一系列符合各地实际的草地农业发展模式，并取得了显著的经济效益、生态效益和社会效益。在草地农业发展的基础上，甘肃现在已经形成了四大草地农业经济区，即河西走廊优质草畜可持续发展经济区、黄土高原草畜产业循环经济区、陇东—陇南草畜转化经济区和甘南—临夏农牧耦合有机生态经济区。各经济区依据自身特点和功能定位，正在进一步做强、做大草地农业产业体系。以河西经济区为例，发展实践表明，当地绿洲种草面积≥50%时，不仅人均粮食占有量持续增加，而且农业的光能和水分利用率分别提高了30%和40%。② 再加上草畜结合，与牧区结合，通过绿洲生产饲草使山地和荒漠草原生态系统得以休养，山地、绿洲、荒漠通过种草养畜实现了系统耦合，生产潜力提高6倍以上。③

此外，在大力发展草地农业的过程中，甘肃还发现其所具有的多种价值和功能。例如苜蓿作为重要的优质牧草，不仅具有生产成本低、产量高等经济优势，种植苜蓿比种植小麦可增收95%左右，④还具有沃土增肥、防治水土流失等重要功能。例如，苜蓿种植4年后土壤有机质可提高20.3%，速效氮增加25%，每公顷残留根茬累计增加土壤氮素1250公斤，相当于3000公斤尿素，轮作粮食产量3年内平均增产80%。⑤ 而生长2年的苜蓿草地拦截地面径流和含沙能力分别比3—8年林地高出58.8%和88.5%。⑥ 此外，还可大幅提高光能的利用率，一般草田轮作可提高光能利用率50%左右，而全年

① 《甘肃启动饲草种植和家畜养殖为主的草地农业》，《当代畜牧》2014年第15期，第4页。

② 任继周、侯扶江：《中国西部草地资源及其发展战略》，《西部资源环境科学中心年报（1994—1996）》，兰州大学出版社1998年版。

③ 任继周：《河西走廊山地—绿洲—荒漠复合系统及其耦合》，科学出版社2007年版。

④ 曹致中等：《甘肃草产品商品化现状、前景及经济分析》，《草业科学》1995年第1期，第38—45页。

⑤ 高振生等：《苜蓿草产业化发展模式的探讨·中国草地科学进展》，中国农业大学出版社1998年版，第132—135页。

⑥ 李毓堂：《大西北和黄河流域生态环境治理与经济发展新方略——以草产业为基础，草林牧农工商结合，综合治理发展》，《草业学报》2000年第1期，第60—64页。

种植可提高 90%。① 同时，又可以实现对水分的高效利用，苜蓿即使是小于 5 毫米的无效降水也可很好利用。因此，甘肃的实践表明，以苜蓿种植为主的节水型现代草地农业是干旱区可持续发展的关键。②

　　总之，甘肃通过"立草为业、农牧互补、草畜结合"，大力发展草地农业多种模式，并不断延伸草地农业产业链，着力打造"饲草种植—秸秆加工—规模化养殖—沼气利用—还肥入田"等循环经济产业链，大力推动肉牛、肉羊标准化规模养殖与畜产品深加工建设，已经取得了显著的发展成效。现在，甘肃正在以大量的草畜产品生产和外销而加速发展，其经验和模式值得借鉴。

二　广东草地农业的发展实践与成效分析

　　广东是我国第一经济大省，同时也是我国人口最多和密度最高的地区之一。由于人多地少、农牧业资源相对有限，广东农畜产品生产远远难以满足当地日益增长的消费需求。例如，广东当地的牛奶产量十分有限，2010 年人均年占有奶量仅 1.4 公斤，相当于世界人均水平的 1/70。③ 另外，广东存在着严重的肉类消费结构失衡问题，特别是以牛羊肉为代表的草食型节粮型畜产品仅占肉类总产量 1.9%，而耗粮型的猪肉则占肉类总产量高达 62.3%，导致畜牧业生产结构严重失衡，需要每年大量外调饲料粮，进而造成严峻的粮食紧缺和环境污染等难题。而在农业生产方面，为实现粮食的高产，广东部分地区水稻每年化肥施用量超过 4500 公斤/公顷，不仅高于全国平均水平，更远远超过发达国家的警戒线 225 公斤/公顷达 19 倍④。这种高投入化肥而缺乏有机肥的方式，严重违反了土壤有机氮

---

　　① 　任继周：《黄土高原草地的生态生产力特征》，载《黄土高原农业系统国际学术会议论文集》，甘肃科学技术出版社 1992 年版，第 3—5 页。
　　② 　王继和、贺访印：《荒漠绿洲边缘苜蓿草产业发展潜力与策略——以甘肃省民勤沙漠绿洲为例》，《中国生态农业学报》2005 年第 13 卷第 1 期，第 164—167 页。
　　③ 　刘艳芬：《发展优质牧草生产 促进广东奶业健康发展》，《广东奶业》2010 年第 2 期，第 4—5 页。
　　④ 　侯保疆、梁昊：《治理理论视角下的乡村生态环境污染问题——以广东省为例》，《农村经济》2014 年第 1 期，第 91—95 页。

和无机氮 1：1.4 的科学比例，[①] 结果必然造成土壤结构失调而板结，不仅加剧了土地的退化和水土流失，而且造成了严重的农业污染与温室气体排放问题。因此，早在 20 世纪 80 年代，广东就开始尝试用草地农业的发展模式来实现对农牧业生产的改造。

广东的自然气候属于亚热带和热带气候，也是我国光、热和水资源最丰富的地区之一。广东降水丰富，年均降水量在 1300—2500 毫米之间，具有发展草地农业的优越自然气候条件。早在改革开放之初的 1981 年，广东就从澳大利亚引进一批优质牧草品种、设备和技术，兴办了"东方示范牧场"等草地农业示范基地，开启了改革开放后广东草地农业发展的新局面。此后的 1988 年，在广东省七届人大会议上审议通过了《关于梅县地区山地种植牧草、发展畜牧生产问题》和《建议在全省发展牧草》两个议案，进一步推动了草地农业模式在全省的展开。方案实施 5 年期间，全省共发展人工种植牧草 14.12 万公顷，取得了显著的经济效益、生态效益和社会效益。[②] 此后，广东在人工种草、草田轮作、果—草—畜复合模式上不断发展，取得了草地农业发展的显著成效，为其进一步进行农牧业发展方式转变和全面建立草地农业模式积累了丰富经验。

在草地农业发展成效方面，广东的实践表明，利用山地、坡地进行优质牧草生产，不仅可以基本满足奶牛蛋白质和青粗饲料的需求，而且可以实现生产价值 1200—1500 元/亩，比种植速生林增加收益达 900—1100 元/亩，而在新垦果园和幼林地间种豆科牧草如柱花草，不但对果树可起到保水保肥、抑制杂草生长、减少果树病虫害发生等方面的作用，而且还可增产鲜草 75 吨/公顷以上，产值平均增加 1.2 万元，而进一步将牧草养猪、鸡、鸭、鱼等，又可实现价值增值超过 1 倍。[③] 另外，利用冬闲田进行草田轮作，种植多花黑麦草，一个冬闲期（约 4 个月）可收鲜草 75 吨公顷，增加产值 1.5

---

① 宁夏农业普查办公室：《宁夏农业产业化研究》，宁夏人民出版社 1998 年版，第 314—316 页。

② 陈三有：《从广东草业生产模式看牧草在可持续发展中的战略地位》，《草业科学》2000 年第 17 卷第 1 期，第 75—78 页。

③ 广东省畜牧局：《发展热带亚热带优良牧草》，广东人民出版社 1990 年版。

万多元，再用黑麦草喂养畜禽和鱼，又可实现每 24 公斤鲜草增重 1 公斤活兔，每 20 公斤鲜草可增重 1 公斤活鹅，每 18 公斤鲜草增重 1 公斤活鱼的效果。① 此外，通过林草结合，除获得大量的牧草经济效益外，还可实现治理水土流失、沃土增肥等生态效益。例如，荔枝园间种植花草 3 年后，种草区比不种草区果园土壤有机质增加 77.3%，全氮提高 23.5%，全磷提高 30%，全钾提高 25.3%，荔枝树高增加 17.8%，树冠增 15.5%，且可提前一年结果。② 从中可见其具有显著的生态效益和经济效益。

而广东城市景观草坪的发展实践也表明，除景观美学价值外，草坪还具有良好的生态环保价值。例如，草坪草与其他林木花卉相结合，除绿化美化环境，改善城乡居民的生活环境外，还具有每小时可吸收 CO_2 1.5 克/平方米，相当于每 25 平方米草坪就可吸收一个人呼出的 CO_2；另外，20 米宽的草坪还可使噪声减少 2—5dB，改善环境效益明显。③

总之，由于广东处于热带和亚热带，光热水资源极为丰富。这为发展草地农业多种模式，以及取得巨大效益提供了优越条件。因此，无论是人工种草还是草田轮作，以及果、草、畜结合，都容易实现经济、生态效益的大幅提升。例如，仅在牧草产量方面，广东的主要牧草种植品种产量都十分可观，如多花黑麦草鲜草产量可达 75—120 吨/公顷，桂花草鲜草产量可达 75—100 吨/公顷，苦荬菜鲜草产量可达 70—100 吨/公顷，而杂交狼尾草鲜草产量更高达 100—150 吨/公顷，并且多年生牧草种植一次可连续利用 3—5 年，牧草的产出经济效益十分明显。④ 此外，其生态效益和深加工后的效益提升也不容忽视。

---

① 员旭疆：《开发休闲地资源，加快种草养畜步伐》，《草业科学》1996 年第 6 期，第 1—3 页。

② 王书暖：《中国新兴的热带草业》，《草业科学》1996 年第 1 期，第 10—13 页。

③ 张自和：《草坪与草坪运动场》，《草业科学》1995 年第 1 期，第 66—69 页。

④ 胡民强：《广东草地畜牧业发展现状、潜力与对策》，《2006 中国草业发展论坛论文集》，第 196—199 页。

三　四川草地农业的发展实践与成效分析

四川是位于我国西南腹地、长江上游的西部大省，虽然地貌复杂多样，但水热资源和草地资源却极为丰富。四川草地资源总面积达 2125 万公顷，占全省总面积的 44%，其中可利用面积 1700 万公顷，[①] 是四川耕地面积 391 万公顷的 4 倍多。特别是四川西北部地区，是全国著名的牧区之一，因此，四川具有发展草地农业的丰富资源优势。再加上四川人多地少，人均耕地面积仅 0.048 公顷，也迫切需要创新农业发展模式，利用草地农业的诸多优势实现农业高效发展和农民增收。因此，近年来四川草地农业发展迅速，全省人工种草面积 2010 年突破 182 万公顷，建设围栏改良草地 580.6 万公顷，治理退化草地面积 503.3 万公顷。[②] 同时，随着草地农业在实践中的大规模发展，草地农业发展实践模式日益多样。特别是进入 21 世纪以来，四川草地农业各种实践模式发展规模迅速扩大，取得了良好的发展成效。如表 6—1 所示：

表 6—1　2001—2010 年四川不同草地农业模式种草保留面积　单位：万亩

年份 类别	2001	2002	2003	2004	2005	2006	2007	2008	2009	2010
人工种草	815.6	937.78	1085.2	1286.6	1469.19	1581.99	1836.0	1981.76	1577.72	1519.31
改良种草	0.00	0.00	0.00	0.00	0.00	0.00	0.00	0.00	1031.99	1058.19
飞播种草	0.00	0.00	0.00	0.00	0.00	0.00	0.00	0.00	147.72	150.10
年末种草	815.6	937.78	1085.2	1286.6	1469.19	1581.99	1836.0	1981.76	2757.43	2727.60
多年生牧草	129.6	134.80	177.20	316.60	431.20	544.00	676.33	797.27	1513.16	1686.37
一年生牧草	686.0	802.98	908.00	970.00	1037.99	1037.99	1159.67	1184.49	1244.27	1041.23

注：数据来源于《四川牧区人工种草》编委会：《四川牧区人工种草》，四川科学技术出版社 2012 年版。

---

① 中国畜牧业年鉴编辑委员会：《中国畜牧业年鉴》，中国农业出版社 2007 年版，第 204—209 页。

② 《四川牧区人工种草》编委会：《四川牧区人工种草》，四川科学技术出版社 2012 年版，第 12 页。

从上表可以看出，从 2001 年到 2010 年，四川草地农业发展模式日益丰富，从人工种草向飞播种草、改良种草不断发展，多年生牧草与一年生牧草的种植规模都在迅速扩大，而且随着时间的推移，各种种植模式的保留面积日益扩大，且呈逐年上升态势。表明随着草地农业在实践中的不断发展和规模扩大，其综合效益正在显现，促使其进入了加速发展阶段。而同时，在政府的关注和科研人员的努力下，四川在牧草品种引进、改良和优质品种研发应用上，也取得了显著进步，进一步提高了草地农业的综合生产力和经济、生态效益。例如，到 2010 年，四川已登记国审牧草品种 32 个，研发出如川草 1 号老芒麦、凉山光叶紫花苕等优质品种，使建植的优质人工草地鲜草产量最高达 60 吨/公顷，比天然草地产量提高达 15 倍。而通过不同牧草的混播与轮作，其综合生产力将更高，如表 6—2 所示：

表 6—2　　　　　草地农业混播轮作模式系统生产分析①　　单位：吨/公顷

种类	种植模式	种植种类	年产量	干物质产量	用途
多年生牧草种植体系	扁穗牛鞭草+川东	扁穗牛鞭草	217.50	21.75	养牛
	鸭茅+菊苣	鸭茅	76.36	13.44	养牛、羊
		川东	146.13	13.15	养兔、鹅、猪
	牛鞭草秋季补播	扁穗牛鞭草	217.50	21.75	养牛、羊
	多花黑麦草	多花黑麦草	80.24	13.08	养各种牲畜
一年生牧草种植体系	饲用玉米	饲用玉米	127.83	27.14	养牛、羊
	+黑麦草	黑麦草	72.49	11.82	养各种牲畜
	黑麦草+高	黑麦草	77.90	12.70	养各种牲畜
	丹草轮作	高丹草	97.95	14.30	养牛、羊

可见，通过不同牧草的混播轮作，特别是多年生牧草的混播轮

---

① 张新跃：《四川农区高效草地农业系统研究进展》，《草业科学》2004 年第 21 卷第 12 期，第 8—14 页。

作，可以极大提高其草产量和干物质产量，从而进一步提高草地农业的经济效益，推动草食畜牧业的发展。另外，四川在草地农业配套技术、牧草良种繁育等方面也取得了一定成效。例如，当地已经建立了牧草种子资源保存、品种选育、加工储藏、质量检验等完善的产业化体系，并通过整合资金、土地、技术、管理等要素，形成多层次共建合作的草地农业经营实体，其发展效果正在国内产生积极影响。

四　兵团草地农业发展的尝试与目标效果

新疆生产建设兵团（简称兵团）成立于1954年，是我国独具特色的以农垦经济为主体的特殊组织体系。经过六十多年的发展壮大，现在兵团农业已经成为我国农业现代化水平最高和机械化程度最高，农产品人均占有量居于全国前列的系统。特别是兵团的棉花生产，其单产、总产、人均占有量等早已稳居全国首位。现在，新疆生产建设兵团已发展到拥有14个师、176个团场、区域面积7.06万平方公里的超大型农垦集团。现有耕地124.477万公顷，总人口270多万，占新疆总人口的近12%。因此，兵团已成为新疆乃至我国农业现代发展的一支重要力量。但同时，兵团多年来现代常规农业的发展方式也暴露出一系列问题。例如，单一的棉花生产不仅化肥、农药等投入高，耗水量大，而且各种风险不断累积，农业环境的污染和破坏也在日益加剧。对此，自"十五"以来，兵团就提出了要实现种植业、畜牧业、林果业协调发展，并提出用5年时间，建设优质草地和人工生态草地66.7万公顷（1000万亩），从而启动了草地农业模式的建设和发展。

实际上，兵团早在20世纪50年代至70年代，就曾经建立了以苜蓿种植为特色的粮—草轮作草地农业模式，苜蓿种植面积稳定在种植业总面积的15%—20%。不仅有效改善了土壤质地结构和性能，使土壤有机质增加，还在促进农作物稳产高产的同时，为兵团畜牧业发展提供了大量优质饲草料，创造了"万亩农田，万头标准畜"的农业辉煌发展业绩。而苜蓿作为世界著名的牧草品种，在新疆的种植历史至少可追溯到两千多年前的西汉时期。因此，无论从哪个方面看，兵团发展草地农业都具有其必然性。特别是当前面对常规现代农业高投入、高污染、高能耗、高风险的诸多问题，以及新疆水资源日益短缺和畜牧业发展的现实困境，都要求兵团尽快转变发展方式，以草地农业模式来实现农牧业的可持续发展和生态修复治理。

因此，近年来兵团对草地农业的发展十分重视，不仅要求各团场要加快草田轮作和中低产田种草，还提出要压缩棉花种植面积，加大牧草种植，使牧草种植面积达到20%，并要求给予相应的水、肥、技术等保障。同时，加快林草结合、草畜结合，不断延伸产业链，做强、做大草地农业产业化体系，以充分发挥其综合效益和实现价值增值。经过近几年的发展，兵团草地农业发展已初具规模，并在实践中探索出人工种草模式、天然草地改良模式、草田轮作模式等，并且取得了发展的初步成效。首先，兵团经过多年的牧草品种引进、培育、推广，已选育出一批适合兵团种植的优良牧草品种，其鲜草产量、生产性能、粗蛋白含量等都达到了较高的水平，为草地农业的发展提供了有利前提，如表6—3所示：

表6—3　　兵团选育的优质牧草品种及产量、性能状况表[1]

单位：吨/公顷

类 别	主要草种类名称	鲜草产量	主要性能
高产多汁饲草	青贮玉米、高丹草、甜高粱、串叶松香草、籽粒苋、皇竹草、鲁梅克斯、饲用甜菜等	90—225 吨	产量高，喜高水肥，含水量高
优质饲草	紫花苜蓿、杂花苜蓿、鸭茅、猫尾草、小黑麦	30—75 吨	粗蛋白含量高可达 12%—23%
生态草	沙打旺、高冰草、碱茅、新麦草、木地肤等	12—30 吨	抗逆性强，生态效益显著

---

[1] 吴昊、刘让：《兵团牧草发展的优势与前景》，《新疆农垦科技》2004 年第 1 期，第 25—27 页。

　　此外，兵团还将先进的节水滴灌技术应用到草地农业的发展中，大大提高了草地农业的生产力。例如，兵团一四八团通过节水滴灌技术种植苜蓿，收割茬数由常规灌溉模式下的两茬增加到四茬，年均干草产量达 22.5 吨/公顷以上，鲜草产量更是超过 84 吨/公顷，经济效益提高明显，而且前三茬牧草品质优良，均达到了一级牧草的标准。[①] 2014 年，仅该团就种植紫花苜蓿 6000 亩，为当地畜牧业的发展尤其是奶牛提供了 900 吨的优质草料。而兵团九师在退化天然草地的补播改良方面，八十七团在林草结合草地农业模式（退耕林套种苜蓿草）方面也都获得了良好发展效果。例如，八十七团在万亩退耕林上套种苜蓿草，通过林草结合，不仅取得了人均增收700 元的经济效益，[②] 而且生态效益明显。

第四节　国内外草地农业发展的基本经验及其模式借鉴

一　国内外草地农业发展的基本经验及模式总结

　　通过前文分析与比较，不难发现：农牧业发达国家不仅在草地农业发展方面起步较早，而且积累了丰富发展实践和经验，已经探索出了一系列符合各自国情的草地农业实践模式。并且随着这些实践模式的不断推广应用，发达国家都取得了较为突出的发展成效。特别是在生态环境的改善与治理方面，以及草畜产业的发展方面，其所取得的效果都十分引人注目，值得我国在现代化发展中参考借鉴，如表 6—4 所示：

---

　　① 陈艳花：《滴灌紫花苜蓿高产优质栽培管理技术探讨》，《石河子科技》2014 年第 1期，第 3—4 页。

　　② 吕羡林、吴天奎：《八十七团苜蓿草产销两旺》，《中国特产报》2008 年 7 月 11 日第2 版。

表6—4　　　　　　　发达国家草地农业发展实践模式与成效

类别/国家	美国	荷兰	法国	日本	澳大利亚
起始时间	20世纪30年代	19世纪下半期	19世纪50年代	20世纪50年代	19世纪中期
有利条件	土地资源丰富、经济发达，市场完善，专业化农业带	地势低洼、水资源丰富，集约农牧业和外向型经济发达	土地平坦，降水丰富，经济发达，欧盟的政策支持与保障	水资源丰富，经济发达，国家政策支持与引导等	土地辽阔，畜牧业发达，竞争力强，国家政策支持补贴
主要模式	人工种草草田轮作休闲旅游草畜产品深加工出口	草地改良人工种草草田轮作畜产品深加工出口	草地改良人工种草草田轮作畜产品深加工出口	草地改良人工种草草田轮作牧草饲料作物培育	草地改良人工种草牧草研发畜产品出口与深加工
发展成效	生态恢复，提供了畜牧业70%的饲草料，畜牧业产值占大农业60%以上，草畜产品大量出口	环境改善，大大降低畜产生产成本，畜牧业产值占大农业60%以上，畜产品大量出口	生态改善，农牧业产业链不断延伸，草畜产品深加工发展，获得欧盟高额的农业补贴	农业生态改善，畜牧业发展加快，畜产品生产成本降低，奶、肉产量大幅增加	天然草地恢复，农牧业生产改善，牧草品种改良，畜产品品质改进，竞争力加强

从表中可以看出，尽管上述国家资源禀赋与草地农业发展的时间不尽相同，但它们所采取的发展模式却基本相似，而且都取得了多方面的发展成效。这说明，草地农业具有极其广泛的适应性和可操作性，无论是土地多寡、干旱湿润都可以发展相应模式的草地农业体系。这对于我国这样一个各地气候、土地状况差异悬殊的国家来说，无疑具有很好的借鉴和参考价值。另外，在新的阶段，面对未来的农牧业发展，发达国家仍在继续利用最新科学技术，探索发展更高效的现代草地农业体系，以实现既有利于资源节约与环境保护，又可实现可持续发展和占据国际市场制高点。由此可见，草地农业在未来发展中也仍然具有非常重要的战略地位，对此我国更要抓住当前机遇，借鉴国外经验，大力发展草地农业。

在国内，甘肃、四川、广东以及新疆生产建设兵团等都在草地农业发展方面进行了积极努力和探索，已经形成了一定的草地农业生产规模，并探索出了一系列可行的实践模式和管理技术。同时，在牧草种子研发培育、牧草节水灌溉技术、退化草地改良治理、草畜产业联动和发展等方面，也取得了一定的进展。这些都为今后我国草地农业的大发展，实现草地农业的区域化和专业化生产提供了宝贵经验。当然，草地农业作为一项复杂的系统工程，我国目前的实践和经验还远远不够，还无法与国外现代草地农业的高标准与多层次相比。因此，借鉴其先进经验与成功实践，结合我国实际，在动态发展中不断探索努力，转变农牧业发展方式，促进草地农业模式的适度规模发展与竞争力提升，逐步实现以草地农业模式改革传统农牧业生产结构，是推动我国农牧业可持续发展的重要途径。

二　发达国家草地农业发展经验及模式对于我国的借鉴意义

由上文可见，发达国家无论是美、日、荷、法等国，还是地广人稀、拥有广阔天然草原等优越自然资源条件的澳大利亚，都先后走上了以草地农业模式改革传统发展模式的道路，并随着草地农业模式的不断发展创新，取得了农牧业可持续发展的巨大成就。而我国当前草地农业模式发展尚在初始阶段，发展经验、配套技术、政策保障体系严重不足。因此，借鉴发达国家的成功发展模式和相关经验，加快改革创新，十分必要。尤其是要借鉴其在草地农业发展模式创新、技术选择、政策保障等方面积累的宝贵实践经验。

首先，在发展模式创新方面，发达国家都根据本国的资源禀赋状况、农牧业发展水平和科技创新能力等条件，发展了适合本国国情的草地农业多种发展模式，如人工种草模式、草田轮作模式、草地改良模式、畜产品深加工出口模式以及休闲旅游模式等，并随着市场需求、科技进步等因素的变化不断推动草地农业模式的发展创新。对此，我国应积极借鉴其经验，根据我国国情发展多种形式的草地农业发展模式，并积极引进国外先进相关技术如引进优质牧草种类，栽培管理加工技术等，加快草地农业多种模式的发展和效益提升。例如借鉴国外经验，加快进行退化天然草地补播、灌溉、休牧等草地改良保护模式发展，大力发展人工草地模式，促进退化草地的生态恢复与治理。同时借鉴其对天然草地的法律保障与行政管理措施，引导规范农牧民把防治草地退化放在草场经营的首位。

同时，借鉴发达国家经验，从国家层面上高度重视草地农业模式的发展。例如澳大利亚、美国作为世界上人均土地资源极为丰富的国家，都高度重视农牧业发展的可持续问题和资源集约利用问题，积极探索和发展高效的草地农业模式来实现农牧业的可持续发展。我国作为人多地少、资源严重匮乏的发展中国家，更应向其学习借鉴，加快发展方式转变和建立适合我国国情的高效草地农业发展模式。例如，澳大利亚现在人工草地比例已达全部草地面积的 14%，新西兰更是达到了 67% 以上。我国作为世界第一人口大国，要满足人民对畜产品不断增长的需求，就必须大力发展高产人工草地建设等草地农业模式。因此，我国应当从国家层面上加强对发展草地农业模式的重视，例如可以把发展草地农业模式纳入中长期发展规划或作为农、牧业结构调整和现代化发展的重要发展目标和重点任务，从而为促进我国草地农业模式的不断发展创新提供条件。

其次，借鉴发达国家经验，相关技术的创新是草地农业模式成功的重要基础因素。无论是优质牧草品种的培育技术，还是草田轮作与草地轮牧的相关技术，都是影响其成本收益和推广应用的关键因素。发达国家由于长期进行优质牧草品种引进和培育研发，不仅培育出了适合草田轮作和高产人工草地建设的牧草品种，而且发展了一整套完善的培育、推广和管理技术，使其发展成本显著降低而效益大大提高，凸显了草地农业模式的优势和竞争力。因此，我国应积极借鉴其经验和技术，加快适合我国不同地区的最佳牧草品种研发以及相关的技术手段、机械装备等，为我国草地农业模式的发展和效益提升准备条件。例如，针对我国多数牧区处于干旱、高寒的特点，加快研发早熟、生长期短、抗寒性强等性能的牧草品种。而对于草田轮作的牧草选择和相关技术，也要加快研发和实践探索，力争使我国各地的农区都能充分利用草田轮作模式，最大限度地利用当地的光热水土资源，为农牧结合、农业综合发展和效益提升奠定基础。

再次，借鉴发达国家经验，在政策保障方面加大对草地农业模式的鼓励支持。发达国家不仅通过立法和产权手段加强对本国天然草原的保护，还通过大量的政府补贴、政府投资、优惠金融政策等扶持其草地农业模式的发展。同时，还通过出口补贴来增强其草地农业产品的国际竞争力。例如，从 20 世纪 70 年代到 90 年代，澳大利亚政府一直对本国的畜产品实行最低收购价政策，间接保护本国的畜产品在国际市场上的竞争力。① 这就有力促进了其草地农业模式效益的提升和价值增值，为其进一步发展创新创造了有利条件。因此，我国应参照国际经验，由农业部、环境保护部等部门协作出台相关政策，研究制定相应的补贴制度和产品认证制度等，对农牧民转变生产方式，发展草地农业模式给予相应补贴，对草地农业产品给予相应的有机产品、绿色产品等认证，以促进草地农业发展模式的效益提升和市场竞争力增强。

最后，在林草复合草地农业模式建设方面，发达国家的经验也值得我国借鉴。将林地与草地结合而形成立体复合型草地农业模式，是草地农业高效发挥生态、经济等综合效益的重要创新模式。这一模式在欧洲和大洋洲自 20 世纪 80 年代已有相当的发展。② 其经验值得我国在发展林果业和草地农业模式中借鉴，并已在部分地区的实践中获得成功。例如，国内实践表明，林下种植牧草的马尾松树高和胸径比未种草的林地分别增加 1.49 和 1.63 倍。③ 而三峡库区柑橘园在林草复合模式下，通过种草养畜节约了橘园 80% 以上的药肥投入，亩均增产水果 180 公斤，增收 300—450 元，实现了较好的生态和经济效益。④ 浙江金华的柑橘园在连续套种牧草 4 年后，柑橘不仅品质提高，而且比此前增产 46%。⑤ 因此，借鉴发达国家模式经验，发展林草结合的复合草地农业模式，对于我国林果业的发展和效益

① 毛兴文：《澳大利亚畜牧业经济特点》，《科技致富导向》2003 年第 5 期，第 37 页。

② Lundgren, B., Nair, R. K. R., "Agro Forestry for Soil Conservation", In: Ei‐Swaify, et al. (eds), *Soil Erosion and Conservation*, Ankeny, Lowa: Soil conservation Society of Ameriea, 1985.

③ 王代军、聂中南：《森林—草地生态系统中森林生长状况的研究》，载《亚热带中高山地区草地开发研究》，中国农业科技出版社 1992 年版。

④ 吴黎明、蒋迎春、王志静等：《三峡库区牧沼果草生态橘园关键技术探讨》，《浙江柑桔》2008 年第 4 期，第 10—12 页。

⑤ 胡显梅、谭晓军、胡显军：《生态桔园建设之"果—草—牧"生态模式》，《湖北植保》2009 年第 4 期，第 46—47 页。

提升，乃至加快生态治理和造就美丽中国，都有重要作用。因此，今后应在借鉴国外成功经验的基础上，进一步探索适合我国各地实际的林草复合草地农业模式和相关技术，充分发挥其综合效益。

三　相关经验及模式对新疆草地农业发展模式的借鉴

新疆是我国的农牧业大区，也是我国的五大牧区之一。新疆地域辽阔，总面积达166万平方公里，占我国国土总面积的六分之一强。由于新疆深居内陆，气候较为干旱，但日照充分，光热资源丰富，因此形成了典型的绿洲灌溉农业和草原畜牧业。从气候特征等方面来看，新疆与澳大利亚具有较大相似之处。而从农业发展方面来看，随着以兵团为代表的新疆常规农业现代化水平不断提升，新疆农业的石油现代农业特征正在显现，与西方发达国家在常规现代农业发展方面日益趋近。同时，其常规现代农业发展的诸多问题也在不断积累和暴露，需要借鉴相关经验，加快转变农业发展方式。另外，在草原畜牧业发展方面，新疆传统靠天养畜的畜牧业发展方式已陷入类似于19世纪澳大利亚的草原退化困境之中，也需要通过借鉴相关经验，推动畜牧业的持续发展和草原生态恢复。

对此，借鉴美国20世纪30年代治理"黑风暴"的经验与草地农业发展模式，以及澳大利亚治理草原退化和推动畜牧业发展的成功草地农业实践，参考荷兰、法国、日本等国家以草地农业改革常规农业发展方式，推动农牧业可持续发展和效益提升的相关政策措施、技术路径、规范标准、市场机制等，对新疆发展草地农业模式，转变农牧业发展方式，实现生态改善治理和综合效益提升意义重大。例如新疆拥有天然草原面积5700多万公顷，占新疆总面积的34%，其中可利用面积4800多万公顷，占新疆绿洲面积的87%，同时草原畜牧业提供了全疆70%以上的畜产品服务。[①] 同时，新疆还拥有新疆细毛羊、伊犁马等优质畜种，新疆细毛羊的羊毛品质不亚于澳大利亚的美利奴羊。但与澳大利亚相比，

---

① 沙吾列·阿巴依汗：《新疆草原退化原因分析及治理建议措施》，《新疆畜牧业》2012年第10期，第61—63页。

由于没有建立草地农业发展模式，新疆牛、羊的保有量仅相当于澳大利亚的八分之一。羊毛的出口与国际市场占有率则更是远远不能与澳大利亚相比。因此，借鉴其草地农业实践经验和模式，不仅是实现新疆退化草原生态恢复治理的需要，更是发展新疆畜牧业与提升其竞争力的需要。

而国内草地农业发展的实践经验也表明，新疆需要通过加快发展草地农业模式来实现农牧业发展方式的转变和效益提升。例如，甘肃的河西绿洲草地农业实践经验以及四川西北部的天然草地改良经验，都为新疆绿洲和草原区域发展草地农业模式提供了很好借鉴。而兵团的草地农业实践和相应品种、技术改进，则更是新疆草地农业发展的直接宝贵经验和可选模式。

总之，国内外草地农业发展的丰富实践经验和模式，给新疆的草地农业模式发展提供了大量可资借鉴的路径模式、技术选择和政策保障等，使新疆的草地农业模式发展可以建立在更科学、更先进、更合理的基础之上，从而实现更好、更快的发展。

第五节　本章小结

本章主要对国内外发展草地农业的成功实践模式进行了介绍和阐述。首先，对农牧业发达国家如美国、荷兰、法国、日本、澳大利亚的草地农业发展及其主要模式类型进行了分析总结，指出即使是天然草场资源极为丰富的澳大利亚、新西兰等都在积极发展和推进草地农业发展模式。而现在草地农业的发展状况、牧草的种植面积及其在大农业中所占的比重，已成为衡量一个国家农牧业发达程度的重要指标。其次，对国内广东、甘肃、四川和新疆生产建设兵团的草地农业发展实践经验进行了阐述，草地农业所具有的生态环保、循环高效、低碳发展等多重优势，以及促进农牧结合、系统优化耦合、实现更高的经济效益和生态效益的特点，正在引起国内各省区越来越广泛的关注和推广应用，并已取得了日益显著的成效。最后，对国内外发展草地农业的实践经验和模式类型进行了概括总结，指出其对新疆发展草地农业模式具有重要借鉴作用，要加快新疆农牧业发展方式转变，就必须借鉴国内外相关经验和模式，加快发展新疆草地农业多种模式，才能促进农牧业健康可持续高效发展。

第七章

草地农业发展模式的政策
保障与技术支撑

第一节 政府扶持农业的主要理论与政策依据

一 主要理论依据与相关政策依据

（一）主要理论依据

"食物安全"理论，在国内也叫"粮食安全"理论。该理论认为，食物安全是一国农业扶持与保护的最主要目标。其最终目的是保证所有的人在任何情况下，都能买得到和能买得起自身所需要的足够数量的食物，并且这些食品必须确保是健康、安全和有营养的。可见，食物安全不仅包括食物数量的充足供给等安全，还包括品质、卫生等质量的安全。同时该理论还认为农业是关系到国计民生的重要战略物资生产部门，必须以本国生产为主，不能依靠进口，即保证大部分的食物如粮食的自给水平，确保国家宏观战略的实现和社会稳定。

农业多功能性理论则指出农业所具有的广泛的外部性和多种价值功能，这也是发达国家对农业采取支持与保护以及政策补贴的重要依据。正如马斯格雷夫将现实世界的物品分为公共物品、私人物品、混合物品等一样，农业生产所涉及的自然资源环境和自然生态系统，以及农业生产中的用水、田地、交通、通信、教育培训、科研和技术推广等基础条件，都具有公共物品的消费非竞争性和占有与使用的非排他性特征，需要政府提供相关服务，以支持和加强农业可持续发展赖以实现的技术资源、生态环境和基础设施。从生产过程角度讲，农业生产具有很大程度的外部效应，因此也就具有了一定的公共产品属性和非市场竞争性，因此，对于像农业这样的正外部性和公共产品的供给者，需要通过政府扶持与保护给予必要的补贴支持。

（二）相关政策依据

农业是我国国民经济的基础，三农问题是我国需要面对和解决的头等大事。因此，国家多次以"一号文件"的形式强调对农业相关问题的政策扶持。特别是当前我国已发展到工业化中后期，工业反哺农业的条件已经具备。而农业作为比较效益较低、长期以来投入不足的弱势产业，也需要国家给予各种政策扶持，而且随着我国加入 WTO，农业将面对日益激烈的国际竞争。发达国家已经建立了完善的农业扶持政策体系。而我国农业还存在着结构不合理、农业生态条件恶化、相对效益不高等不利因素。因此，对于像我国这样的农业大国来说，政府加速出台农业支持政策既是农业发展的现实要求，也是面对国际竞争的必然选择，更是统筹城乡发展，推进城乡一体化的内在要求。

对此，国家不仅一再强调要继续加大对农业和农村的投资和扶持力度，还以"一号文件"的形式提出了一系列相关要求。主要包括不断加大和提高对农业的补贴力度和水平，改善和提高农村金融服务的质量和水平，积极引导社会资源投向农业和农村，稳定发展粮食等大宗农产品生产，突出抓好水利基础设施建设，大力建设高标准农田，提高农业科技创新和推广，完善农产品市场体系，建立强大的生态安全屏障，努力促进农民就业和创业，改善农村教育，卫生和文化事业的发展水平等。从中可以看出，这些要求涉及扶持、促进农业发展的方方面面。这就为政府实行农业扶持提供了充分的政策依据。

二　WTO 框架下对农业扶持的相关规定

我国早已加入 WTO，因此对农业的扶持政策必须依照 WTO《农业协议》的相关规定制定。这样才能在保护扶持本国农业的同时，不会引起其他国家的反对和贸易制裁。这也是我国农业尤其是新疆草地农业走向国际市场、参与国际竞争的重要前提条件。当前，WTO《农业协议》主要从三个方面即国内支持、市场准入、出口补贴方面，对成员国农业支持与保护政策做出相关的规定要求。

首先在国内支持方面，《农业协议》中主要有"绿箱"政策、"黄箱"政策和"蓝箱"政策。"绿箱"政策主要是指政府所提供的相关农业政策，基本不会对农产品贸易和价格竞争产生显著影响和扭曲作用，其费用因此也主要由政府负担而不是通过贸易价格从消费者转移而来。因此，"绿箱"政策是可以长期使用而不必削减的政策支持体系。具体包括如不会引起贸易或价格扭曲的农业服务、粮食储备与援助、农业保险和自然灾害救济、农业结构调整投入、农业环境保护等 12 项补贴。在此规则下，我国特别是新疆在农业结构调整、发展草地农业方面可以利用的政策支持空间还很大。但我国目前在绿箱政策支持措施方面还很不完善，支持措施在类别和结构上都存在严重不足，难以发挥应有的作用。

其次是"黄箱"政策和"蓝箱"政策，都是成员国承诺减让并最终取消的支持政策措施。特别是"黄箱"政策，由于其主要针对可以造成农业生产和贸易价格产生显著扭曲的支持政策措施，例如政府提供的农产品价格支持、营销贷款和种植面积补贴以及农业生产过程中的各种费用补贴等，由于这些补贴可以直接影响农产品的生产成本和市场竞争价格，因此 WTO《农业协议》要求各成员国承诺必须逐渐削减并最终取消这类政策支持。"蓝箱"政策其实是黄箱政策的例外，主要指农产品限产计划的价格补贴，由于该补贴对农产品国际贸易价格影响不大，因此是可以长期实施而不必削减的补贴政策。

在市场准入方面，WTO 要求各成员国承诺在一定期限内完成关税削减，以及不得采用非关税壁垒限制进口等。对此，非关税壁垒（措施）需要先关税化，即以一定的关税替代非关税措施。在此基础上，成员国承诺在一定期限内完成关税削减。此外，政府对出口产品以及在运输、仓储等方面的补贴，需要逐年减少。如果基期对农产品没有出口补贴，则继续执行禁止补贴。我国在加入 WTO 后已承诺农产品贸易方面实行关税减让，承诺降低关税三分之二。同时，还包括承诺调整农产品关税配额，增加粮食、棉花、植物油关税配额；承诺国内支持占产品总值的 8.5%，承诺取消农产品出口补贴，向国外开放农业服务领域，动植物检疫承认美国卫生标准，取消部分产品进口禁令等。

三　支持与保护新疆农业的现实必然性

综观世界各国，无论是发达国家还是发展中国家，在工业化中后期都相继开始对农业实行一系列支持和保护政策措施。这也是各国保护农业，促进经济协调发展的重要手段。新疆是我国的农牧业大省和边疆落后省区，新疆农牧业在当地经济和人民生活中具有特殊地位，决定了政府对其发展支持与保护的客观必然性和重要性。事实上，新中国成立以来，国家在新疆组建规模庞大的新疆生产建设兵团，大兴农垦，通过民族优惠扶持政策等措施不断加大对新疆农牧业发展的支持力度，从而促进了新疆农牧业乃至整个社会经济的大发展，创造了辉煌的发展成就。

现在，新疆工业加速发展，而农牧业则由于各种原因仍是国民经济中的弱势产业，广大农牧民的生活和收入仍然迫切需要改善提高。如果现在没有政府的扶持，那么新疆农牧业的稳定增长及"三农"问题的有效解决将是难以实现的。而在我国加入 WTO 以后，原本就缺乏支持保护的新疆脆弱农牧业，又受到具有较高保护水平和竞争力的发达国家农牧产品的冲击。对此，必须引起高度重视和关注。即使在国内，东部省区较发达的农牧业发展水平和产业化经营能力，也使新疆的农牧业发展受到严峻挑战。因此，必须加强对新疆农牧业发展的保护与支持力度，尤其是要支持其向草地农业模式转变。这是因为这种支持和保护不仅是一般性的经济支持保护，更是事关新疆农牧业可持续发展、生态安全和社会稳定、民族团结的大事。特别是对于新疆现在的农牧业发展状况，社会稳定形势来说，不可否认是事关整个新疆产业结构调整、改革发展稳定的一个重大问题。

我国从 2004 年中共中央、国务院"一号文件"就提出要支持农业与农村发展，充分体现了国家对农业保护和农业科技的重视。从新疆来看，近年来全区经济社会发展迅速，特别是随着西部大开发战略的深入实施和全国对口援疆的开展，全疆综合实力不断增强，2013 年人均 GDP 已接近 5000 美元，已经初步具备了工业反哺农业、城市支持农村的条件，这就为草地农业政府扶持与保护政策实施奠定了坚实的物质基础。

第二节　草地农业发展模式扶持体系构建

一　政府扶持目标与扶持策略选择

首先，基于新疆发展草地农业模式的现实需要和核心要求，政府需要明确扶持草地农业发展模式的目标方针，就是要在充分研究磋商的基础上，立足实际，按照统筹城乡一体化发展、构建社会主义和谐社会和推进可持续发展的要求，坚持党中央提出的对农业"多予、少取、放活"原则方针，充分利用和遵循 WTO 规则相关要求，制定和实施支持和推动草地农业模式发展的相关财政、投融资、信贷、贸易、科技以及生态补偿等政策扶持体系。通过园区等平台建设，加快新疆草畜产业化的发展，推进草地农业模式的规模化发展和效益提升。

其次，在扶持策略选择上，政府既要充分发挥政策支持与保护功能，引导和鼓励广大农牧民积极参与草地农业发展模式，又要充分发挥市场在资源配置中的决定性作用，充分尊重市场经济规律。这就要求政府不能通过简单的行政命令，下达任务方式来进行推广和发展，而是要在市场对资源配置起决定性作用的前提下，利用有效支持和保护的政策手段，矫正因市场调节所造成的偏差，把市场基础和保护手段结合起来。例如，市场很难反映草地农业模式的生态、社会效益，这就需要政府通过生态补偿奖励机制等实现其价值。通过政府的支持和保护政策，充分实现草地农业模式正外部性效益的内部化，纠正市场偏差，提升草地农业模式的综合竞争力和吸引力，推动草地农业模式的持续、稳定、协调发展。

最后，从新疆经济社会发展的实际出发，当前迫切需要政府加强对草地农业模式发展的支持与保护力度。当然，新疆地域辽阔，各地区发展水平、资源生态条件差异巨大，因此在具体的扶持策略选择上还需要因地制宜，有针对性地选择相应的支持策略。同时，依据财政能力，突出重点支持环节，实现稳步推进。此外，还要进一步加快相关体制机制创新，提高政策实施效率，充分调动社会各方面的积极因素和力量，实现在 WTO 相关规定的框架内对草地农业模式发展的最大限度支持和保护。另外，草地农业发展模式作为新的发展方式，从理论到实践可能还有不少有待提高和发展完善的地方，广大农牧民对其也需要一个逐步认识接受的过程。因此，还必须在实践中坚持统筹规划、分步实施、及时修正发展思路，分阶段、分区域、分产业依托发展建设，稳步推广和实施。

总之，立足实际，以"区位优势"和"资源优势"为导向进行区域目标定位和扶持策略选择，可以突出区域特色和优势，避免由低水平重复发展带来的恶性竞争和资源浪费，也有利于整合区域资源，推进草地农业模式向规模化、专业化和产业化方向发展。

二　加大生态补偿与重点扶持力度

（一）加大生态补偿力度

毫无疑问，草地农业模式的优势不仅在于其较高的经济效益，更在于其显著的生态效益和社会效益。尤其是其生态效益，对于新疆目前的农牧业生态治理和改善具有重要作用。对此，必须从生态补偿的角度出发，加大补偿力度，实现其生态效益的价值兑现，才能充分发挥其综合效益优势，促进其快速推广应用。但是，目前新疆在生态补偿标准和范围方面还相对偏低偏少，无法发挥应有的作用。例如，当前新疆主要存在草原生态补偿奖励金这一补偿形式，主要针对草原牧区的禁牧、草畜平衡等补贴，不仅形式单一，且补偿力度较低，如年均补贴资金仅 19.07 亿元，三年补贴范围仅为禁牧的 1.515 亿亩草原和实施草畜平衡的 5.385 亿亩草原，平均每亩草原的补偿金额仅为数元而已。而对农区进行的草地农业模式建设，则尚没有任何生态补偿的相关措施。对草地农业模式在固氮固碳、保持水土等方面的生态效益和补偿也没有相关的政策措施。因此，迫切需要政府从上述方面综合考虑，加快相关补偿措施的出台，不断加大补偿力度，促进草地农业模式的发展。

对此，首先要加快建立和完善生态补偿资金筹措机制，保障生态补偿资金的充足和可持续性。通过积极争取中央财政转移支付和新疆各地政府建立补偿基金、碳汇交易平台等方式，加大向应用草地农业模式的区域和农牧民进行生态效益补偿。其次，要依据社会经济发展水平不断提高生态补偿标准，建立补偿长效机制。在完善现行生态补偿机制的基础上，科学确定生态补偿标准，合理增加生态补偿覆盖的范围，例如，应把农区的草地农业模式依据相关标准纳入生态补偿的范围，并切实建立"受益者合理负担"等补偿机制。同时，对重点区域如水源涵养区、生态敏感区要提高补偿标准。最后，加大生态补偿投资力度，不断增加草场改良、草畜良种繁育等投资和补贴力度。同时，加大引草入田、草田轮作、林草结合等的资金补助力度，目前在这些方面的补助还没有相关的政策措施，需要加快相关政策的研究制定，体现其生态效益。

（二）加大重点扶持力度

从新疆农牧业发展的实际出发，以市场为导向，加大新疆草地农业模式发展的重点扶持力度。应主要从以下几个方面入手，一是立足新疆的优势草畜品种，优先发展新疆特色草畜产品及深加工产品；二是因地制宜，依托当地资源与特色优势农牧业，整合周边地区资源，重点培育新疆草地农业特色产业带；三是在重点扶持培育特色种植业草地农业、林果业草地农业、牧区草地农业、生态旅游草地农业的同时，加强其产品深加工、营销、服务等延伸产业链建设，建立健全草地农业全产业链，增强草地农业产品保值、增值与抵御市场风险的能力。

特别是在草地农业模式发展的初期，其产业体系尚未形成，相对较多的前期投入和转型成本农牧民很难独立承担。因此除了充分发挥和调动社会各方的积极因素外，还必须从政策扶持方面充分发挥政府的扶持与推动作用。这就需要政府将政策扶持的重点转向草地农业模式的发展及其产业体系建设上。在加快农牧产业结构改造调整的过程中，重点发展结合各地特色资源的草地农业模式，充分发挥其生态、经济等综合效益优势，大力发展草地农业模式的绿色有机产品生产，并不断推进其产业链延伸和加工转化增值。对此，在农牧业投资政策和项目选择上，向产业结构调整和草地农业的方向倾斜，优化农牧产业内部结构。在稳定农牧业生产的同时，不断扩大优质高产牧草的种植规模，以实现保障其饲草料安全、生态安全、提高农牧民收入和产业综合竞争力的目标。

同时，以建立健全草地农业产业框架体系为重点，形成结构合理、布局完善、标准明确、管理规范的草地农业产业发展体系。其中城市及郊区重点发展高附加值的景观休闲草地农业、草畜深加工综合草地农业，为城市居民提供高质量的休闲运动、肉蛋奶和景观等服务；绿洲农区，重点加强中低产田种草和草田轮作，发展以粮、经、草种植为基础，种养结合、草畜结合、有机循环的高效草地循环农业；在草原牧区，在积极开展禁牧、休牧、轮牧的基础上，重点发展人工草地种植加养殖，草场改良与修复的牧区草地农业；另外，在典型的保护区和草原景观区，发展以生态旅游、特色餐饮、民族手工艺品等相结合的生态旅游草地农业。在此基础上，重点扶持加快其产业化进程。以重点扶持产业龙头企业为抓手，扶持和培育规模大、带动力强、辐射范围广的产业龙头企业，鼓励支持龙头企业前伸和外延，使龙头企业逐步成为草地农业模式生产经营特别是深加工的主体。通过其实现与农户的对接，以及相关技术的引进、研究和推广；通过建立龙头企业—养殖基地—农户的模式，带动生态畜牧、有机林果、绿色蔬菜等特色优质草畜产品基地的快速发展，实现生产集约化、生态化和管理现代化等。

三　政府扶持政策与实施体系构建

政府扶持政策与实施体系构建关系到草地农业模式发展的外部支持，是其实现生态效益、社会效益和提高综合竞争力的关键。因此，借鉴国内外农业扶持的成功经验和措施，充分考虑新疆发展的实际，目前新疆扶持草地农业模式建设应重点加强以下方面的扶持政策和体系建设，加快改革和完善相应的扶持体制与机制，建立健全一整套既符合新疆区情实际，又满足 WTO 规则要求的草地农业政府扶持政策与实施体系。

（一）制定科学发展规划，强化草地农业模式扶持制度保障

首先是要将发展草地农业模式纳入自治区国民经济和社会发展规划，同时有针对性地补充、完善系列相关专门规划。在制定规划时，要注意把不同的草地农业模式同生态农业、现代生态畜牧业、草原生态补偿、农牧区能源建设、新农村建设等内容结合起来，合理布局，做到有法可依、有章可循、循序渐进发展。其次是完善的政策措施与法律保障体系。政府的政策支持与保护，最重要的是建立有效的政策扶持激励机制和法律保障体系。因此，在明确新疆草地农业模式总体发展思路、目标和措施的基础上，加快制定《草地农业模式投资法》、《草地农业模式补贴条例》等法律法规，健全草地农业模式政策法规体系，确保草地农业模式扶持政策的实施。

（二）强化技术支撑体系，构筑农业科技促进机制

草地农业模式是以低投入高产出、低能耗高效益以及节约资源、改良环境为特征，以可持续发展为使命的现代持续农业发展模式，但新疆草地农业模式发展还处于探索、示范的起步阶段，还没有真正深入千家万户。除推广力度不够、示范效应不强外，主要是由于目前还缺乏对相关技术的深入系统研究与推广应用。对此，必须强化草地农业模式的技术支撑体系建设，构筑农业科技促进机制。综观国际，无论是澳洲、美国，还是荷兰、法国，都把适合本国的草地农业模式技术、品种研发放在首位，这也是其形成本国草地农业模式优势品牌产品的关键。因此，为了草地农业模式经济效益的提高和品牌的打造形成，必须在持续增加科技投入的同时，高度重视技术创新、品种改良及推广应用，努力构筑草地农业模式科技推广促进机制，创新技术推广能力和农牧民接受能力。

（三）保护区域生态环境，建立健全生态补偿机制

为保护生态环境，国家出台了一系列法律法规，国务院也颁布了不少环境与资源方面的行政法规。当前，新疆大力发展退耕还林、草场禁牧、草畜平衡，主要就是要依靠生态系统自身的修复能力，实现生态恢复和改善。但在自然条件下，这种恢复效率低下，周期

漫长。而草地农业模式通过积极干预可以实现其恢复效率的提高，并能使其生态优势、资源优势转化为现实生产力，在创造良好生态环境的同时促进现代农牧业向资源节约型、循环环保型发展。但是，草地农业模式的发展需要一定的转型成本和前期投入成本。而其生态效益和社会效益又具有明显的外部性特征，这对于市场经济下的农牧民来说，只有从政策角度建立健全生态补偿机制，加大补偿力度，才能使草地农业模式的综合效益优势得到充分体现，才能调动广大农牧民的积极性，才能最终实现保护区域生态环境的目标。

（四）积极调动各种资源，建立稳定增长的多元投入机制

转变农牧业发展方式，发展草地农业模式需要大量的资金投入。对此，除企业、农户、协会等通过各种方式筹资投入外，还需要政府在投入方面给予大力政策扶持，建立稳定增长的多元投入机制。首先，政府每年应安排一定的专项资金支持草地农业模式的发展。同时，由政府出面，积极争取提高草畜产品加工企业增值税抵扣和畜产品出口退税等优惠政策，加快培育和壮大草畜产品龙头企业。其次，加大金融支持力度。政府每年安排专项资金用于草地农业模式发展相关环节的贷款贴息。同时，积极支持草地农业模式产业担保体系建设和投资公司建设，吸引社会资金投入草地农业模式发展，鼓励支持保险机构创新多种形式的草地农业模式保险服务，探索建立适合不同草地农业模式的保险制度，不断降低草地农业模式发展中的风险损失。

（五）大力开拓国内外市场，建立草地农业模式外向型发展机制

大力开拓国内外草畜产品市场，实现草地农业模式外向型发展，不断提升优质草畜产品的市场知名度和市场份额，是新疆发展草地农业模式的必然要求。对此，首先，政府要引导企业紧盯当前国内外市场需求变化，依据市场需求及时调整营销策略、营销网络、营销队伍、营销方式和营销政策，加强品牌建设，扶持企业开展直供配送和建立完善的营销体系。其次，利用当前我国调结构、扩内需的有利时机，充分发挥新疆兵地体制优势，加大新疆草畜产品宣传、推介力度，有针对性地组织企业到部分国家和地区开展产品展示、展销等活动。同时，积极开拓以新疆和东部沿海发达地区如京、沪、

穗、深等为重点的国内市场，采取政府协调、协会组织、企业主导等形式，有组织、有步骤地进行市场开发和拓展。最后，倡导龙头企业成立行业协会等组织，合作开发国内外两个市场，逐步实现市场多元化、产品多样化等。

第三节　草地农业发展模式的技术支撑

一　牧草种子生产技术

无论是种植业草地农业模式还是以人工草地为基础的牧区草地农业模式，其发展都首先离不开大量优质牧草种子的供给。因此可见，牧草种子生产技术是草地农业发展的重要技术条件，也是改良天然草场，推广草地农业模式的前提保障。对此，为实现对牧草种子生产的科学管理和充足供应，必须不断发展先进的牧草种子生产技术体系。近年来，随着国内外对草地农业模式重要性认识的加强，牧草种子生产技术发展很快，为草地农业模式发展提供了有力技术支撑，主要包括种子田选择技术、种子田隔离技术、播前耕作及种子处理技术以及播种时期选择和田间管理技术等。

首先，在种子田选择上，应选择灌排水方便最好是拥有节水灌溉设施的地块，地块要平整肥沃，土层深厚，通风良好和光照充分，这样有利于实现种子生产的优质高产。同时，为保证牧草种子的质量，避免混杂等，牧草种子生产田区应尽量与其他农业生产土地保持一定距离。而且由于多数牧草属于异花授粉，极易因牲畜、人员活动等造成授粉混杂，因此在可能的情况下还应在其周围设置围栏，以避免人畜进入等干扰影响。其次，在播前耕作及种子处理技术等方面，要最好选择休闲地并进行精细耕耘，以保证土壤状况符合种子田要求。而如果选择非休闲地要在前茬作物收割后加紧秋耕灭茬保墒，深耕同时施用有机肥，一般为有机肥 15—30 吨/公顷，化肥过磷酸钙 1.5—2.25 吨/公顷。在种子处理方面，在播前牧草种子如带芒刺、颖壳的必须先进行脱壳去芒处理。例如豆科牧草种子就需要进行颖实处理后播种。再次，在播种时间选择上，应首选春播为

宜。在播距上，采用宽行距条播法。其参照标准为多年生牧草行距
0.4—0.5 米，一年生牧草 0.3—0.4 米。在单位面积播种量上，主
要根据种子籽粒大小来确定单位播种量。在覆土深度方面，小粒型
牧草种子为 2—3 厘米，大粒型种子为 4—6 厘米为宜。在田间管理
方面，播种当年要进行中耕以及合理灌溉和施肥作业，清除杂草和
变异株型牧草，并且需要在牧草开花前完成。同时，在花期可通过
人工授粉等形式提高种子结实率和产量。最后，在种子收获与储藏
技术方面，既要保证种子的成熟度，又要实现种子落粒前的及时收
获，减少浪费和损失。新收获的种子不仅含水量高，而且混有较多
杂质。因此，在种子入库前必须进行严格清选，检查含水量。对含
水量较高如大于 14% 以上的种子，需要重新干燥脱水使其水分降到
低于 14% 以下方可入库。同时牧草种子仓库要具有通风良好、防潮
防鼠等功能，以保证牧草种子的安全储存（见表 7—1）。

表 7—1　　　　　　　　豆科牧草种子生产技术要求

类　别	名称	种子处理	单位播种量（公斤）	播种深度与施肥
小粒种子类	紫花苜蓿、鹰嘴紫云英、小冠花	颖实处理根瘤菌拌种	苜蓿 0.5—0.75 其他 0.5—1.0	深度 1—2 厘米 有机肥 1—2 吨/亩
大粒种子类	红豆草、毛苕子、箭舌豌豆等	根瘤菌拌种	红豆草 3、毛苕子 2—3、箭舌豌豆 4—6	深度 3—5 厘米 有机肥 1—2 吨/亩

二　草田轮作与田间管理技术

实行草田轮作，建立"粮食、牧草和经济作物"三元种植结构，
比单一种植粮棉作物或牧草作物可获得更高的综合效益。例如，粮
草轮作既可以提高粮食产量，又能够为畜牧业发展提供充足的高蛋
白饲草料，还可以改善农业生态环境。而粮—经—草三元轮作进一
步使种植结构升级优化，最大限度促进了农业土壤养分均衡和综合
效益发挥。特别是在目前新疆农业种植结构较为单一的状况下，发
展和实行草田轮作十分必要。而其田间管理技术又是保障和支撑其

推广应用的重要因素。特别是牧草之王紫花苜蓿轮作与田间管理技术对于新疆草地农业模式发展尤为重要。

草田轮作技术，就是指在农业生产中的特定周期内，按照植物生长规律，科学合理轮换种植多年或一年生牧草和农作物的耕作技术。根据轮作中主要作物的不同，又可以进一步区分为以粮食、棉花等为主的草田轮作技术和以牧草生产为主的草田轮作技术。对于前者，牧草一般在轮作周期中种植2—3年，而后者多年生牧草应种植4—6年。可见，由于轮作主要作物的不同，牧草种植年限和品种选择有所区别。同时，在轮作中需氮肥较多的作物应该安排在豆科牧草之后，以充分发挥豆科牧草固氮肥田的作用。而在轮作多年生牧草之前，最好种植中耕作物如玉米、棉花等，以消除杂草和防止虫害。另外，在多年生牧草轮作初期，为充分利用空间，可以进行粮草、棉草间作。粮棉作物收获后，牧草即可以充分利用阳光、水分加速生长。

在播种时间选择上，一年生牧草轮作时以春播为主，多年生牧草可选择春播和夏秋播等多种方式。在田间管理技术上，必须首先加强中耕除草。多数牧草在苗期生长较为缓慢，杂草生长却较快。因此，对当年播种的牧草加强中耕除草十分重要。这也是避免因杂草导致其生长受到抑制，防治病虫害的重要一环。其次，在紫花苜蓿等牧草春季返青前，应进行松土耙地，以促进土壤疏松和保墒，还有除杂草虫害的功效。同时，在每次收割后，也要进行中耕除草，以清除杂草危害。再次，在病虫害的防治技术方面，当发现苜蓿出现褐斑病后，应尽早刈割利用。同时，用杀菌剂定期对土地进行喷洒保护。当发现牧草病株颜色变浅，生长迟缓，甚至全株退绿出现枯死时，说明牧草已发生霜霉病，可立即用波尔多液等药物喷洒防治。此外，夜蛾、蚜虫等虫害也要及早防治，可用80%敌百虫和50%对硫磷乳油等按比例兑水后喷施。最后，应对长成的牧草及时刈割收储。紫花苜蓿当年可刈割2—3次，第2年可以达到4次。具体刈割时间要根据牧草长势情况而定，一般来说以孕蕾至初花期较好，这时牧草茎叶等营养体产量最高、品质最好。刈割牧草如苜蓿最佳时间应选在上午，这样可以避免养分在夜间流入根部而影响牧

草的营养品质。同时，刈割时要注意合理的留茬高度，一般在 3—4
厘米为宜。每年最后一茬高度应有所增加，以 14—15 厘米为宜，以
便牧草有足够的养分保证越冬。另外，还可通过如增加地面覆盖物、
灌溉等技术措施防止牧草如苜蓿发生冻害，保障其安全越冬。

三　林草间作与管理技术

近年来，新疆林果业快速发展，其栽培面积已占到全部耕地面
积的近三分之一。特别是南疆地区，林果业已成为其重要的农业结
构调整方向和经济支柱。同时，南疆也是我国气候最为干旱少雨的
地区。林草间作能调节地面温湿度，有效促进林木生长，例如在夏
秋高温干旱时期，有草覆盖的土地地表温度比裸地可降低 1 摄氏度
左右，同时表土含水量增加 8% 左右。而在严寒的冬季，有草本植被
覆盖又可提高地面温度 6 摄氏度—8 摄氏度，提高相对湿度 5%—
18%，有助于林果树的安全越冬。此外，林草间作还有利于树木根
系对水分、肥料的吸收、转化利用。因此，在新疆林果业发展中推
广林草间作技术，对于林果业发展和效益提升具有重要意义。同时，
还可为进一步发展林草果畜立体循环草地农业发展模式提供条件。

林草间作技术主要包括林草间作规划技术、牧草播种技术、间
作管理技术等多个方面。首先是要切实把握林草间作规划技术，综
合考虑林果与牧草的生长规律和适宜条件，以确定适宜的林果栽植
间距和牧草种植宽度。例如对树冠较小，大部分根系分布较浅的枣
树、石榴等树种，株行距可采用 2 米×4 米或 3 米×5 米栽植，间作
紫花苜蓿、白三叶、黑麦草等牧草品种。同时，需要说明的是，对
新疆这样的干旱地区来说，如间作牧草特别是深根性牧草最好晚于
林果种植一季或一年，以保证林果苗木的顺利成活。其次，在牧草
播种方法上，主要采用条播方式，行距 15—30 厘米左右，也可结合
林果占地状况灵活采用点播、撒播等方式。苜蓿等小粒牧草种子每
亩播种量 0.5—0.75 公斤为宜，播种深度 1—2 厘米。

在田间管理方面，林草间作每年要结合松土除草施追肥 1—2
次，同时在牧草生长旺期和初花期间进行 1—2 次叶面施肥，以提高
产量与质量。牧草在每次刈割后也要及时追施速效磷、钾肥和适量

的氮肥，以保证其再生发育。同时，在天气长期干旱时要进行必要的灌溉和水分补给，防止牧草与林果争夺水分。此外还要做好除草和病虫害防治，牧草在苗期相对杂草生长缓慢，因此必须及时消除杂草。再就是要结合间作需要对树木进行必要的整形修剪。例如，对长期间作的枣树、杏树、苹果、李树、石榴、樱桃等树种进行整形修剪，以合理控制树冠大小，达到既保证林果丰产又为牧草提供必要的光照空间。

最后，在牧草的收获与更新方面，林草间作下要适时刈割收获牧草，一般每年可刈割2—4次。同时，间作牧草的周期要科学把握，做到牧草的及时更新换代。

四　牧区牧草种植与管理技术

对于新疆广阔的天然草原来说，其改良治理需要通过牧区牧草种植与管理技术来实现。即通过飞播补播优质牧草草种的方式促进草原再生和植被改善。对此，首先要依据新疆的地形特点和草原分布类型，进行飞播草原区域与类型的划分。其次，需要根据不同草原区域选择适宜的牧草草种，这也是确保飞播种草成功的前提条件。多年来，新疆经过大量的飞播试验，已优选出一系列适宜不同草原地带的草种，并取得了很好的效果。例如，荒漠、荒漠草原飞播区可选择木地肤，弃耕草场可采用木地肤和樟味藜、伊犁蒿等混播，严重退化草场可用木地肤单播，沙质荒漠可采用梭梭、红柳等混播。再次，是要做好地面前期处理，以提高飞播种草的效果。根据播区的地形、土壤状况，草场退化程度等实际，确定地面处理的方式。如果是建立高产的人工草场，需要做好深翻平地，清除杂草，深翻后还要进行切耙处理，播后再耙地覆土以提高出苗和牧草产量。最后，是要掌握好飞播作业的相关技术，设计好播幅宽度和飞播高度。最好在播幅之间有5—6米的重叠区，以增加播幅两边的落种密度和有效幅宽。在高度上选择40—50米的作业航高，可以使落种准确，播种均匀。同时还要根据风速、风向和落种时间随时修正飞播的位置、方向等。此外，在飞播后要加强草场的后期管理维护。播后最好做到围栏封育，以保证飞播牧草的正常生长发育，在封育时间上可选择 2—3 年为宜。之后可根据产草量来确定合理的载畜量进行放牧，也可收割打草，同时适当给予追肥、除杂草、灌溉等维护手段，以保证草场的改良效果和长期合理使用（见表 7—2）。

表 7—2　　　　　**新疆草原飞播区划分及播种相关技术要求**

类　别	区域范围	草种选择	播种时间及播种量	播种前后管理
荒漠草原飞播区	阿勒泰山南坡，天山北坡低山丘陵区	木地肤，樟味藜、冷蒿、博乐蒿、地白蒿、伊犁蒿、梭梭等混播	初冬雪地飞机播种。木地肤亩播量 600 克左右	播前进行地面处理，播后围栏封育管理
山地草原飞播区	阿勒泰山南坡和天山北坡山地草原和草甸草原	抗旱杂花苜蓿	初冬雪地飞播，亩播种量 500 克	播前地面进行翻耕，播后围栏封育管理
山地草甸飞播区	天山北坡的山地草甸带	老芒麦、无芒雀麦等牧草	春季飞播	出苗后喷洒农药防除恶性杂草
绿洲平原飞播区	南北疆的平原河谷绿洲地带	紫花苜蓿、无芒雀麦等	春季飞播，苜蓿亩播量 700—800 克，无芒雀麦 1000 克	播前土地深翻，可见种小麦等作物，及时浇水

五　饲草料收储加工技术

由于畜牧业与牧草生产的季节性特征，必须在饲草生产充裕的时期及时把鲜草收割加工成干草、青贮草或半干贮草，才能提高牧草的可储存性和利用率，以便于运输和冬季饲喂。同时，经过加工处理的饲草不仅更适合反刍类家畜冬季的饲喂要求，而且还有利于实现畜牧业发展所需的全年饲料供需平衡。因此，在草地农业模式的发展中，饲草的收储加工技术必不可少，也是保障其效益发挥和产业化经营的重要技术支撑之一。

首先，要根据当地的气候光热情况和牧草生长状况，选择恰当时间进行牧草收割。在收割牧草时，要注意适当的收割高度。秋季收草留茬要高，以便安全越冬。其次，牧草收割后，收割的鲜草必须通过干草调制技术加工成干草才能收储。因此，鲜草干燥是调制干草的第一步，干燥处理必须得当，一般要使草的含水量降到13%—15%，可以既保障干草的营养价值较高，又满足收储要求。对于新疆夏秋干燥高温的气候，可选择暴晒数天使鲜草水分迅速蒸发干燥。此法成本低，调制方法简便，利于推广和大量生产。最后是青贮饲草技术，青贮技术是将含水量在55%—65%的青绿饲草料原料在适当的时期收获，并经切短、混匀、夯实、封窖等工序，通过混于原料中的天然乳酸菌发酵作用，抑制和杀灭原料中的腐生菌和霉菌，防止饲料发霉变质，从而达到保存饲草料营养成分的一种技术。该技术广泛应用于饲草料收储加工中，其技术要点首先要根据日均青贮草需求量，建设容量适宜的青贮窖设备。在建窖时要注意尽量使其深度增加，并且确保每天从上至下可消耗10cm厚度的青贮草料，以防止其上层长期暴露导致二次发酵造成坏草损失。其次，必须连续作业，补充草料，及时封窖。同时，严格保证青贮饲草适宜的含水、含糖量。不足时要适当地补充水和乳酸菌等。

总之，草地农业模式的发展离不开相应的配套技术支撑。只有不断研发和推广应用先进的草地农业技术成果，完善草地农业技术体系，才能为草地农业模式的发展壮大和效益提升提供强大技术保障和推动力。

第四节　本章小结

本章对新疆草地农业模式发展所需的相关政策保障与技术支撑进行了研究分析。首先，通过对政府扶持农业的主要理论与政策依据的梳理，指出当前政府政策支持农业可持续发展的重要性和必然性，同时又要符合WTO框架下对农业支持的相关规定。其次，草地农业模式作为新兴的综合生态农业模式类型，更需要政府通过扶持目标与扶持策略的选择，不断加大生态补偿与重点扶持力度，加快新疆草地农业发展扶持政策与实施体系的构建，以推动其发展壮大。最后，对草地农业模式发展所需的技术支撑进行了阐述分析，例如牧草种子生产技术、草田轮作与田间管理技术、林草间作与管理技术、牧区牧草种植与管理技术等。

第八章

研究结论及政策建议

第一节　研究结论

通过创新运用替代农业相关理论和干旱区草原非平衡生态系统理论，结合能值分析方法等最新比较分析工具，本书从多个方面对新疆草地农业发展模式进行了系统研究，主要得出以下重要结论：

（1）草地农业发展模式对于转变新疆农牧业发展方式、调整完善其生产结构等具有重要作用。但由于长期以来新疆农牧业发展中草地农业发展模式严重不足，导致新疆农业现代化发展以常规石油农业模式为主，草原畜牧业以靠天养畜的传统转场游牧模式为主，进而造成农业的高能耗高污染与畜牧业的严重超载过牧并存，严重威胁到新疆的生态安全和可持续发展。因此，迫切需要通过构建发展相应的草地农业发展模式，转变其发展方式，以修复治理其生态环境，促进其可持续发展和农牧民增收。

（2）草地农业发展模式具有多种实践类型，需要依据新疆实际构建相应的草地农业发展模式。通过研究借鉴国内外草地农业发展成功实践模式，参照新疆发展实际，本书认为在当前新疆林果业迅速发展、草坪景观休闲与生态旅游蓬勃兴起的情况下，还应在林果业、城市绿地景观建设和草原生态保护中发展相应的草地农业发展模式类型，以达到最大限度地发挥草地农业发展模式的生态、经济、社会等综合效益优势。

（3）根据新疆的发展实际和构建原则，新疆可以构建四种主要的草地农业发展模式类型。即绿洲农业中的草田轮作与中低产田种草养殖种植业生态模式，林果业中的林果草畜共育有机循环的林果业循环模式，畜牧业中的天然草场改良与人工草场建植的牧区草地农业综合治理模式，以及在城市绿地景观建设和草原生态保护、旅游开发中的景观草坪与生态旅游草地农业模式。同时，根据新疆不同地区的经济、生态等进行了有针对性的具体草地农业发展模式建议。

（4）新疆典型地区草地农业发展模式的案例实证研究表明，草地农业模式比常规农牧业模式具有更好的综合效益和比较优势。以玛纳斯河流域绿洲农区和伊犁州尼勒克县草原牧区作为典型案例研究对象，通过运用投入—产出分析法、能值分析法等对当地草地农业模式与传统农（牧）业模式进行深入全面分析。结果表明，无论是在农区还是牧区，草地农业模式都具有更高的经济效益和更好的综合效益。例如，在玛河农区，草地农业模式不仅投入大大低于常规农业模式，而且纯收益与收益率远远高于常规农业模式。例如以苜蓿为代表的草地农业模式纯收益为936元/亩。收益率为49.5%。而同期以棉花为代表的常规农业模式纯收益仅为685元/亩，收益率更是只有29.9%。而在尼勒克牧区，草地农业模式比传统牧业模式虽然前期投入有所增加，但在纯收益和收益率方面也具有明显优势。因此，农牧民对草地农业模式的发展意愿和满意度正在提高。

（5）草地农业发展模式在新疆的发展尚在起步阶段，因此，对其政策支持、技术保障等急需加强。对此，需要政府、社会等各方面的共同努力，加快出台相关扶持政策和加强相关技术研发推广，不断增强发展与推广草地农业模式的政策保障和技术支撑。对此，需要进一步完善包括草原生态补偿等的生态效益补偿机制，制定符合WTO规则的支持政策和补贴制度，加快草地农业模式先进技术体系的研发与推广等，以促进草地农业模式的发展。

第二节 政策建议

一 加大政策扶持引导，促进草地农业发展模式发展壮大

草地农业发展模式虽然具有更好的经济、生态、社会等综合效益，但由于其生态、社会效益具有显著的正外部性特征，因此需要政府通过政策扶持和生态补偿等措施来促进其价值兑现。同时，当前政府对种粮、种棉等都有大量补贴，而草地农业发展模式作为一种新型的生态模式，更需要政府通过加大政策扶持与引导，给予相应的补贴支持，才能促进其逐步发展壮大。特别是在牧区，无论是对天然草场的改良治理还是发展人工草地建植，都需要大量的投入和相关技术条件，更需要政府通过各种手段如增加财政金融支持、政府购买服务以及加大生态补偿等来加大扶持引导，以促进其不断发展壮大。

为此，政府需要进一步深化相关政策制度改革，通过创新和加大政策扶持引导等力度，以调动各种因素积极参与发展草地农业模式。例如草地农业发展模式由于综合性强、生产层次多、生产周期长，导致其综合效益发挥需要更长的时间，因此除加大政策扶持力度外，还必须深化相关制度如土地承包制度改革，以保障草地农业发展模式的发展周期和效益充分发挥。只有这样，才能真正调动广大农牧民的积极性，主动调整农牧业发展方式，投身发展草地农业模式，不断推动草地农业发展模式发展壮大。

二 加快技术研发推广，支撑草地农业发展模式发展壮大

草地农业发展模式是建立在现代高科技基础上的新型替代农业综合模式，因此，其模式的建立和发展壮大必须与相应的科技支撑条件以及高素质的人才队伍紧密结合。但是目前，新疆不仅对草地农业发展模式相关技术的研发严重不足，而且广大农牧民科技文化水平普遍较低，对草地农业发展模式的相关技术更是严重缺乏。对此，只有通过加快相关技术的研发和推广普及力度，加大培训和人

力资源开发规模，才能为草地农业模式的发展壮大提供有效科技支撑。可见，加快技术研发推广和提升技术支撑水平是推动草地农业模式发展壮大的关键因素。

因此，加快技术研发和科技培训，促进草地农业科技进步，提高草地农业科技贡献率和发展层次，是新疆发展高水平草地农业模式不可或缺的重要组成部分。对此，首先，应依托新疆各高校、新疆农垦科学院等科研机构，加快草地农业模式基础研究和关键技术、高新技术的研究开发，集中力量在草畜品种、管理技术、饲草种植与加工、畜产品加工、草地农业机械装备等主要领域实现突破。其次，依托各级农牧推广机构，推进产学研有机结合，加快科技成果转化和推广。最后，政府要加大引导、扶持力度，投入资金加大草地农业模式科技培训力度，加快草地农业人力资源开发，提高农牧民的科技素质和草地农业从业人员的整体素质水平。

三　发展专业合作组织，提高草地农业发展模式组织化水平

草地农业发展模式具有生产层次多，综合性强的特点，但对于单个的农户来说，很难掌握草地农业模式的全部技术和发挥草地农业模式的综合优势，也难以做到产业化经营和实现规模效益。因此，与其他农业经营模式一样，草地农业模式发展中也需要大力发展如种草、收草等专业合作组织，以提高其组织化水平和竞争力。而作为一种新的综合性更强、生产层次更高的农业发展模式，更需要在多个方面加强专业合作和创新组织形式，才能促进其产业化发展和竞争力提升。

因此，必须首先加快发展牧草种植、收储加工、畜禽养殖、产品流通等草地农业模式诸环节的各类专业合作组织，提高农牧民生产经营的集约化、组织化程度，为农牧民互助合作、进入市场、获取技术和信息等服务开拓渠道和降低成本，不断推进草地农业发展模式的产业组织形式创新发展。其次，在此基础上进一步发展行业协会，充分发挥其规范行业生产、解决贸易争端等作用，不断提升草地农业发展模式的组织化水平、产业化程度和市场竞争力。总之，通过着力培育和发展草地农业专业合作组织，通过其合作服务促进草地农业结构升

级和生产层次提升，不断提高草地农业发展模式的组织化水平和发展层次，这也是发展现代高水平草地农业模式的必由之路。

四　培育产业龙头企业，提升草地农业发展模式产业化水平

作为一种新的综合农业模式和经营方式，草地农业产业化是提高其经济效益，促进其持续稳定发展的有效途径和必然选择。而草地农业模式产业化的实质就是通过产业龙头企业的带动，以农牧民组织体系为载体，把分散的草地农业种养单位与市场有效联结起来。在这个过程中，龙头企业具有极为重要的带动和辐射等作用，它不仅是形成主导产业和竞争优势的关键，更是推动产业结构合理化和区域布局科学化，提高市场占有份额的核心。因此当前，新疆急需通过培育产业龙头企业来提升草地农业发展模式的产业化水平和竞争力。

对此，政府需要加大引导与扶持力度，例如每年安排一定的专项资金，以及出台提高企业增值税抵扣和出口退税等优惠政策，加快培育发展草地农业产业龙头企业。同时，充分发挥新疆兵地双方的体制优势，加大草地农业产品的宣传、推介力度，有针对性地组织潜在龙头企业，如西部牧业、香巴拉等到部分国家和地区开展产品展示、展销等活动。扶持龙头企业打造草地农业知名品牌，促进产业化营销体系发展。在此基础上，通过龙头企业的引领带动作用，构建高水平现代草地农业产业体系，促进产业集群形成和发挥核心竞争优势。总之，培育产业龙头企业，扶持其发展壮大，提高其竞争力和拉动能力，是推动提升草地农业发展模式产业化水平，实现其最大效益发挥的重要条件。

第三节　有待进一步研究的问题

（1）草地农业模式是一种综合性的农业模式，其在实践中的具体类型十分丰富。再加上新疆地域辽阔，各地情况千差万别，因此要构建适合各地的草地农业模式难度很大。对此，本书由于条件所限在模式构建上还难以做到精确量化。这是本书的第一个研究不足，

需要以后继续深入研究。

（2）在实证分析研究方面，由于数据收集时还无法做到全覆盖，抽样调查的结果也存在一定的失真因素。同时，玛河流域是一个流域地理单元，与按行政区划进行的统计数据资料往往难以完全一致，这也会造成一定的误差。另外，有些影响因素还无法量化为数据导致其难以精确计算，再加上市场价格剧烈波动等带来的干扰，都对实证分析的结果产生一定影响。

（3）农区草地农业投入产出效益分析和能值分析主要以苜蓿为例进行了测算，常规农业也主要以棉花为例进行了测算，对生态效益比较主要借鉴了相关学科的研究结果；而在尼勒克牧区，草地农业与传统牧业的比较分析也主要集中在投入—产出分析和能值分析方面，对其他诸如牧民的生活习惯、风俗传统等因素则因难以量化涉及较少。对本书来说，这是研究中存在的又一不足。

（4）由于新疆草地农业模式刚刚兴起，因此其相关基础数据相对不足。导致本书难以用多年的发展数据，进行时间序列的深度分析。同时，也制约了研究方法的选择，数据模型的建立等，这是本书的一个薄弱之处，还需要在后续研究中随着时间的推移和草地农业的实践发展，加入更多年份的数据，才能不断提高研究的深度，得到更准确的结果。

第四节　本章小结

本章对本书的研究结论进行了简明扼要的总结，同时对当前如何促进草地农业模式发展提出了相应的政策建议，并指出了今后需要进一步深入研究的问题。首先，通过对全书研究分析结果的系统梳理，简明扼要地阐述了本书研究得出的重要结论。其次，从加大政策扶持引导、加快技术研发推广、发展专业合作组织、培育产业龙头企业四个方面提出了推动草地农业模式发展壮大的政策建议。最后，在对本书研究的局限不足分析的基础上，对今后需要继续深入研究的问题进行了展望。

参考文献

1. 曹俊杰、高峰、孙智勇：《农业多功能性视域下发展生态和循环农业问题研究——以黄河三角洲为例》，《生态经济》2014年第30卷第6期。

2. 曹瑞玉：《环境经济学与循环经济》，化学工业出版社2006年版。

3. 常丽霞、沈海涛：《草地生态补偿政策与机制研究》，《农村经济》2014年第3期。

4. 陈东华：《草地农业系统与西部农业的可持续发展》，《青海草业》2008年第2期。

5. 陈唯真：《澳大利亚的草地农作制》，《国外畜牧学》（草原与牧草）1987年第2期。

6. 陈红兵、卢进登、赵丽娅等：《循环农业的由来及发展现状》，《中国农业资源与区划》2007年第8卷第6期。

7. 陈诗波：《循环农业主体行为的理论分析与实证研究》，博士学位论文，华中农业大学，2008年。

8. 陈德敏、王文献：《循环农业——中国未来农业的发展模式》，《经济师》2002年第11期。

9. 陈晓娟：《循环农业发展模式研究》，硕士学位论文，福建师范大学，2008年。

10. 陈三有、杨中艺、辛国荣：《黑麦草—水稻草田轮作系统研究与应用》，《草原与草坪》2000年第1期。

11. 陈功、毕玉芬：《云南草地农业与农业可持续发展》，《云南畜牧兽医》2004 年第 2 期。

12. 程序：《可持续农业的几个理论问题》，《生态农业研究》1999 年第 1 期。

13. 丛英利、党乐、王惠：《新疆草地农业生态系统四个生产层理论对畜牧业可持续发展的指导作用及建议》，《草食家畜》2013 年第 2 期。

14. 崔嘉进、林新慧：《新疆农业结构调整与牧区水利建设》，《中国农村水利水电》2004 年第 2 期。

15. 崔嘉进：《牧区水利在新疆草原生态建设中的地位与作用》，《中国农村水利水电》2002 年第 9 期。

16. 邓水兰、温诒忠：《我国发展低碳农业存在的问题及对策》，《南昌大学学报》（人文社会科学版）2011 年第 5 期。

17. 董孝斌、张新时：《发展草地农业是农牧交错带农业结构调整的出路》，《生态经济》2005 年第 4 期。

18. 杜相革、董民主编：《有机农业导论》，中国农业大学出版社 2006 年版。

19. 杜青林：《中国草业可持续发展战略》，中国农业出版社 2006 年版。

20. 段舜山：《草地农业与生态农业浅识》，《中国草业科学》1988 年第 4 期。

21. 段舜山、章家恩、冯强等：《桂滇黔脆弱生境草地农业系统持续性研究》，《生态学杂志》2000 年第 19 卷第 5 期。

22. Eric，A. Davidson：《生态经济大未来》，奇立文译，汕头大学出版社 2003 年版。

23. 樊自立、叶茂、徐海量、乔木、张青青、张鹏：《新疆玛纳斯河流域生态经济功能区划研究》，《干旱区地理》2010 年第 33 卷第 4 期。

24. 费日龙、祝宏辉：《新疆发展低碳农业的思考》，《中国农业信息》2012 年第 2 期。

25. 封玲：《玛纳斯河流域草地资源变化及其对生态环境的影响》，《石河子大学学报》（自然科学版）2009 年第 27 卷第 5 期。

26. 付金存、李豫新、梅晓庆：《农业产业化主导产业选择研究——以新疆生产建设兵团为例》，《中国科技论坛》2011 年第 3 期。

27. 傅仲保主编：《兵团宏观经济研究论文集：2007》，新疆生产建设兵团出版社 2008 年版。

28. 高利军等：《新疆生态功能区划初探》，《干旱环境监测》2003 年第 17 卷第 2 期。

29. 高旺盛、陈源泉、董文：《发展循环农业是低碳经济的重要途径》，《中国生态农业学报》2010 年第 5 期。

30. 高文玲、施盛高、徐丽等：《低碳农业的概念及其价值体现》，《江苏农业科学》2011 年第 2 期。

31. 郭新梅：《黑龙江省发展低碳农业的必要性研究》，《农场经济管理》2010 年第 11 期。

32. 谷海斌、盛建东、武红旗、张丽、王泽：《灌区尺度土壤盐渍化调查与评价——以石河子灌区和玛纳斯灌区为例》，《新疆农业大学学报》2010 年第 33 卷第 2 期。

33. 郭铁民、王永龙：《福建发展循环农业的战略规划思路与模式选择》，《福建论坛》（人文社会科学版）2004 年第 11 期。

34. 郭辉、张术环：《我国发展低碳农业面临的主要问题及解决途径研究》，《农业经济》2011 年第 9 期。

35. 龚君君、叶茂、禹朴家、史小丽：《新疆玛纳斯河流域荒漠区生态工程建设的民意调查》2010 年第 31 卷第 4 期。

36. 巩芳：《草原生态四元补偿主体模型的构建与演进研究》，《干旱区资源与环境》2015 年第 2 期。

37. 仝川、苏和等：《保护区草原退化的多层面成因分析及对策——以锡林浩特草原自然保护区为例》，《中国草地学报》2006 年第 6 期。

38. 韩洪凌、李志忠：《新疆玛纳斯河流域生态系统稳定性研究》，《干旱区资源与环境》2009 年第 23 卷第 10 期。

39. 贺访印、王继和、徐先英等：《民勤沙漠绿洲种草养畜综合配套技术研究》，《草业科学》2002 年增刊。

40. 何燕华、杨炼：《金砖国家农业国内支持政策及其国际合作路径——基于 WTO 农业治理框架》，《湖南农业大学学报》（社会科学版）2014 年第 3 期。

41. 何蒲明：《我国发展低碳农业的必要性、前景与对策分析》，《农业经济》2012 年第 1 期。

42. 黄钦海、李沙娜：《我国发展低碳农业的障碍与对策分析》，《重庆科技学院学报》（社会科学版）2010 年第 21 期。

43. 黄贤贵、柯瑞清、翁伯琦：《低碳农业发展模式探讨》，《福建农业学报》2011 年第 26 期。

44. 黄涛、陈文俊：《论循环农业的技术构成》，《湖北经济学院学报》2006 年第 9 期。

45. 胡成波：《法国畜牧业的特色》，《当代畜牧》2004 年第 4 期。

46. 贾幼陵：《草原退化原因分析和草原保护长效机制的建立》，《中国草地学报》2011 年第 2 期。

47. 蒋建生：《广西草地农业实施对策研究》，《草业科学》2002 年第 19 卷第 4 期。

48. 蒋玉铭：《发展营养体农业，满足人民需求》，《生态农业研究》1999 年第 6 期。

49. 姜凤河、王佐英、王林堂：《内蒙古多伦农牧交错带农业综合开发草地建设效益分析》，《安徽农业科学》2011 年第 39 卷第 6 期。

50. 姜世成、周道玮：《过牧、深翻及封育三种方式对退化羊草草地的影响》，《中国草地》2002 年第 24 卷第 5 期。

51. 姜润萧：《草地农业在伊犁河流域新垦区中的功能及效益》，《新疆农业科学》2008 年第 45 卷第 S3 期。

52. 江小蕾、高崇岳、李峻成：《庆阳站持久高效草地农业优化模式》，《草业科学》1996 年第 13 卷第 5 期。

53. 靳乐山：《生态农业研究的方法论探讨》，《农业现代化研究》1997 年第 1 期。

54. 康菊花、朱美玲：《新疆农业结构的特征与发展趋势分析》，

《石河子大学学报》（哲学社会科学版）2008 年第 22 卷第 6 期。

55. 赖德芳、沈魁敏、蔡元呈：《闽东南果—草—牧—菌—沼生态农业模式研究》，《中国生态农业学报》2005 年第 13 卷第 4 期。

56. 赖玉珮、李文军：《草场流转对干旱半干旱地区草原生态和牧民生计影响研究——以呼伦贝尔市新巴尔虎右旗 M 嘎查为例》，《资源科学》2012 年第 6 期。

57. 蕾切尔·卡尔逊：《寂静的春天》，吉林人民出版社 1997 年版。

58. 梁海军、秦道珠、黄平娜等：《湘南冬闲田稻—稻—绿肥（饲草）种植模式及效益研究》，《湖南农业科学》2011 年第 11 期。

59. 廖兴其：《荷兰的草地及牧草繁育》，《中国草地》1996 年第 5 期。

60. 李健、周慧：《循环型农业生态系统运行模式的研究》，《软科学》2007 年第 21 卷第 4 期。

61. 李周：《中国生态经济理论与实践的进展》，《江西社会科学》2008 年第 6 期。

62. 李新平：《中国生态农业的理论基础和研究动态》，《农业现代化研究》2000 年第 6 期。

63. 李文华：《中国生态农业面临的机遇与挑战》，《中国生态农业学报》2004 年第 1 期。

64. 李俊利：《基于农户参与视角下的循环农业发展问题的研究——以山东省为例》，《新疆农垦经济》2008 年第 6 期。

65. 李荣生：《资源环境约束下的西北农业结构调整与产业化发展对策》，《自然资源学报》2002 年第 17 卷第 5 期。

66. 李霞、李万明：《新疆牧民定居情况的调查分析——以福海县为例》，《安徽农业科学》2011 年第 28 期。

67. 李笑春、曹叶军、刘天明：《草原生态补偿机制核心问题探析——以内蒙古锡林郭勒盟草原生态补偿为例》，《中国草地学报》2011 年第 6 期。

68. 李向林、万里强、何峰：《南方草地农业潜力及其食物安全意义》，《科技导报》2007 年第 9 期。

69. 李玉元、张桂荣：《草地农业效益研究——以黑麦草水稻草田轮作为例》，《广西农业生物科学》2000 年第 19 卷第 1 期。

70. 李豫新、杨卫华：《西部地区农业结构调整优化的原则和支撑保证》，《农业经济问题》2001 年第 8 期。

71. 李豫新、杨卫华、殷朝华：《新疆兵团农业结构调整与优化》，《中国农村经济》2004 年第 4 期。

72. 李豫新：《新疆绿洲生态农业建设与农业可持续发展》，《兵团职工大学学报》2000 年第 8 期。

73. 李文军、张倩：《解读草原困境——对于干旱半干旱草原利用和管理若干问题的认识》，经济科学出版社 2009 年版。

74. 李学森等：《新疆农区畜牧业与草产业协调发展》，《草食家畜》2009 年第 4 期。

75. 李淑静：《多哈回合农业国内支持谈判的进展与中国农业政策的调整》，《世界贸易组织动态与研究》2013 年第 3 期。

76. 李玉义、逄焕成、张凤华、陈阜、赖先齐：《新疆玛纳斯河流域节水农作制发展模式》，《农业工程学报》2009 年第 25 卷第 6 期。

77. 李毓堂：《草产业是西部经济开发与生态治理的基础产业》，《中国草地》2001 年第 23 卷第 1 期。

78. 刘振虎、郑玉铜：《新疆牧民参与草原生态补偿意愿分析——以新疆和静县、沙湾县为例》，《草地学报》2014 年第 6 期。

79. 刘彦随、吴传钧：《国内外可持续农业发展的典型模式与途径》，《南京师大学报》（自然科学版）2001 年第 2 期。

80. 刘力、于爱敏：《世界可持续农业发展模式比较研究》，《世界经济地理》2001 年第 1 期。

81. 刘铁军：《生态农业建设障碍的宏观环境探析》，《中国生态农业学报》2006 年第 2 期。

82. 刘文清、王国贤：《沙化草地旱作条件下混播人工草地的试验研究》，《中国草地》2003 年第 25 卷第 2 期。

83. 刘建廷：《WTO 农业补贴规则演变对中国的启示》，《农业展望》2013 年第 10 期。

84. 刘慧、张红丽：《绿洲生态农业开发与干旱区生态安全》，《乡镇经济》2009 年第 12 期。

85. 刘海隆、包安明、何新林、沈志伟：《玛纳斯河下游绿洲土地利用变化对水资源利用的影响》，《石河子大学学报》（自然科学版），2010 年第 28 卷第 1 期。

86. 刘静暖、于畅、孙亚南：《低碳农业经济理论与实现模式探索》，《经济纵横》2012 年第 6 期。

87. 刘俊浩、王志君：《草地产权、生产方式与资源保护》，《农村经济》2005 年第 8 期。

88. 刘国栋、曾希柏、苍荣等：《营养体农业与我国南方草业的持续发展》，《草业学报》1999 年第 8 卷第 2 期。

89. 林孝丽、周应恒：《稻田种养结合循环农业模式生态环境效应实证分析——以南方稻区稻—鱼模式为例》，《中国人口·资源与环境》2012 年第 22 卷第 3 期。

90. 林慧龙、任继周、傅华：《草地农业生态系统中的能值分析方法评价》，《草业学报》2005 年第 14 卷第 4 期。

91. 林影：《农户参与循环农业的影响因素研究——以江汉平原为例》，硕士学位论文，华中农业大学，2008 年。

92. 凌红波、徐海量、史薇、张青青：《新疆玛纳斯河流域绿洲生态安全评价》，《应用生态学报》2009 年第 20 卷第 9 期。

93. 马荣：《德国循环经济的发展概况》，《中国环保产业》2005 年第 5 期。

94. 马凯：《贯彻和落实科学发展观　大力推进循环经济发展》，《宏观经济管理》2004 年第 10 期。

95. 马晓旭：《我国低碳农业发展的困境及出路选择》，《经济体制改革》2011 年第 5 期。

96. 米福贵：《法国牧草及饲料作物的生产》，《国外畜牧学》（草原与牧草）1997 年第 2 期。

97. ［德］Peter Bartelmus：《数量生态经济学》，齐建国、张友国、王红译，社会科学文献出版社 2010 年版。

98. 彭华玲：《新疆玛纳斯河上游水土流失现状及防治对策》，

《水利规划与设计》2010 年第 3 期。

99. 钱学森：《关于草业的论述》，《草业科学》1997 年第 4 期。

100. 屈振辉：《论以低碳为导向的我国农业立法》，《作物研究》2010 年第 4 期。

101. 任继周：《西北地区建立草地农业系统时机已成熟》，《中国绿色时报》2002 年 10 月 8 日，第 7 版。

102. 任继周、高洪文：《建立现代草地农业体系，实现农牧交错带可持续发展》，《草业科学》2002 年增刊。

103. 任继周：《草地农业生态学》中国农业出版社 1995 年版。

104. 任继周：《藏粮于草施行草地农业系统——西部农业结构改革的一种设想》，《草业学报》2002 年第 11 卷第 1 期。

105. 任继周、侯扶江、张自和：《发展草地农业推进我国西部可持续发展》，《地球科学进展》2000 年第 15 卷第 1 期。

106. 任继周、李向林、侯扶江：《草地农业　生态学研究进展与发展趋势》，《应用生态学报》2002 年第 13 卷第 8 期。

107. 任继周、朱兴运：《中国河西走廊草地农业的基本格局和它的系统相悖》，《草业学报》1995 年第 4 卷第 1 期。

108. 任继周：《南方草山是建立草地农业系统发展畜牧业的重要基地》，《农业经济问题》1983 年第 1 卷第 3 期。

109. 任继周：《草地农业生态系统通论》，安徽教育出版社 2004 年版。

110. 任继周、林慧龙：《农区种草是改进农业系统、保证粮食安全的重大步骤》，《草业科学》2009 年第 18 卷第 5 期。

111. 任继周、常生华：《以草地农业系统确保粮食安全》，《中国草地学报》2009 年第 31 卷第 5 期。

112. 任玉平、张丽萍、於建国等：《伊犁河流域新垦区人工饲草料地建设与天然草地优化配置方案研究》，《草食家畜》2012 年第 4 期。

113. 任榆田：《美国草地资源管理现状》，《中国畜牧业》2013 年第 23 期。

114. 沙吾列·阿巴依汗：《新疆草原退化原因分析及治理建议

措施》，《新疆畜牧业》2012 年第 10 期。

115. 尚豫新、祝宏辉：《荒漠绿洲农业可持续发展模式探析——以新疆兵团农八师 149 团为例》，《新疆农垦经济》2009 年第 3 期。

116. 邵一珊、李豫新：《新疆兵团农业结构调整与农业经济增长关系研究——基于协整理论与 VAR 模型分析》，《石河子大学学报》（哲学社会科学版）2009 年第 3 期。

117. 沈长江：《我国的资源利用与生态农业》，《农业现代化研究》1987 年第 4 期。

118. 司智陟：《荷兰畜牧业生产概况》，《畜牧与兽医》2011 年第 7 期。

119. 苏加楷：《栽培牧草在农业产业结构中的作用及其发展前景》，草业与西部大开发学术研讨会暨中国草原学会 2000 年学术年会，2001 年。

120. 舒畅、乔娟：《欧美低碳农业政策体系的发展以及对中国的启示》，《农村经济》2014 年第 3 期。

121. 孙鸿良：《西北地区农牧业发展方向的探讨》，《草业学报》2003 年第 12 卷第 4 期。

122. 王沅：《中国现代农业简论》，山西教育出版社 1993 年版。

123. 王小利、马礼、张永华、隆荣文：《替代农业研究综述》，《首都师范大学学报》（自然科学版）2004 年第 6 卷第 2 期。

124. 王松良、林文雄：《中国生态农业与世界可持续农业殊途同归》，《农业现代化研究》1999 年第 2 期。

125. 王建武、吴文良：《世界农业发展的新趋势与中国生态农业》，《开发研究》1995 年第 6 期。

126. 王昀：《低碳农业经济略论》，《中国农业信息》2008 年第 8 期。

127. 王耀兴、安炜姣：《中国发展低碳农业的法律构建研究》，《中国农村小康科技》2010 年第 6 期。

128. 王卉：《草地农业民间试水产业地位尚待提升》，《粮油市场报》2012 年 2 月 22 日第 2 版。

129. 王志君、刘俊浩：《关于新疆草地资源保护的实证分析》，

《石河子大学学报》（哲学社会科学版）2005 年第 4 期。

130. 王海文：《低碳农业发展展望及政策建议》，《理论学习》2010 年第 12 期。

131. 王少彬：《冬小麦田氧化亚氮的排放》，《农业环境保护》1994 年第 5 期。

132. 王少彬、宋文质、苏维瀚等：《玉米地氮肥释放 N_2O 的研究》，《农村生态环境》（学报）1994 年第 4 期。

133. 王鲁明、王军、徐少才：《资源循环型农业理论的探索与实践》，《中国环境管理干部学院学报》2005 年第 2 期。

134. 王勤礼等：《"玉米—牛—沼气—日光温室"循环农业模式研究》，《环境保护与循环经济》2010 年第 2 期。

135. 王堃、韩建国、周禾：《中国草业现状及发展战略》，《草地学报》2002 年第 4 期。

136. 王坚：《美国牧草产业饲料产业考察报告》，《草原与草业》2013 年第 25 卷第 2 期。

137. 王代军、聂中南：《森林—草地生态系统中森林生长状况的研究》，载《亚热带中高山地区草地开发研究》，中国农业科技出版社 1992 年版。

138. 文再坤：《发展湖南低碳农业科技创新体系建设的思考》，《作物研究》2010 年第 4 期。

139. 翁伯琦、王义祥、雷锦桂：《论循环经济发展与低碳农业构建》，《鄱阳湖学刊》2009 年第 3 期。

140. 吴一平、刘向华：《发展低碳经济　建设我国现代农业》，《毛泽东邓小平理论研究》2010 年第 2 期。

141. 吴天马：《循环经济与农业可持续发展》，《环境导报》2002 年第 4 期。

142. 吴树波、郑卫星：《试论生态农业产业化》，《经济与管理》2003 年第 3 期。

143. 吴晓祥：《刍议云南省休闲地种草之形势和任务》，《云南草地学会论文集》2001 年。

144. 吴克谦、周清水：《林下草地产量与家畜生产性能的研究》，载黄文惠、王培主编《亚热带中高山地区草地开发研究》，中国农业科技出版社 1992 年版。

145. 吴凯锋、张明富、罗健、赵忠、姬洪亮：《值得借鉴的法国草地畜牧业》，《草业科学》2008 年第 25 卷第 10 期。

146. 吴新平、刘勇杰、刘怀锋：《对新疆农业可持续发展的思考》，《新疆农垦经济》2001 年第 1 期。

147. M. E. 希斯、R. F. 巴恩斯、D. S. 梅特卡夫：《牧草——草地农业科学》，黄文惠、苏加楷、张玉发译，农业出版社 1992 年版。

148. 谢军安、贺长年：《论循环经济发展观》，《当代经济管理》2006 年第 28 卷第 4 期。

149. 谢芳、李万明、谭爱花、曹健：《干旱区绿洲生态农业现代化模式研究》，《生态经济》2011 年第 2 期。

150. 邢福、周景英、金永君等：《我国草田轮作的历史、理论与实践概览》，《草业学报》2011 年第 20 卷第 3 期。

151. 宣亚南、欧名豪、曲福田：《循环型农业的含义、经济学解读及其政策含义》，《中国人口·资源与环境》2005 年第 15 卷第 2 期。

152. 徐中民、程国栋：《生态经济研究中的整体性视角》，《冰川冻土》2011 年第 3 期。

153. 许广月：《中国低碳农业发展研究》，《经济学家》2010 年第 10 期。

154. 许鹏：《新疆草地资源及其利用》，新疆科技卫生出版社 1993 年版。

155. 阎永玉：《澳大利亚的草地开发》，《自然资源研究》1984 年第 2 期。

156. 严力蛟：《中国生态农业》，气象出版社 2003 年版。

157. 颜景辰、雷海章：《世界生态农业发展的趋势和启示》，《世界农业》2005 年第 3 期。

158. 杨光梅：《草原牧区可持续发展的生态经济路径》，《中国人口·资源与环境》2011 年第 3 期。

159. 杨齐、赵万羽、李建龙、杨峰、钱育蓉：《新疆天山北坡荒漠草地退化现状及展望》，《草原与草坪》2009 年第 3 期。

160. 杨理：《基于市场经济的草权制度改革研究》，《农业经济问题》2011 年第 10 期。

161. 杨正礼：《当代中国生态农业发展中几个重大科学问题的讨论》，《中国生态农业学报》2004 年第 3 期。

162. 杨锦秀、王延安、庄天慧：《论循环经济与农业可持续发展——四川农户参与农业循环经济发展状况调查与分析》，《农村经济》2007 年第 5 期。

163. 尹昌斌、周颖：《循环农业发展理论与模式》，中国农业出版社 2008 年版。

164. 尹昌斌、唐华俊、周颖：《循环农业内涵、发展途径与政策建议》，《中国农业资源与区划》2006 年第 27 卷第 1 期。

165. 余振华：《生态农业中的畜牧业结构》，《农业现代化研究》1987 年第 5 期。

166. 原京成：《荷兰的草地畜牧业管理模式》，《中国农业通讯》2007 年第 5 期。

167. 张法瑞、靳乐山等：《关于可持续农业及中国农业可持续发展的理论思考》，《自然辩证法研究》1997 年第 7 期。

168. 张元浩：《农业的循环过程与"循环农业"》，《中国农村经济》1985 年第 11 期。

169. 张壬午、高怀友：《现阶段中国生态农业展望》，《中国生态农业学报》2004 年第 2 期。

170. 张宁：《生态农业及其产业化经营是绿色食品生产的基本载体》，《中国农业科技导报》2004 年第 6 期。

171. 张壬午、胡梅：《生态农业的理念与主要建设领域》，《农业环境与发展》2005 年第 2 期。

172. 张全红：《我国生态农业发展的困境分析》，《农村经济与科技》2005 年第 8 期。

173. 张莉侠、曹黎明：《中国低碳农业发展现状与对策探讨》，《经济问题探索》2011 年第 11 期。

174. 张明华：《略论草地农业系统》，《草地学报》1994 年第 2

卷第 1 期。

175. 张自和：《退耕还林还草与草地农业建设》，甘肃科学技术出版社 2001 年版。

176. 张英俊：《农田草地系统耦合生产分析》，《草业学报》2003 年第 12 卷第 6 期。

177. 张文军、张英俊、孙娟娟、杨高文：《退化羊草草原改良研究进展》，《草地学报》2012 年第 4 期。

178. 张新跃：《四川农区高效草地农业系统研究进展》，《草业学报》2004 年第 21 卷第 12 期。

179. 张红丽、陈旭东、雷海章：《农业可持续发展的度量方法》，《统计与决策》2003 年第 8 期。

180. 张军民：《基于生态圈层结构的绿洲生态安全问题研究——以新疆为例》，《干旱区资源与环境》2010 年第 9 期。

181. 张文娟：《基于草原碳汇功能的农牧民生态补偿可行性研究》，《经济论坛》2013 年第 4 期。

182. 张立中等：《澳大利亚、新西兰草原畜牧业的发展经验》，《世界农业》2008 年第 4 期。

183. 赵来喜：《日本牧草饲料作物育种工作概述》，《中国草地》1991 年第 1 期。

184. 赵芳：《日本畜牧业的产销经营及发展趋势》，《现代日本经济》1994 年第 3 期。

185. 赵钢、赵秀芬：《果园种草生态效应的研究》，《广东农业科学》2010 年第 8 期。

186. 赵万羽：《新疆草地资源的劣化、原因及治理对策》，《草业科学》2002 年第 2 期。

187. 赵克强、杨永岗：《有机农业生产与西部大开发》，《中国生态农业学报》2003 年第 11 卷第 2 期。

188. 赵明、王继和：《种草养畜综合治理发展甘肃绿洲持续农业》，参见王继和《中国西北荒漠区持续农业与沙漠综合治理国际学术会议论文集》，兰州大学出版社 1998 年版。

189. 郑恒、李跃：《低碳农业发展模式探析》，《农业经济问题》

2011 年第 6 期。

190. 祝廷成、李志坚、张为政：《东北平原引草入田、粮草轮作的初步研究》，《草业学报》2003 年第 12 卷第 3 期。

191. 朱金鹤、崔登峰：《新疆产业结构：演进、省级与优化》，《新疆农垦经济》2007 年第 8 期。

192. 诸大建：《中国可持续发展总纲（第 20 卷）——中国循环经济与可持续发展》，科学出版社 2007 年版。

193. 周禾：《法国的草地农业》，《世界农业》1995 年第 11 期。

194. 周寿荣：《中国南方草地农业的研究与展望》，《中国草地》1989 年第 3 期。

195. 周震峰、王军、周燕等：《关于发展循环型农业的思考》，《农业现代化研究》2004 年第 5 期。

196. Agrawal, A., "Sustainable governance of common - pool resources: context, methods, and politics", *Annu. Rev. Anthropol*, Vol. 32, 2003.

197. Archer, F. M., Hoffman, M. T., Danckwerts, J. E., "How economic are the farming units of Leliefontein, Namaqualand?", *Journal of the Grassland Society of Southern Africa* Vol. 6, 1989.

198. Atta-Krah, A. N., "Trees and shrubs as secondary components of pasture. Proeeedings of the XVll International Grassland Congress", *New Zealand*, 1993.

199. Andrews, C., J., M. K. Pomeroy, and I. A. de le Roche, "Changes in cold hardiness of overwintering winter wheat", *C. J. Plant Sci*, Vol. 54, 1974.

200. Arnon Isaac, "Modernization of Agriculture in Developing Countries: Resources. Applying the concept ofnatural criticality toreg - ional resource management", *Ecological Economics*, Vol. 29, 1999.

201. Brown, L. R., *Building a sustainable society*, New York: W. W. Norton & Co.

202. Banks, T., "Property rights and the environment in pastoral China: evidence from the field", *Development and Change*, Vol. 32,

2001.

203. Bian, D. , Li, C. , Yang, X. H. , Bian, B. , Li, L. , "Analysis of the situation of grassland degradation and it's mechanism of the Alpine Pastoral Area in Northwestern Tibet", *Nat Resour* Vol. 23, No. 2, 2008.

204. Behnke, R. H. , "Natural resource management in pastoral Africa", *Development Policy Review*, Vol. 12, 1994.

205. Bijoor, N. , Li, W. J. , Zhang, Q. and Huang, G. , "Small-scale Co - management for the Sustainable Use of Xilingol Biosphere Reserve, Inner Mongolia", *AMBIO*, Vol. 35, No. 1, 2006.

206. Cheng, Y. , Tsubo, M. , Ito, T. Y. , Nishihara, E. , Shinoda, M. , "Impact of rainfall variability and grazing pressure on plant diversity in Mongolian grasslands", *J Arid Environ*, Vol. 75, 2011.

207. Connell, J. H. , Sousa, W. P. , "On the evidence needed to judge ecological stability or persistence", *The American Naturalist*, Vol. 121, 1983.

208. Coppock, D. L. , "Vegetation and pastoral dynamics in the southern Ethiopian rangelands: implications for theory and management", In: Behnke, R. H. , Scoones, I. , Kerven, C. (Eds.), *Range Ecology at Disequilibrium: New Models of Natural Variability and Pastoral Adaptation in African Savannas*, Overseas Development Institute, London , 1993.

209. Costanza, R. , cumberl, J. , and Daly, H. , etal. , *An introduction to Ecological Economics*, StLucie Press, 1997.

210. Costanza, R. , Daly, H. , "Natural Capital and sustainable development", *Conservation Bio-logy*, Vol. 6, No. 1, 1992.

211. Cunningham, S. M. J. J. Vdenec and L. R. Teuber, "plant swvival and Root Bud comp - ositionof Alfalfa opulatims Selected for Cintrasting Fall Dormancy", *Crop Sci*, Vol. 38, 1998.

212. Carrion, J. S. , Fernandez, S. , Jimenez - Moreno, G. , Fauquette, S. , Gil-Romera, G. , Gonzalez-Samperiz, P. , Finlayson, C. , "The historical origins of aridity and vegetation degradation in southeastern

Spain", *Arid Environ* Vol. 74, 2010.

213. Department of Trade and Industry (DTI), *UK Energy White Paper: Our Energy Future Creating a Low Carbon Economy*, London: TSÓ, 2003.

214. Coughenour, M., "The Ellis paradigm—humans, herbivores and rangeland systems. African Journal of Range & Forage Science", Vol. 21, No. 3, 2003.

215. De Angelis, D. L., Waterhouse, J. C., "Equilibrium and non-equilibrium concepts in ecological models", *Ecological Monographs*, Vol. 57, 1987.

216. Douglass, G., "The meaning of agricultural sustainability", In: Douglass, G. ed. *Agricultural Sustainability in a Changing World Order*, Boulder: Westview Press, 1984.

217. Ellis, J. E. & Swift, D. M., "Stability of African pastoral ecosystems: Alternate paradigms and implications for development", *Journal of Range Management*, Vol. 41, No. 6, 1988.

218. Eck, H. V., "Effect of water deficits on yield, Yield components, and water use efficiencyof irrigated corn", *Agron J*, Vol. 78, 1986.

219. FAO, *Den Burg Manifesto and Agenda on Sustainable Agricultrue and Rural Development*, Congress of Agriculture and Environment", Denburg, Netherlands, 1991.

220. Foran, B. D., Tainton, N. M., Booysen, P. deV., "The development of a method for assessing veld condition in three grassland types in Natal", *Proceedings of the Grassland Society of Southern Africa*, Vol. 13, 1978.

221. Freibauer, A., Rounsevell, M. D. A., Smith, P., et al., "Carbon seques—tration in the agricultural soils of Europe", *Geoderma*, Vol. 122, No. 1.

222. Flies Bach, A., "Microorganism in okoboden zeigen gross ere Vielfalt und hohere Abbauleistung", *Okologie und Land—bau*, Vol. 106,

2001.

223. Gillson, L. and Hoffman, M. T. , "Rangeland ecology in a changing world", *Science*, Vol. 315, 2007.

224. Graedel, T. E. , Allenby B. R. , *Industrial ecology*, New York, Prentice hall Press, 1995.

225. Heath, M. Forages. , *The science of grassland agriculture*, *lowa state university press*, U. S. A, 1985.

226. Kephart, K. , D. , D. R. Buxton, and R. Hill, Jr. , Morphology of alfalfa divergently selected for herbage lignin concentrations, *Crop Sci*, Vol. 29, 1989.

227. Klau. B. A. , Fick, G. W. , "Quantitying morphological development of alfalfa for studies of herbage quality", *Crop science*, Vol. 21, 1981.

228. Li, W. J. Ali, S. and Zhang, Q. , "Property rights and grassland degradation: a study of the Xilingol Pasture, Inner Mongolia, China", *Journal of Environmental Management*, Vol. 85, 2007.

229. Longworth, J. and Williams, G. , *China's Pastoral Region: Sheep and Wool*, *Minority Nationalities*, *Rangeland Degradation and Sustainable Development*, *Wallingford: CAB International*, 1993.

230. Li Wenhua, Min Qingwen and Miao Zewei. , "Eco-county construction in China", *Journalof Environmental Sciences*, Vol. 11, No. 3.

231. Lundgren, B. , Nair, R. K. R. , "Agro forestry for soil conservation", In: Ei—Swaify, et al. (eds) . *Soil Erosion and Conservation*, Ankeny, lowa: Soil conservation Society of Ameriea, 1985.

232. Li, Y. Y. , Zhang, G. R. , "The study on benefits of grassland agriculture", *Guangxi Agric. Biol. Sci.*, Vol. 19, No. 1, 2000.

233. M. E. Ethis. , *Forages—Grassland Agriculture Science*, Beijing: Agriculture Press, 1989.

234. Netting, R. , "Of men and meadows: strategies of alpine land use", *Anthropological Quarterly*, Vol. 45, 1978.

235. Odum, H. T. , *Environmental Aeeounting: Emergyand Environ-

mental Deeision Making, *John Wlley & Sons*, New York, 1996.

236. Rohde, R. , Hoffman, T. , Cousins, B. , "Experimenting with the commons: a comparative history of the effects of land policy on pastoralism in two former 'reserves' in Namibia and South Africa", *Occasional Paper Programme for Land and Agrarian Studies*, *Bellville*, Vol. 12, 1999.

237. Robert, A, Frosch, "Industrial Ecology: A Philosophical Introduction", *Proceedings of the National Academy of Sciences of the USA*, Vol. 89, No. 3, 1992.

238. Sanderson, M. A. , Wedin, W. F. , "Cell wall composition of alfalfa stems at similar morphological stages and chronological age during spring growth and summer regrowth", *Crop Sci*, Vol. 28, 1988.

239. Sitton, D. *Advanced agriculture as a tool against desertification*, *printed by Israel Information Center*, Jerusalem, 1997.

240. Spedding, C. R. W, *Grassland Ecology*, UK: Oxford Clarendon Press, 1971.

241. Sandford, S. , *Management of Pastoral Development in the Third World. John Wiley and Sons*, New York, 1983.

242. Scoones, I. , *New directions in pastoral development in Africa*, In: Scoones, I. (Ed.), Living with Uncertainty: New Direction in Pastoral Development in Africa. Intermediate Technology Publications, London.

243. Tilman, D. , Hill, J. , Lehman, C. , "Carbon-negative biofuels from low-input high-diversity grassland bio-mass", *Science*, Vol. 314, 2005.

244. Turner, N. C. , "Crop water deficits: a decade of progress", *Adv in Agron*, Vol. 39, 1987.

245. World, Commissionon, Environment and Development, *Our common futur*, Oxford: Oxford University Press, 1987.

246. Todd, S. W. and Hoffman, M. T. , "A fence-line contrast reveals effects of heavy grazing on plant diversity and community composition in Namaqualand, South Africa", *Plant Ecology*, Vol. 142, 1999.

247. Trollope, W. S. W. , "Development of a technique for assessing veld condition in the Kruger National Park", *Journal of the Grassland Society of Southern Africa*, Vol. 7, 1990.

248. Wiens, J. A. , "On competition and variable environments", *American Scientist*, Vol. 65, 1977.

249. Wiens, J. A. , "On understanding a non–equilibrium world: myth and reality in community patterns and processes", In: Strong, D. R. , Simberloff, D. , Abele, L. G. , Thistle, A. B. (Eds.), *Ecological Communities: Conceptual Issues and the Evidence*, Princeton University Press, Princeton, NJ, 1984.

250. Williams, D. M. , *Beyond Great Walls: Environment, Identity and Development on the Chinese Grasslands of Inner Mongolia*, Palo Alto CA: Stanford University Press, 2002.

251. Warrick, R. A. , "Carbon Dioxide, Climatic Change and Agriculture", *The Geographical Journal*, Vol. 154, No. 2, 1988.

252. Willey, Z. , Chameides, B. , *Harnessing Farms and Forests in the Low–Carbon Economy: How to Create, Measure and Verify Greenhouse Gas Offsets*, Duke University Press, 2007.

253. Yu, L. , Zhou, L. , Liu, W. , Zhou, H. K. , "Using remote sensing and GIS technologies to estimate grass yield and livestock carrying capacity of Alpine grasslands in Golog Prefecture, China", *Pedosphere*, Vol. 20, No. 3.

后　记

　　窗外云淡风轻，鸟语花香，初升的太阳向世界洒满七彩阳光。我怀着对往昔的感慨、忧伤和畅想完成这人生的重要篇章。回首往事，三年的博士生涯充满求索、迷茫和思绪的起伏跌宕。如果说当初选择将新疆草地农业发展模式作为我的博士论文选题缘于兴趣的话，那么，对于这篇论文的撰写并出版则是对我的又一次挑战和考验，其中的艰难险阻，苦辣酸甜，难以言表，唯有自勉。

　　此刻，在论文即将付梓之际，谨向那些在我成长过程中帮助我、爱我的人致以最诚挚的敬意和谢意。首先我要感谢我的导师李万明教授，从论文的设计、研究、改进到论文的定稿，自始至终都倾注着导师的心血。导师以严谨的治学之道、宽厚仁慈的胸怀、积极乐观的生活态度，为我树立了终身学习的典范，他的教诲与鞭策将激励我在今后的研究和人生道路上不断进步，开拓进取。同时，感谢我的硕士导师中国农业大学的靳乐山教授，作为研究农业生态经济、资源环境经济的专家，他是我进入这一学术研究领域的引路人。他严谨的学风，渊博的学识，缜密的思维和平易近人的态度，深深影响着我。从他身上，我懂得了如何做学问、如何为人的道理，使我受益匪浅。此外，还要感谢北京大学的李文军教授，读博期间恰逢李文军老师来石河子大学做访问学者。让我有幸得到她的当面教诲和指导，作为研究草原退化治理方面的著名专家，她精深的专业素养、深厚的理论基础以及超前的研究理念方法，都对我的研究思路和视野拓展提供了巨大帮助。每当遇到困惑她都会不厌其烦地听我诉说、给我建议。从她身上我学到了很多，例如严谨、认真、无私、平易近人，让我见识了学者风范、大家风度。当然，再多的语言也难以尽表我的感激之情，唯有以后努力工作，以他们为榜样，用优异的工作和高水平的成果回报老师。

此外，还要感谢石河子大学经济与管理学院的杨兴全教授、龚新蜀教授、张红丽教授、祝宏辉教授、张军民教授、王生年教授、朱金鹤教授、程广斌教授、石冠峰教授，感谢兵团农业局局长刘俊浩教授，你们在论文开题、答辩、评审过程中给我提出了诸多宝贵的修改意见，使我的论文不断改进完善。感谢石河子大学兵团屯垦戍边研究中心的万朝林主任、张安福教授等领导和同事的关心和理解，让我在读博期间有一个良好的学习环境。感谢我的中学老师余菊萍、曹光荣、林梅等，你们当年的悉心教诲为我奠定了坚实的文化基础，让我获得了进一步深造学习的机会。同时，你们给我的鼓励、帮助和关心给了我巨大的力量，让我一路前行，直到今天。特别是余老师，您对我的成长倾注了巨大心血。可惜天不假年，让我再也不能聆听您的教诲。愿您在另一个世界一切安好。

最后，感谢我的家人，是你们给了我最大的支持和关爱，给了我无数的欢乐和幸福。你们无怨无悔，为我的学习成长付出了全部的心血。你们不善表达，总是把满满的深情、希望全都化作无言的鼓励和关心，让我时刻感受到家的温暖和亲人的牵挂。

本书的顺利出版，尤其要感谢石河子大学党委副书记、北京大学教授夏文斌老师，他不仅时刻关怀我辈的成长，还直接将本书纳入丝绸之路经济带与新疆发展丛书之中，给本书的出版提供了重要平台。

由于本人水平有限，纰漏之处，恐所难免，敬请海内外专家不吝批评指正！

张彦虎

2016 年 5 月 28 日于石河子